共青团中央青少年发展研究课题资助（项目编号：22JH043）

四川省高等教育人才培养和教学项目资助（项目编号：JG2021-470）

新时代农业院校思想政治理论课社会实践教学研究

何宇　著

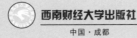

西南财经大学出版社

中国·成都

图书在版编目(CIP)数据

新时代农业院校思想政治理论课社会实践教学研究/何宇著.—成都:西南财经大学出版社,2023.11

ISBN 978-7-5504-5866-6

Ⅰ.①新… Ⅱ.①何… Ⅲ.①高等学校—思想政治教育—社会实践—教学研究—中国 Ⅳ.①G641

中国国家版本馆 CIP 数据核字(2023)第 135414 号

新时代农业院校思想政治理论课社会实践教学研究

XINSHIDAI NONGYE YUANXIAO SIXIANG ZHENGZHI LILUNKE SHEHUI SHIJIAN JIAOXUE YANJIU

何 宇 著

策划编辑:王 琳
责任编辑:刘佳庆
责任校对:植 苗
封面设计:张姗姗
责任印制:朱曼丽

出版发行	西南财经大学出版社(四川省成都市光华村街 55 号)
网 址	http://cbs.swufe.edu.cn
电子邮件	bookcj@ swufe.edu.cn
邮政编码	610074
电 话	028-87353785
照 排	四川胜翔数码印务设计有限公司
印 刷	成都市火炬印务有限公司
成品尺寸	170mm×240mm
印 张	13
字 数	259 千字
版 次	2023 年 11 月第 1 版
印 次	2023 年 11 月第 1 次印刷
书 号	ISBN 978-7-5504-5866-6
定 价	78.00 元

序

　　党的十八大以来，以习近平同志为核心的党中央高度重视"三农"工作，站在统筹中华民族伟大复兴战略全局和世界百年未有之大变局的高度，引领推进新时代农业农村现代化事业发展，带领全党全国各族人民为农业强、农村美、农民富不懈奋斗，打赢脱贫攻坚战，实施乡村振兴战略，农业农村发展取得历史性成就、发生历史性变革。涉农高校有责任和义务将思政课"红"的底色与学校"绿"的特色深度融合，将习近平总书记关于"三农"工作的重要论述等内容纳入思政课实践教学，把知农爱农强农兴农教育贯穿人才培养全过程，以培养出更多懂农业、爱农村、爱农民的优秀人才为目标，引导广大青年学生在农村广阔天地大施所能、大展才华、大显身手，让先进的农业科技力量为建设农业强国提供强有力的支撑。

　　理论来源于实践，加强思想政治理论课实践教学，强化社会实践育人是涉农高校把为党育人、为国育才的初心使命与知农爱农强农兴农的时代重任紧密结合的主渠道。《新时代农业院校思想政治理论课社会实践教学研究》精选了多个具有"农情农意"的原创案例，注重将"三农"领域创新创造、科技帮扶、挂职干部的亮点举措及先进人物及典型事例，有机融入思政课实践教学，讲好新时代巩固脱贫攻坚成果、乡村振兴、农业农村现代化、农业强国、共同富裕的中国农事，为不断增强学生的"三农"

之情，坚定爱党爱国、兴农强国之信念提供了难得的素材。希望它能激励新时代新农人自愿投身于农业农村现代化建设之中，在"希望的田野"上无愧于青春，无悔于时代，为建设农业强国矢志奋斗！

邓燕

2023 年 5 月 4 日

前　言

　　理论与实践结合是新时代"大思政课"的基本要求和推进方向，实践教学创新是高校思想政治理论课改革创新的重要组成部分，也是落实立德树人根本任务的基本要求。习近平总书记鼓舞和激励广大青年要志存高远、脚踏实地，把课堂学习和乡村实践紧密结合起来，厚植爱农情怀，练就兴农本领，在乡村振兴的大舞台上建功立业。因此，农业院校思政课实践教学更应注重通过社会实践的所见所感引导广大农业学子深刻理解农业强国是社会主义现代化强国的根基，肩负社会主义事业建设者和接班人的时代担当，始终胸怀"国之大者"，坚定"兴中华之农事"之信念，深入基层和乡村做到知行合一，在乡土中国深处解民生、治学问，在乡村振兴的大舞台上建功立业，做实现中华民族复兴大业的"强国一代"。

　　本书由两大部分组成。第一部分从教学内容、教学形式、教学误区等方面探寻农业院校思政课实践教学规律，第二部分从巩固脱贫攻坚成果、乡村振兴、农业农村现代化、农业强国、共同富裕等方面精选典型案例进行分析，理论联系实际，引发学生思考。

　　四川农业大学陈文宽教授、潘光堂教授、舒永久教授、邝良锋教授、颜怀坤副教授、杨世义副教授、傅新禾副教授、陈建锋副教授，党委宣传部副部长张俊贤老师、杨雯老师、张喆老师，草业科技学院罗璐曦老师，管理学院唐进博士等参与了本书的编写，在此感谢各位专家的辛勤研究与无私付出。

　　本书在编写过程中，参考了大量的资料，广泛借鉴了国内外众多专家、学者的研究成果，在此一并致以由衷的感谢！由于本人水平有限，本书的疏漏和不当之处在所难免，希望读者朋友不吝赐教，批评指正，促进本人以后的编写工作不断完善和提升。

何宇

2023 年 5 月

目　录

上篇

农业院校思政课实践教学规律

第一章　高校思政课实践教学创新

【习近平总书记关于办好思政课的相关论述】

要用好课堂教学这个主渠道，思想政治理论课要坚持在改进中加强，提升思想政治教育亲和力和针对性，满足学生成长发展需求和期待，其他各门课都要守好一段渠、种好责任田，使各类课程与思想政治理论课同向同行，形成协同效应①。

要运用新媒体新技术使工作活起来，推动思想政治工作传统优势同信息技术高度融合，增强时代感和吸引力②。

思政课教学离不开教师的主导，同时要坚持以学生为中心，加大对学生的认知规律和接受特点的研究，发挥学生主体性作用③。

思政课不仅应该在课堂上讲，也应该在社会生活中来讲④。

"大思政课"我们要善用之，一定要跟现实结合起来。上思政课不能拿着文件宣读，没有生命、干巴巴的⑤。

改革创新是时代精神，青少年是最活跃的群体，思政课建设要向改革创新要活力。如果做一天和尚撞一天钟，照本宣科、应付差事，那"到课率""抬头率"势必大打折扣。很多学校在思政课上积极采用案例式教学、探究式教学、体验式教学、互动式教学、专题式教学、分众式教学等，运用现代信息技术等手段建设智慧课堂等，取得了积极成效。这些都值得肯

---

① 摘自习近平总书记在全国高校思想政治工作会议上的讲话（2016 年 12 月 7 日至 8 日）。
② 摘自习近平总书记在全国高校思想政治工作会议上的讲话（2016 年 12 月 7 日至 8 日）。
③ 摘自习近平总书记在学校思想政治理论课教师座谈会上的讲话（2019 年 3 月 18 日）。
④ 摘自习近平总书记在看望参加全国政协十三届四次会议的医药卫生界、教育界委员并参加联组会时的讲话（2021 年 3 月 6 日）
⑤ 摘自习近平总书记在看望参加全国政协十三届四次会议的医药卫生界、教育界委员并参加联组会时的讲话（2021 年 3 月 6 日）

定和鼓励①。

马克思主义是在实践中形成并不断发展的，要高度重视思政课的实践性，把思政小课堂同社会大课堂结合起来，在理论和实践的结合中，教育引导学生把人生抱负落实到脚踏实地的实际行动中来，把学习奋斗的具体目标同民族复兴的伟大目标结合起来，立鸿鹄志，做奋斗者②。

要把课堂教学和实践教学有机结合起来，充分运用丰富的历史文化资源，紧密联系中国共产党和中国人民的奋斗历程，深刻领悟马克思主义中国化的内在道理，深刻领悟为什么历史和人民选择了中国共产党和社会主义，进一步坚定"四个自信"③。

第一节　高校思政课"金课"建设的路径研究

【教学探索】

2019 年 3 月 18 日，习近平总书记主持召开学校思想政治理论课教师座谈会并发表重要讲话，强调"办好思想政治理论课，最根本的是要全面贯彻党的教育方针，解决好培养什么人、怎样培养人、为谁培养人这个根本问题"④ 只有沿用好办法，改进老办法，探索新办法，只有结合思政课的教学实际，创新方式方法，才能让思政课有亲和力、吸引力、感染力，让学生喜闻乐见、受益无穷。用好课堂教学主渠道，实现高校思想政治理论课在改进中加强，提升思想政治教育亲和力和针对性，满足学生成长发展需求和期待，归根到底是要提升思政课教学品质。高校思政课"金课"建设应以教学质量提升为重点，积极开展各教学环节的精细化改革，让学生在思政课上学有所乐、学有所思、学有所获。

一、规范课堂管理，推行"双主型教学"模式，让课堂教学"动"起来

思政课教师的课堂组织能力对教学质量有重要影响。这就要求教师在

---

① 摘自习近平总书记在学校思想政治理论课教师座谈会上的讲话（2019 年 3 月 18 日）。
② 摘自习近平总书记在学校思想政治理论课教师座谈会上的讲话（2019 年 3 月 18 日）。
③ 摘自习近平总书记在湖南考察时的讲话（2020 年 9 月 16 日至 18 日）。
④ 摘自习近平总书记在学校思想政治理论课教师座谈会上的讲话（2019 年 3 月 18 日）。

教学中做到收放自如地掌控课堂，使学生保质保量地完成学习任务。一方面，教师要将时刻关注最新的社会动态作为每日"必修课"，将社会上的热点新闻和重要事件选择性地作为思政课教学的素材，要有发现新鲜事物的"灵敏嗅觉"，以此回应学生对热点话题的关注，使学生对思政课产生兴趣；教师再将教学内容选择性地与热点话题结合，使课堂教学组织更加轻松。

另一方面，在课堂教学过程中，教师应将机械地要求到课率转变为主动答问加分的形式，充分发挥学生好听课、听好课的主观能动性。鉴于思政课 100 人以上大班授课现状难以在短时间内改变，一味地要求学生课前统一上交手机、课上挨个点到等强硬方式不仅容易让学生反感，更浪费了宝贵的课堂教学时间。这就要求教师转变观念。首先，要求学生上课必须带手机，并且把手机作为高效学习的有效载体。课件一律不拷贝给学生，但可以在讲授中拍照。其次，采用问答式教学模式，适时提出有一定难度的问题，要求学生立即上网查询资料并抢答，回答正确者在平时成绩中予以加分鼓励。再次，引导学生将精彩的授课内容拍成短视频，在课后通过微信班级群等渠道上传供学生反复学习。这样一来，极大地调动了学生学习的积极性，手机不再是课堂讲授的"敌人"，而是成为有效辅助学习的手段，能够明显地集中学生注意力，形成回答问题"你追我赶"的活跃氛围，成功将"要我学"转变为"我要学"，学生上课到课率、抬头率都得到了有效提升。

二、改良内容"配方"，优化教学体系，让教学内容"实"起来

完善集体备课制度，建立"学院—教研室—课程组"三级教研机制，创新集体备课形式，贯彻"内容为王"的教学理念，实现思政课教学内容的统一。

一是形成科学合理的课程内容体系，打造思政课的精彩系列（精彩教案、精彩课件、精彩案例、精彩一课）。在研究教材体系、吃透教材内容、把握教材精神的基础上，重新梳理、整合教学内容；在整合教材内容时抓住教材内容的重点，融入大量案例形成教案；注重教学内容的设计，强化教学难点、社会热点的理论阐释，突出"思想疑点、学生关注点"的现实感悟。

二是内容"三贴近"，促进教学"活"起来。坚持贴近学生的原则，增强思政课教学的亲近感，展示思政课"有情有义"的情感温度，确保学生"真心喜欢"；坚持贴近实际的原则，增强思政课教学的真实感，体现思政课"有虚有实"的理论深度，确保学生"终身受益"；坚持贴近现实的原则，增强课程教学的时代感，彰显思政课"有棱有角"的思想厚度，确保学生"毕生难忘"。

三是挖掘校本资源融入教学，让教学由"天边"回到"身边"。充分挖掘校本精神内涵，将"人才培养是立校之本、科学研究是强校之路、社会服务是兴校之策、文化传承创新是荣校之魂"的办学理念融入思政课教学内容，充分运用学校师生的奋斗经历让思政课教学既"顶天"（宣传和阐释党的路线方针政策），又"立地"（弘扬和传承校园文化和精神），提升课程内容的亲和力和学生的获得感。

三、改进教法"工艺"，打造"一课一品"，让课堂教学"活"起来

改变过去以"填鸭""说教""划重点"为特点的课堂教学方式，积极探索符合课程特点的互动式、启发式的教学方法，力求在教学话语体系上实现突破、感情连接上实现强化，逐步形成思政课程的"一课一品"。"毛泽东思想和中国特色社会主义理论体系概论"课程以问题解析为方案设计教学专题，通过理论讲授和课程训练结合来实施"问题"导向专题教学法，形成"辩论课堂""汇报交流课堂""演讲课堂""影视课堂"等学生感兴趣的课堂形式；"中国近现代史纲要"课程以历史学的演绎法，通过论点—论据的实证训练，全面精准诠释教材，实现让学生真知—真懂—真信的"论点—论据"方法论教学法；"思想道德与法治"课程将教学内容与学生社会实践主题相结合，坚持大学生优标进课堂，坚持大学生讲思政，化抽象理论为形象演绎，提倡寓教于乐的"快乐思修，成长你我"情景教学法；"马克思主义基本原理"课程着力打造"自然科学家心目中的马克思主义"品牌，采用了自然科学专家访谈与微视频制作等教学方法，以"对分课堂"作为新型的课堂模式，把马克思主义理论及"家事、国事、天下事"有效地融入课堂，更加贴近学生实际，有效解决学生在课堂上走神、玩手机、睡觉等问题；"形势与政策"课程采取组合拼盘专题授课方式，创设了"形势与政策大讲堂"，开阔了学生视野。"一课一品"的探索，打造了有效互动课堂，激发了学生的学习兴趣，提高了学生的抬头率、满意率，思政课在学生心目中由"有意义"变得"有意思"了，使思

政课成为学生真心喜爱、终身受益的"金课"。

四、改革考核方式，大学生回归常识，让课程考核"真"起来

思政课考试回归教学目的，以考查学生的思想政治素质、道德品质和运用马克思主义理论解决实际问题的能力为重点，依据理论与实践相结合的原则，改变过去"一考定成绩"的课程考核方法，进一步强化"过程管理""行为管理"的理念，实施考试方法改革。将教学过程分解为若干环节，实施"环环合格"，将思政课的过程考核融入多样化课程训练中（如课前时事演讲、读经典观影视写心得、问题研究讨论、课堂辩论、自学教材章节写读书报告、大学生讲思政、微视频等形式），引导学生研读教材、关注社会，厘清思想疑点，增强社会责任感，培养分析和解决实际问题的能力，让学生回归对常识的学习，切实推进知识进头脑的工作。结果考核，建立统一出题、统一考试和统一阅卷的制度。现有的考核体系既包含对知识点的考查，更加大了对马克思主义方法论使用的考查力度，改变了过去学生"平时不用功，临时抱佛脚，考前背背就及格"的状况，鼓励学生在整个学习过程中保持学习热情。期末考试不只是对知识点的考核，更着重科学规范与灵活度，能够保证同一门课不同教学班之间成绩评定既有统一标准，又能结合学生实际的接受程度与运用能力，体现考核结果的差异性，能对学生一学期的学习成果做出科学评价，增强了学生学习思政课效果评价的效度和信度。

五、丰富实践教学形式，大学生走出课堂，让思政教育"信"起来

单独设立 2 学分的思政课实践教学，制定实践教学大纲，推进多元化菜单式实践教学模式；形成了全覆盖、校内外、多形式的思政课实践育人机制；建立校外主题社会实践基地，为"行走的课堂"实践教学提供丰富的教学资源，实现学校与基地协同育人；采取"实践成果批阅鉴定—优秀实践成果遴选—优秀实践成果课堂展示"流程，让大学生的实践成果回归理论课堂；依托相关科研项目，组建学生调查分队，通过调研座谈、入户面访等形式，获取一手数据，并邀请相关学科教师指导学生运用 SPSS、Excel 等软件录入，分析数据，进而形成小论文，由任课教师协助发表。此外，深入扎实推进道德小品展演、社会调查、参观访问、经典阅读、主题征文等形式多样的思政课实践教学活动，引导学生走出课堂，进入社会，特别是组织学生深入农村感受"三农"实情，切实拉近了社会现实与思政课程理论的距离，让学生在实践活动中感悟人生、辨别是非、凝练价值，激发了学生学习思政课程的激情，强化了学生对思政课的情感认同，提高了实践育人效果。

六、提高教学质量，教师加强学习，让课堂讲授"新"起来

教师从自身做起，树立终身学习的理念，不断提高自己的素质和内涵，在学识上和品德上成为大学生学习的榜样。应利用好时间，不断增加知识的储备，培养自觉学习的意识。由于思政课教学内容理论性较强，教师在备课时更应与当前社会结合，时刻关注新内容，大量地阅读和浏览有关思政课的"新食材"，充实头脑，让自己的理论功底深厚，才能让思政课课堂内容保持"新鲜"。听精品课或在网上观看优秀课程视频，提高课堂教学的技能；同时，更应学习如何利用互联网的便利和技术，将信息技术与教学结合，快速、准确地获取信息，并整合有效信息。教师只有自觉主动地与信息化教学对接，不断提高自己的信息化教学能力，如教师的课件制作能力和视频、文件的转换技能等，才能适应信息时代。

以上六个方面的举措，有助于形成"配方"更科学、"工艺"更精湛、"包装"更时尚的思政课教学特色，学生对思政课的满意率稳步提升，获得感日益增强。

【实践组织】

"毛泽东思想和中国特色社会主义理论体系概论"
课程训练方案（2019年版）

为切实提高"毛泽东思想和中国特色社会主义理论体系概论"课程的实效性、针对性，提高学生运用马克思主义理论中国化分析、解决实际问题的能力，实现思想政治理论课教学的理论性和实践性的有机统一，结合四川农业大学的具体情况，特制定本课程课堂训练实施方案。

一、课程训练实施思路

"毛泽东思想和中国特色社会主义理论体系概论"是高等院校思想政治理论课教学体系中一门重要的课程，主要是对马克思主义中国化的历史

进程和理论成果进行相应的介绍。

训练目标：思想政治理论课是高校落实立德树人根本任务的关键课程，培根铸魂是新时代高校思政课最根本的育人目标。

训练设计：

（1）专题讲授马克思主义中国化理论的形成背景、历史进程和科学内涵，引导学生深刻理解中国共产党为什么能、马克思主义为什么行、中国特色社会主义为什么好，坚定"四个自信"；

（2）课程训练锻炼学生自主学习能力、理论分析运用能力，学会运用马克思主义的立场、观点、方法客观分析解决社会问题；

（3）实践教学引导学生走向社会，通过"行走的课堂"深化学生理论认知，引发学生情感共鸣，自觉将马克思主义中国化理论、中华民族伟大复兴历史使命内化于心、外化于行。

二、课程训练在总成绩中的比例

课程训练在总成绩中的比例为 40%。

三、课程训练项目（表 1-1）

表 1-1　课程训练项目

项目类别	设置目的	形式	分值
大学生讲思政课	学生通过小组自主探究式学习，增强对理论的理解和认知	小组	20 分
大学生讲时事	学生通过小组探究式学习，了解认知现代化建设中的实践问题	小组	20 分
课堂主题辩论	学生通过小组研讨式学习，以辩论的形式增强学生对社会现实的辨析理解能力	小组	20 分
主题微视频制作	以学生学习小组为单位，选取同课程相关的现实主题，以拍摄微视频的形式，加深学生对理论知识的理解，增强"四个自信"	小组	20 分
主题社会调研	学生组建调研小组，围绕教师指定的调研主题，深入社会进行实际的调研考察，撰写调查报告，了解掌握社会现实问题	小组	20 分

表1-1（续）

项目类别	设置目的	形式	分值
课程论文写作	围绕教师指定的写作主题，学生自主查阅、搜集相关文献资料，撰写论文，增加理论认知深度	个人	20分
听讲座写报告	学生参加课程的学术讲座，根据相关内容结合专业实际撰写报告	个人	10分
读文献、观影视，写心得	教师指定课程相关文献、影片，学生自主观看，写作观看心得	个人	10分
课堂演讲或时事新闻（理论热点）点评	教师指定相关理论问题或社会热点问题，学生通过自主研究，对问题进行讲解	个人	10分
其他课程随机作业	教师自主设定	个人	10分

四、部分课程训练项目的实施

（一）读文献，观影视，写心得

（1）所需课时：6~10课时。

（2）给学生列出该课程的主要阅读文献资料和影视教学视频名单。

（3）教学班安排：以教学班为整体进行。

（4）要求：要求学生在阅读文献或观看教学片后写一篇报告或心得，字数在800~2 000字（15周①交给老师）。

（5）教师必须认真批阅，此项目在课程总成绩中计10分。

（二）课堂讨论

（1）所需课时：8课时。

（2）教学班安排：采取分组的形式进行。

（3）讨论主题：在每个专题中教师根据教学内容设置相应的问题。

（4）要求：要求每一位学生在讨论前都要到图书馆或上网查阅有关资料，准备好讨论提纲。交流讨论以小组进行，讨论后各小组选出一位代表参加全班的交流讨论。交流讨论过程中，允许和鼓励学生对不同的意见进行辩论和反驳。最后老师进行点评。

---

① 本书中的"×周"均指校历周。

（三）课堂辩论

（1）所需课时：8课时。

（2）教学班安排：采取分组形式进行。

（3）具体要求：由教师提前公布与教学内容有关的辩题，由学生小组选择辩题，每两组自行确定正反方进行辩论，增加学生提问和点评环节。

（四）小组自主讲授

（1）所需课时：10~16课时。

（2）教学班安排：采取分组形式进行。

（3）流程安排：布置题目、资料准备、制作PPT、讲台讲授、学生和老师点评。

（4）要求：整个流程一定要每个组员参与，讲授形式可多样化，尽可能体现团队精神。

（五）课堂演讲或时事新闻（理论热点）点评

（1）所需课时：8课时。

（2）教学班安排：采取分组的形式进行。

（3）具体要求：要求每一组学生在授课前就当前时事热点、马克思主义中国化理论前沿等问题进行演讲、阐释、点评。小组完成后，其他同学可进行补充、反驳。最后老师进行点评。

注：每位教师应自行选择2项以上的训练项目，可以自行设定训练项目。

五、教改实施

（一）教学内容方面

课程教学团队根据教材教学目标的基本要求，密切关注党的重大理论创新，结合农业院校的实际特色，积极探索以问题为导向的专题教学改革。围绕马克思主义中国化发展进程、理论成果和我国不同时期农业、农村、农民问题的特点、难点，在现有教材体系基础上设计了相应的专题教学内容。其中，以马克思主义中国化理论为主专题，以"三农"问题为辅专题，力争实现在传授马克思主义中国化立场、观点和方法的同时，为国家乡村振兴培养大量知农、爱农的现代化人才。

（二）教学方式方面

为切实提高学生运用中国化的马克思主义理论分析、解决实际问题的能力，课程在理论讲授外设计了多样的课程训练与社会实践项目。

课程训练主要体现以学生为主体的教学理念，使学生由被动接受式学习转化为主动探究式学习。主要项目包括：课前时事演讲、读经典—观影视—写心得、问题研究探讨、主题课堂辩论、大学生讲思政课等形式。

实践教学主要引导学生走出教室，让学生在"行走的课堂"中学会运用所学理论去观察、分析当今社会热点、难点问题，撰写实践考察报告或调研报告。

（三）考核方式方面

建立了重参与、重过程、重效果的"三重"考核机制，将知识掌握、课程训练、实践教学和出勤状况等纳入平时考核，将过程考核与课终考核相结合。过程考核注重考查学生在学习中的参与度、主动性、积极性；期末考试设计多样题型，在考查学生对马克思主义中国化相关理论知识点认知的基础上，注重加强对理论运用能力的测评。

【思考讨论】

1. 谈谈你认为的思政课"金课"应该具备哪些要素或特点。
2. 思政课如何有效发挥学生主体性？
3. 请为思政课提高"抬头率""点头率"支招。
4. 结合实际谈谈本校资源如何融入思政课教学。

第二节　高校思政课实践教学"四位一体"模式解析

【教学探索】

加强高校思想政治理论课实践教学，强化社会实践育人，推进理论教育与社会实践教育的结合，是高校思想政治理论课教育教学改革的重要内容，是增强教学针对性、实效性、影响力、感染力的主要途径。《中共中央国务院关于进一步加强和改进大学生思想政治教育的意见》《中共中央宣传部、教育部关于进一步加强和改进高等学校思想政治理论课的意见》《教育部思想政治理论课建设标准》《教育部新时代高校思想政治理论课教学工作基本要求》等文件精神，为推进思想政治理论课理论教学与实践教学的融合指明了方向。"四位一体"实践教学模式就是对思政课实践教学改革创新的积极探索与回答。

"四位一体"实践教学模式，即由课堂实践、校园实践、网络实践和社会实践共同构成思政课实践教学体系。课堂实践是指在思政课理论教学课堂上，学生自主通过"翻转课堂"的形式，运用所学的马克思主义理论分析问题、解决问题的"展现型"活动；校园实践是指学生依据教师设定的主题及形式，在校园内有计划有目的地自主开展课堂外的思想政治教育活动；网络实践是教师推荐学生通过互联网平台，观看视频或参与教师推荐的思政教育活动；社会实践是在教师的组织与策划下，学生走入社会开展的实践教学活动。"四位一体"实践教学模式是一个互融互通的整体，四种实践教学形式共同统一于思政课实践教学中。

一、基本内容

（一）课堂实践

开课前，教师将开展课堂实践教学活动的主题及要求告知学生，学生自由组合成若干个小组，小组长负责组织，明确分工，利用课余时间查阅资料，进行准备。课堂上，教师在满足理论教学时间的前提下，预留相应的课时交由学生主持，每个组派出代表做 10 分钟的 PPT 主讲展示汇报，汇报结束后全体组员登台，回答组外同学的提问，以此达到交流互鉴的目的。答问结束后由教师作总结点评。此外，亦可采取主题情景剧表演、课堂辩论赛等形式，赋予学生自主权的同时为全体学生提供公平的展示机会。课堂实践有效避免了"千人一面"，多以"时事热点评论""大众焦点透视""理论难点解析""好书导读""情景剧表演""观点碰撞""微电影展播"等形式实施，极大地丰富了课堂教学的形式与内容，发挥了学生学习思政课的主观能动性，使得思政课的"到课率""抬头率"和"点头率"明显提高。

（二）校园实践

校园实践主要通过校园实践教学大讲堂、口述校史、校园故事广播剧等形式开展。校园实践教学大讲堂主要邀请校内专家、党校教师、智库专家、优秀校友、基层干部、企业家等面向学生举办专场报告；口述校史则是由学生自愿组成小分队采访学校师生，真实记录被采访者经历的学校发展典型事件；校园故事广播剧是由学生自愿组队，依据学校官网报道编写广播剧剧本，并完成广播剧录制。以上方式有助于体现思政课的校本特色，较好调动学生学习、了解校史的积极性，真正使学生成为校园文化的传承人和推广者。此外，校园实践还能通过"青年马克思主义者培养工程"（以下简称"青马工程"）实现马克思主义学院与校团委的有效合作，对高校团学干部进行马克思主义理论能力的提升培训。由思政课教师在课堂上发现马克思主义理论的爱好者、研究者，由学校团委组织大学生马克思主义理论研究社团及"青马工程"培训班，思政课教师担任指导教师及主讲，定期开展活动。此形式在学生中宣传马克思主义发挥了重要的作用，有的同学本科毕业后选择了继续攻读马克思主义理论的硕士学位，成为马克思主义理论的研究者。

（三）网络实践

网络实践主要通过网络评论员培训工程、网络评论大赛、网络观影等多种形式开展。网络评论员培训工程由马克思主义学院通过思政课教学发掘政治觉悟高、理论素质高、有一定写作能力的学生，将他们组织起来，举办网络评论员培训班，提高他们的马克思主义理论修养，锻炼他们网络评论的能力，为净化网络空间、弘扬正能量起到积极的作用；网络评论大赛是"网络评论员培训工程"的延伸，由马克思主义学院组织，面向全校学生开展每学期一次的"时事大评论"网文征稿，形成良好的网络建设氛围；网络观影即思政课教师推荐优秀红色电影、电视剧及纪录片，学生通过"学习强国"等主流平台自行观看，并撰写观后感或录制推荐视频，形成交流材料。

（四）社会实践

社会实践主要包含如下两种形式：

一是由马克思主义学院的教师牵头组织，根据思政课的教学计划与内容要求，将学生带出学校，到社会实践基地去开展现场教学暨参观、入户调查等形式的实践教学活动环节。现场教学暨参观就是根据实践教学基地的特点，结合实践教学活动内容的要求，由教师及学生代表现场讲解相关内容，再由教师带领学生参观相关点位，参观过程中教师充当讲解员并全程讲解，让学生身临其境完成实践。入户调查即教师根据教学内容的要求，事先给学生多个调研题目，要求学生在社会实践过程中根据调研题目自拟调研提纲、调查问卷，并要入村、入户进行走访调查，根据调研材料完成一定字数的调研报告。此项实践教学活动是社会实践中最具难度及挑战性的。学生不同程度地遇到不敢走进被调查户的家、见到被调查户不敢张嘴、不知道怎样提问等问题。在实施前需要由教师组织相应培训及预演，以确保调查活动完整推进。

二是由团委牵头，马克思主义学院老师参与指导，组织大学生开展暑期社会实践活动。团委会将大学生分成若干个组，思政课教师担任各个组的指导教师，从调研题目到调研方法、从调研过程安排到调研报告的撰写，指导教师全程参与。活动结束后，指导教师还要评阅调查报告，给出实践成绩。

二、"四位一体"实践教学模式的内在关系

传统的思政课实践教学一度出现两个误区：一是将思政课实践教学仅仅等同于社会实践活动，不出校门就无法开展，遇疫情等不可抗力影响则完全停滞，使思政课的实践教学走进了死胡同；二是将宣传部门、学生处、团委单独组织的大学生校园文化活动、暑期大学生社会实践活动，甚至二级学院组织的专业实践教学活动都简单地归为思想政治理论课的实践教学活动，思政课教师介入程度低，马克思主义学院无法发挥主导作用，甚至被"边缘化"或"说不上话"，导致思政课实践教学弱化。

按照 2018 年教育部《新时代高校思想政治理论课教学工作基本要求》，目前各高校均从本科思政课现有学分中划出 2 个学分开展本科思政课实践教学，开设"思政课实践"必修公共课程。因此，在思政课实践教学体系中，四种模式均能实现教学对象的全覆盖、实践教学过程的全贯通，实践教学课时数占全部实践教学课时数的比例亦应发生相应的变化。

课堂实践教学主要依托具体的思政课程开展，其分值一般不计入"思政课实践"课程分值，校园实践占全部实践教学的份额多为 20%~30%，网络实践情况与之大体一致，而社会实践往往占全部实践教学的 50% 甚至更多。应该注意的是，四种模式并非各自为政，而是紧密联系，课堂实践教学中的许多内容进一步推进，则演化为校园实践教学、或网络实践教学、或社会实践教学，而校园实践教学、网络实践教学和社会实践教学最终还要落脚在课堂实践教学上。四种教学形式是密切关联，统一为一个整体的。通过构建"四位一体"实践教学体系，思政课实践教学不仅与"社会"相结合，还与"课堂""校园"和"网络"结合起来，教学形式更加多样，教学内容更加丰富。四种实践教学方式结构合理，从根本上解决了

大学生思想政治教育工作"两张皮"的现象，思政课教师队伍与团学工作队伍真正统一起来，实现了优势互补。

【实践组织】

2022—2023 年第 2 学期"思政课实践"教学要求

一、思政课社会实践教学目标

根据 2018 年教育部《新时代高校思想政治理论课教学工作基本要求》，学院从本科思想政治理论课现有学分中划出 2 个学分开展本科思想政治理论课实践教学，开设"思政课实践"必修公共课程。

思政课实践课程旨在培养学生运用马克思主义基本观点分析解决实际问题的能力，从而强化理论学习效果，提升学生的思想政治素质，达到思政课实践育人成效。

推动思政课实践教学改革任重道远，需要任课教师群策群力，在教学过程中多出金点子，争取实践成果多出精品。

二、思政课实践教学要求

（1）实践教学紧密结合思想政治理论课教学，注重理论性与实践性相统一原则。

（2）安全第一，指导班级学生开展社会实践，必须加强和落实安全教育。

（3）每位任课教师不能将此"教学要求"文档以各种途径发给学生。请按照本教学要求做好指导说明，认真完成实践育人教学工作。开学第五周前任课教师务必完成联系教学班级、组建教学 QQ 群或微信群，并确保师生有一次线下面授教学的安排，加强与学生教学沟通工作，讲清教学要求。在组织教学过程中，任课教师可以要求班委同学辅助进行收集、整理教学资料，并做好相关教学资料的妥善保管以备教务处、学院、学生查看。

（4）全程指导学生思政实践，利用多种联系方式做到节假日不中断指导，全程掌握学生实践进程。

三、思政课实践计分原则

（1）课程由思政课校园实践、思政课网络实践、思政课社会实践三大板块构成（对应有三部分课程成绩，分别占比如下：校园实践30%、网络实践20%、社会实践50%）。

（2）任课老师根据三大板块实践成果（作业）的质量综合进行成绩评定工作。如果该作业是实践团队完成，可以根据该团队成员的贡献大小适当拉开分差进行评分。

四、思政课实践教学内容及具体安排

（一）思政课校园实践及基本要求（占比30%）

校园是文化育人、实践育人的基础，可以充分利用"川农大精神"、校史校本资源等丰富多彩的校园文化资源完成校园实践环节。

1. 实践形式（二选一，学生自选其中一项完成）

（1）"校园往事"广播剧比赛。

（2）大学生讲思政课。

2. 实践要求

（1）"校园往事"广播剧：学生以团队方式参加（注意：每个团队不超过10人），在学院官网公布的10个素材文档里自选其一，自主进行广播剧录制。广播剧成品应以MP3格式于本学期第15周前上传至学院官网指定的比赛专用通道。第17周左右由思政课实践教研室组织开展决赛，评选出一等奖2个、二等奖3个，三等奖5个。

（2）大学生讲思政课：学生以团队方式参加（团队不超过6人），按照各门思政课程具体要求具体实施。校级决赛由马克思主义学院统一组织。

3. 计分方式

（1）"校园往事"广播剧。决赛一等奖团队最高可获得校园实践项目满分（100分），二等奖团队最高可获得校园实践项目95分，三等奖团队最高可获得校园实践项目90分，未获奖团队可获得校园实践项目不超过85分。获奖团队名单及分数由实践教研室向任课教师公布，未获奖团队得分由任课教师按标准自行核定。

（2）大学生讲思政课。大学生讲思政课校级决赛最高等级（获得代表

学校参加省级比赛）获奖团队最高可获得社会实践项目满分（100 分），进入校级决赛团队可获得社会实践项目最高 95 分，进入各门思政课程决赛团队可获得社会实践项目最高 90 分，其余团队得分由任课教师按标准自行核定（不得超过 85 分）。

4. 实践成果

（1）10 分钟以上的广播剧，MP3 格式，思政课实践教研室择优通过喜马拉雅官号展示。

（2）大学生讲思政课的微课视频、课件、教学设计。

（二）思政课网络实践及基本要求（占比 20%）

利用好网络对大学生进行思想政治教育已经成为互联网时代的必然趋势。网络实践教学项目借助于互联网技术的平台，可引导学生学习与实践。

1. 实践形式

撰写优秀红色影视作品观后感。

2. 实践要求

学生以个人方式通过学习强国平台，从电视连续剧《觉醒年代》《山海情》，电影《开国大典》等 3 部优秀红色影视作品中任选其一，在线免费观看。

3. 计分方式

任课教师自行核定，最低分原则上不低于 60 分，最高分为 95 分。

4. 实践成果

学生撰写不少于 1 000 字的观后感。

（三）思政课社会实践及基本要求（占比 50%）

按照实践教学要求，根据形势变化，任课教师紧扣思政课重难点知识，有针对性地选取一些社会热点、焦点和难点问题作为实践主题，或结合大学生的生产实习、专业实习、科研课题，指导学生利用节假日、暑期等时间进行社会调研活动，提高学生理论联系实际、分析及解决问题的能力。

1. 实践形式（二选一，学生自选其中一项完成）

（1）"学习贯彻二十大，青春勇毅向未来"思政主题微电影大赛。

（2）"大国三农"主题社会调查报告。

2. 实践要求

（1）学生以团队方式参加（团队不超过 5 人），从学院官网公布的选题指南里自选其一为微电影主题，自行进行微电影摄制。微电影成品应以 MP4 格式于本学期第 16 周前上传至学院官网指定的比赛专用通道。第 18 周左右由思政课实践教研室组织看片评选会，评选出一、二、三等奖。其中，一等奖 2 个、二等奖 3 个，三等奖 5 个。思政课实践教研室从一等奖获奖团队中择优推荐参加 2023 年度全省大学生微电影大赛。

（2）学生以团队方式参加（团队不超过 10 人），以"大国三农"为社会调查主题，自拟具体题目进行社会调查并撰写不少于 5 000 字的调查报告（样本量必须在 100 以上，并提供原始调查数据），并拍摄 7 条及以上、每条 3~5 分钟的社会调查 VLOG（调查期间每天 1 条视频记录），调查报告和 VLOG 需同时上交，不能只做其一。

3. 计分方式

（1）微电影决赛一等奖团队最高可获得社会实践项目满分（100 分），二等奖团队最高可获得社会实践项目 90 分，三等奖团队最高可获得社会实践项目 85 分，未获奖团队可获得校园实践项目 70~80 分。获奖团队名单及分数由实践教研室负责向任课教师公布，未获奖团队得分由任课教师按标准自行核定。

（2）社会调查报告获得"青年中国行"全国大学生暑期社会调查全国百强团队及以上称号的团队最高可获得社会实践项目满分（100 分），其余团队由各任课教师按标准自行核定。其中，最高分不得超过 90 分，社会调查报告总字数低于 5 000 字或样本量低于 100 或 VLOG 少于 7 条或单条视频时长不足 3 分钟的，得分不得超过 60 分。

4. 实践成果（征求学生同意后，实践成果可在线展示）

（1）12 分钟以内的主题微电影，MP4 格式，思政课实践教研室择优通过抖音、B 站等官号展示。

（2）社会调查报告文字版、社会调查 VLOG（MP4 格式）。其中文字版由思政课实践教研室择优编辑成册，VLOG 由思政课实践教研室择优通过抖音、B 站等官号展示。

五、成绩录入

由任课教师于规定日前在教务系统完成提交。

六、其他说明

"校园往事"广播剧比赛、"学习贯彻二十大,青春勇毅向未来"思政主题微电影大赛的正式通知由马克思主义学院官网及校园网官网择期公布。

"学习贯彻二十大 青春勇毅向未来"思政主题微电影
大赛细则

一、比赛要求

1. 作品类型为剧情片、纪录片、动画片、实验片。

2. 剧情片、纪录片、动画片与实验片成片总时长不得超过 12 分钟。

3. 参赛作品不得违背党的路线、方针、政策、法制、法规,不得有损国家、民族利益,选题要阳光、正面、积极向上,不能含有色情、暴力因素,不得与中华人民共和国法律法规相抵触。

4. 参赛作品必须是参赛者本人的原创作品,具有作品完整的著作权。大赛组委会不承担因名誉权、著作权、肖像权、隐私权、商标权等纠纷产生的法律责任,因上述问题产生的一切法律责任由报送单位及创作者本人承担。

5. 对入围作品,组委会有权无偿在公共媒体(含公众号)上作非营利性展示、展播和结集成碟片出版。

6. 请参赛团队将参赛文件夹上传百度网盘,以"作品名+负责人姓名+报名的作品类型"命名,提交链接及密码到指定邮箱,文件夹中包含:

(1)报名者签字完成并加盖学校公章的报名表扫描件电子档一份。

(2)完整版的参赛影片。

(3)20 秒以内的片花。

(4)作品宣传海报一份。

要求:以上四个文件,缺一则视为无效报名表,将无参赛资格。

比赛报名表见附件 1(略)。

作品主题可从选题指南中选择,也可以自定主题。主题不作为具体片名,具体片名由参赛团队自行决定。

二、奖项设置

由马克思主义学院组织评委现场打分,评选出一、二、三等奖。其中，一等奖 2 个、二等奖 3 个，三等奖 5 个。学校从一、二等奖获奖团队中择优推荐参加 2023 年度四川省大学生微电影大赛。

三、组织机构

主办单位：马克思主义学院
承办单位：马克思主义学院思政课实践教研室
比赛最终解释权归马克思主义学院。

"学习贯彻二十大 青春勇毅向未来"
思政主题微电影大赛选题指南

一、粮食安全

1. 遏制耕地"非粮化"与"非农化"
2. 建设更高水平"天府粮仓"
3. 川农大兴农报国实践
4. 珍惜粮食，杜绝浪费
5. 大食物观

二、乡村振兴

1. 四川特色农业产业发展
2. 人才兴农
3. 社会主义核心价值观的乡村实践
4. 农村"厕所革命"
5. 基层党组织作用发挥

三、大学生青春风貌

1. 大学生回乡创业
2. 大学生正确婚恋观
3. 自觉抵制"天价"彩礼
4. 正确就业观
5. "内卷"与"躺平"

【思考讨论】

1. "大思政课"何以为"大"？
2. 思政课程如何贯彻落实课程思政的要求？
3. 结合实际谈谈思政课实践教学有哪些"问题导向"。
4. 如何做到思政课实践教学与课堂教学"同步"？

第三节　涉农院校思政课新形态教学研究

【教学探索】

习近平总书记在"9.5"回信中对涉农高校的办学方向提出明确要求，并对广大师生予以"以立德树人为根本，以强农兴农为己任，培养更多知农爱农新型人才"的殷切期望，为厘清"三农情怀"的新时代内涵指明了方向。面向"三农"事业，培养高素质农业人才与培育"一懂两爱"的工作队伍是新时代赋予涉农院校的使命与担当，亦是农业农村现代化以及乡村振兴战略顺利实施的必然要求。

思想政治理论课是思想政治教育的"排头兵"。涉农院校思政课在强化"四史"融入教学内容的同时，更应深挖校本资源所蕴含的育人元素和育人逻辑，构建具有"知爱强兴"导向引领、农科教育类型特征及高等教育层次要求的思政课教育教学模式，解决好"红线贯穿""绿色覆盖"及"三农情怀"培育的问题，实现涉农院校学生政治理论素养和职业精神培养的高度融合。

针对在校大学生皆为"00后"的客观实际，思政课既要严守讲透理论的底线，也要给理论"活起来""加料"。涉农院校有丰富的专业教学实践基地资源，为思政课开展新形态教学提供了天然的便利。教师在做好理论知识传授的同时，亦应因势利导，选取大学生喜闻乐见的短视频、VLOG、第一视角视频、馆游场景直播等教学新形态，广泛运用纸屏同步书写、声卡变声氛围营造等技术手段有效提升教学的时尚感，调动学生积极性，提升教育教学效果。

一、涉农院校思政课教学存在的典型问题

一是涉农院校思政课无"农"味。思政课教材均为统编版，无法精准针对"三农"。涉农院校虽有丰富的"三农"资源为思政课改革创新提供天然的便利，但采用传统的视频播放、实践基地参观、小组讨论、学生汇报等方式既增加学生课业负担，又无法调动学生参与的积极性，学生往往应付了事，流于形式，看似花里胡哨，实则无功无用。

二是理论教学"生硬"，实践教学"游击"。思政课教师讲授的理论知识无自我创新可能，"照本宣科"或"朗诵教案"不同程度地存在于思政课教师教学中。加之教学案例往往不是第一手资料，且与学生自身的学习、生活相关度低，学生长期被动地接受知识不可避免会产生"学习疲劳"，理论教学陷于枯燥乏味。实践教学苦"随意"久矣，在经费有限的情况下，不仅无法做到人人参与，且"走马观花"式的参观既无内涵亦无吸引力。即便相对固定的实践基地，也难以深入展现其特色，如果叠加疫情等影响，传统实践形式只能被动停止。

三是互动"形式主义"。"新媒体时代"给思政课带来了教学理念、模式的变革，但如果运用现代信息技术开发的在线课程、手机课堂、混合式教学等教学形式之间不能有效配合，就会流于形式，徒增师生负担。在课堂教学中，部分教师仅把离开讲台走到学生中间去讲课当作"互动"，只能提高"瞬间抬头率"，无法真正调动学生学习的积极性，也无法发挥学生探究知识的主观能动性。

二、涉农院校思政课新形态教学特色

一是为思政课教学注入"农情农意"。充分利用学校丰富的"三农"资源优势，充分调动师生创作视频的积极性，构建起内容形式丰富、视角多元灵活的视频资源库，进而分类归纳、凝练提升为独具涉农院校特色的视频资源平台。教学内容上，以四史为基础，结合校本特色，将中国共产党农业农村政策、脱贫攻坚与乡村振兴的实践经验、校史、大学精神等有机融入思政课教学，注重一般经验与特殊经验的融合。将红色景点、伟人故居、大农科专业教学实践基地等全部纳入新形态教学视频取景地，全方位、低投入、高质量展现教学效果，丰富教学资源，扩充教学案例。

二是实现理论与实践教学的融合互补。通过新形态视频拍摄创新实践

形式，又以优质视频作为教学案例，以学生所见、所感、所悟增强代入感。突破了演讲、辩论、情景剧表演等思政课实践传统形式，选用"00后"大学生普遍关注的短视频、VLOG、第一视角视频、直播等新形式丰富教学实践。短视频重知识串联和"短平快"传播，VLOG 重记录积累，第一视角视频重分享体验，馆游场景直播重探索发现，充分调动学生学习的主动性，提升教师教育教学创新的执行力，达到教师不难操作，学生乐于参与，成果易于呈现，精品可以打造的新时代高校思政课有效改革的目标。

三是提升师生互动的有效性。赋予学生视频拍摄足够的主导权，充分发挥学生的想象力、创造力，从"要我看什么"变为"我让老师和同学看什么"。课堂教学中充分运用高科技设备为教学效果"加分"，打消师生疲惫感，提升教学时尚度。课堂教学采用无网无线多屏互动、"热靴+无人机"怼脸互动、声卡变声氛围营造等形式有效减少学生疲劳感，提升抬头率；课堂外教学积极拓展教学场景，运用稳定器、步伐跟踪等手段将室内课堂搬到田间地头、创新创业基地等社会大课堂，突破网络、第三方付费平台等对思政课互动教学的限制。

四是打破新媒体教学需统一购买网络平台或与第三方平台合作的限制。拍摄、观看新形态视频只需一部智能手机，学生手机端无须安装操作程序较复杂的软件，通过 QQ、微信、抖音、快手等符合学生使用习惯且免费的 APP 完成相关教学任务，减少学生因操作复杂产生的抵触感。

三、涉农院校思政课新形态教学的实现方法

"热靴"或无人机互动法：教学中由教师手持"热靴"架或者遥控操作无人机，以带前置摄像头的手机近距离拍摄学生或场景。通过移动网络或者无线 Wi-Fi 将手机拍摄画面实时传输至同网大屏幕上，供人观看。在手机流量充足的情况下可不受 Wi-Fi 限制，实现"无网"传输，也可单纯拍摄视频进行后期制作，最大限度减少拍摄晃动对画质的影响，以最小距离拍摄人物形象细部。

声卡变声法：教师根据需要可将原声转变为小黄人、少变老、男女声互换等特殊音效，减少学生"听觉疲劳"，也可以在和学生互动过程中，以鼓掌、欢呼等特效音给予学生鼓励，增强教学趣味性，且不受网络限制。

纸屏同步法：教师在开展互动教学时，可以离开讲台，走到学生面前，通过特定手写屏进行知识点或学生回答内容的实时书写，所写内容立即呈现在同网的大屏幕上供全部学生观看，实现了教师脱离讲台教学。

多屏同投法：在教室单一大屏基础上，通过单独便携投影仪和连接器，可将同网手机直播拍摄画面投影在大屏外的指定白色墙面上，与"热靴"、无人机等配合使用能够有效提升师生互动的展示度。

短视频制作法：结合抖音、快手、哔哩哔哩（B 站）等视频平台短视频发布要求，拍摄单条时长 10 秒~3 分钟的主题短视频，剪辑制作后上传至相应视频平台，获取一定的点击量，打造具有农业院校特色的 UP 主或主播。

VLOG 制作法：主题日记视频版，以 3 期以上单个 3~10 分钟的中长视频记录特定人物或事物的发展变化情况，尽可能减少表演痕迹，注重真实记录，多通过微博或微信朋友圈、QQ 空间等渠道发布；

第一视角视频制作法：教师或学生作为拍摄人需使用特定拍摄支架，拍摄画面等同于拍摄者人眼所见，手机摄像头或相机需与拍摄者视线持平，可以用于直播。

馆游场景直播法：师生可单人也可多人替代导游身份，向直播间的师生展现红色景点、教学实践基地、乡村等特定场景，要求网络通畅，全程可由观看者手机录屏。

【实践组织】

"毛泽东思想和中国特色社会主义理论体系概论"课程
社会实践调查方案

一、社会调查的学时分配（18 学时）

1. 社会调查基本知识及社会调查选题说明（2 学时）；
2. 社会实践（8 学时）；
3. 社会实践成果展示与总结（8 学时）。

二、社会调查操作流程

（一）社会调查基本知识及社会调查选题说明（2 学时）
社会调查安排在教室进行，时间安排在 4~7 周，主要给学生讲解社会调查基本知识，组建调查小组（人数在 7~9 人），审查调查题目与课程教学内容的紧密度，拟定调查方案（调查开题表），调查注意事项等内容。

（二）社会调查（8 学时）

1. 调查小组及人数。鉴于学生人数太多，必须组建社会实践调查小组。学生调查小组一般为 7~9 人，让每一位成员都实际参与到调查中的问卷制作、发放、访谈、调查成果的制作等各环节，让每一位学生都得到锻炼，有所收获。

2. 组织管理。以学生团队自主调查为主，以教师参与调查为辅。由于一个教学班人数较多，调查小组会达到 20 个，老师没办法参与每个小组的调查，只能随机抽取几个小组随队调查，更多调查小组只能自主调查。各小组需确定成员的分工，明确职责，做到统一协调，各小组长对任课教师负责汇报整个社会调查进展情况。

3. 调查地点。指导教师以就近、方便原则事先确定多处实践地点，学生再根据实践调查主题选择相应实践地点。

4. 调查时间。一般安排在 8~13 周。

5. 形成调研成果。每个调查小组必须撰写 1 篇调查报告（访谈视频或情景模拟表演也可），每位成员必须提交一篇调查心得，并于第 15 周提交；第 16 周教师审阅、学生修改并形成定稿的调查报告。

（三）社会调查成果展示与总结（8 学时）

1. 社会调查成果展示与总结的时间一般安排在第 17 周。

2. 每个小组对调查过程（需展示调查现场的照片、视频等能证明实际调查的资料）、调查内容、调查成果、调查心得等内容进行 15 分钟左右的汇报，汇报人由教师在该组成员中随机抽取，汇报内容及表现作为社会调查成绩的一部分。成果展示与总结阶段邀请学院督导组成员参与督导。

3. 各调查小组组长担任评委，根据各小组的汇报情况给出分数，并在教学班级中随机抽取一位同学对汇报小组进行点评。

4. 各调查小组的实践成绩为小组成员的成绩。各调查小组成员的表现将决定小组社会调查的质量，会直接影响到社会调查的最终成绩，各成员间需要相互激励、相互监督和团队意识的培育。

5. 任课教师对所在教学班的社会调查做总结、评价。

（四）选拔优秀学员到实践基地调研

1. 选拔优秀学员到实践基地调研的时间一般安排在第 19 周。

2. 在每一个教学班各小组中选取一位表现优秀的同学作为入选马克思主义中国化教研室组织的调研团队候选人。

3. 在候选人中选拔 2 名同学进入马克思主义中国化教研室组织的调研团队。

4. 在"毛泽东思想和中国特色社会主义理论体系概论"课程所授班级中共选拔 20 名左右的社会调查成绩优秀的同学在课程组教师带领下到实践基地调研。

5. 在老师的指导下，所有选拔出来的优秀学员并参加调研的同学必须撰写一篇调研报告或调研心得，并鼓励其将报告心得公开发表或形成论文集。

三、社会调查评分原则

（一）总分为 100 分

（二）成绩评定办法

1. 调查方案拟定（10 分）；

2. 调查活动开展（30 分）；

3. 调查报告撰写（40 分）；

4. 成果总结交流（20 分）。

注：凡未参加社会调查活动的同学，成绩以 0 分计；调查过程中有弄虚作假等情节的，以 0 分计算。

四、社会实践调查格式规范

（一）需提交的调查资料内容

1. 封面（统一格式）；

2. 调查报告正文；

3. 调查心得（每人一份）；

4. 调查过程证明材料。

（二）调查报告装订要求

1. 统一采用 A4 纸打印，左侧装订；页码位于页面底端（页脚），居中对齐；行距 20 磅。

2. 装订顺序：①封面；②调查报告正文；③调查心得；④调查过程证明材料（可以粘贴在 A4 纸上）。

（三）调查报告

调查报告大体上由标题、导言、主体、结尾几个部分组成。

1. 标题

标题是对调查活动和报告主题的高度概括和简短揭示。其基本要求是既能概括调查研究的内容，又能够吸引读者。

2. 导言

导言也可称为前言、引言。主要任务是向读者对已经完成的调查做一个简单的介绍，形成一个较为全面的印象。主要内容包括调查的目的、调查的内容、调查的对象、调查的时间地点、调查的方法，等等。

3. 主体

主体部分是整篇报告的最主要部分，所占篇幅最大，内容也最多。这部分要全面介绍调查所取得的各方面的重要资料、已经研究分析的观点。

4. 结尾

这部分主要是介绍调查的过程和主要结果，陈述调查研究的结论，并在阐明所调查现象产生的原因、所具有的影响基础上，提出解决的办法或政策建议。

（四）调查报告格式要求

1. 文章题名

文章题名应简明、贴切，能概括文章的内容，一般不超过 20 个字。

2. 作者署名

依次标注小组参与人员的专业、姓名、学号。

3. 摘要

摘要应客观地概括报告的主要内容和观点，不超过 200 个字。

4. 关键词

关键词为反映论文主题概念的词或词组，具有检索价值。一般为 3~6 个。

5. 正文

正文为调研报告的主体部分，3 500 字以上。

6. 注释

注释置于当页下（脚注），按在论文中出现的先后顺序用 1，2，3……每页单独排序。

7. 参考文献

参考文献置于正文末尾。

8. 字体与字号

题目：黑体、三号、居中；

作者名字：宋体、四号、居中；

摘要、关键词：楷体、小四号；

正文：仿宋、小四号；

参考文献内容：仿宋、五号；

注释：仿宋、小五号。

【思考讨论】

1. 结合实际谈谈思政课实践教学如何避免"形式主义"。
2. 谈谈涉农院校思政课设置社会实践的必要性。
3. 讨论涉农院校学子如何从自身做起，做到"知农爱农强农兴农"。
4. 请设计五个及以上涉农院校思政课社会实践主题。

第四节　高校思政课"迎合式"教学误区研究

【教学探索】

针对当前高校思想政治理论课（以下简称"思政课"）建设在教材、教师、教学等方面存在的不足，中宣部、教育部联合印发了《普通高校思想政治理论课建设体系创新计划》，为教师队伍的建设、教材体系的完善以及教学方法的创新指明了正确方向和基本路径。但在高校思政课教学实践中，仍存在一些问题有待正确认识与解决。其中"迎合式"教学是一个比较具有普遍性的问题。

一、"迎合式"教学的主要表现

所谓"迎合式"教学就是立足于学生现有的认知水平，以一些学生的学习态度、认知偏好及思维习惯为转移，通过投其所好来组织实施课程教学活动，以期获得一些学生的认可和提高学生对教学的满意度。一味地迎合部分学生的口味，导致课堂教学的娱乐化、随意化、自我化和柔情化，其直接结果是高校思政课的形式化和庸俗化。

（一）课堂氛围娱乐化

思政课的魅力在于理论本身的说服力与感召力。显然，教好这门课程相对于其他强调专业知识性的课程有着更高的要求，需要教师在课外下足功夫，研究授课内容、授课方式与学生特点，以增强课堂教学的针对性与感染力。而抛开思政课的严肃性与思想性，为取悦部分学生不恰当的偏好而刻意娱乐课堂，则会导致学生对思政课的误读，从而淡化其意识形态教化功能，同时也会助长教师的惰性。

课堂娱乐化主要表现在：一是刻意追求视觉冲击力。视频和PPT是现代教学的辅助手段，直接服务于教学内容和效果，但试图以视频和PPT的视觉冲击力提升课堂吸引力显然是一个误区。个别教师90分钟的课件中有近一半时间用于播放视频或展示各式各类的图片，其中不乏诸如搞笑与夸张的画面、动漫效果图等。一些画面明显与课堂教学内容和教学目标毫无相关性，甚至可能误导学生认知，且长时间播放视频或图片容易造成学生对教师敷衍教学的印象，严重影响教学效果。二是课堂互动的游戏化。课堂互动是教学的必要环节，其意义在于通过师生思想的交流与碰撞，寻求一种真理性的共识，但部分教师将其变成了游戏环节，甚至将企业员工拓展训练模式照搬到思政课课堂；或者刻意挑选一些学生感兴趣的话题，不加引导地让学生"畅所欲言"，使讨论演变成"八卦"。三是语言风格时尚化。有些教师为引发学生"共鸣"，刻意搜集网络段子或网络热词，以博得一些学生的喜爱与掌声，课程的说理性、原则性、深刻性、教育性被淡化和忽视。

（二）教学内容随意化

思政课课程是一个严谨、科学的逻辑体系。无论我们怎样强调教师的能动性和学生的主体性，每门课程的内容结构是不可以任意拆解、随便取舍的。但在"迎合式"教学中，部分教师却显然忽视了这一基本原则，在具体课程内容安排上，随意解构教材教学内容，使教学大纲成了摆设。

一是教学内容脱离教材，另辟蹊径。一些教师无视教学大纲的规范性要求，将教材内容随意合并或"嫁接"，或者索性跳出教材，自行讲授个人的"独到见解"，在学生面前彰显个性与主见，迎合部分学生的"独立性"偏好。二是以学生"爱听"为取向，为挑起学生的好奇心而随意发挥，或者让学生讨论一些已有历史定论的问题，以达到让学生"耳目一新"的效果。三是"扬长避短"，随意取舍教材。一些教师不愿系统地研究教学内容，对不熟悉或不感兴趣的内容点到为止，甚至干脆跳过不讲。四是教学内容天马行空，想到什么讲什么，什么流行讲什么，不讲究教学的思想性与实效性，只在乎自己讲得"过瘾"，课堂轻松愉快。

（三）教学风格自我化

教师必须具有个性特色，无论在课堂教学，还是个人形象，甚至言谈举止等方面恰当展现个性风采，这既是教师个人魅力的体现，也是思政课获得好评、取得实效的基本要求。但无视教学基本规范而过分追求个性，就可能将个性演变成一种盲目的自我化，即以自我为中心，将教学过程异化成服务或彰显自我的舞台或途径，抛开挖掘理论本身魅力和教学的科学技巧，刻意从外在层面迎合一些学生的审美偏好，从而打造受"追捧"和"欢迎"的形象和声誉，这实际上背离了思政课教学的本质和目的。

一是对自我形象的过度包装。部分教师在装束打扮上尽可能迎合一些年轻人的审美时尚，塑造"白富美"或者"冷俊酷"形象，引起学生关注和仿效。二是刻意追求新、奇、特的授课方式，将课堂变为自我的表演舞台。诸如以时事评论员或者现实批评家的角色点评教学内容，彰显个性和水平；或直接将课堂教学变成对某个所谓名人的模仿秀，等等，将学生的注意力转移到了教学内容之外。三是以特立独行的行为方式刷"存在感"。一些教师为强化"存在感"，选择以特立独行的思维和行事方式吸引学生注意力，这是一种心理危机意识的体现，选择的应对方式显然偏离了思政课教学的行为规范和价值取向。

（四）课堂管理柔情化

简单地说，课堂管理柔情化就是放弃课堂教学的基本原则和学习考核的基本标准，以"相安无事"的心态，对学生的课堂行为听之任之，对考试考核不加要求，以"好人"的形象获取学生的好评。

一是对课堂秩序不加约束，我讲我的，你做你的，互不干扰，相安无事，做"老好先生"。在这样的"零约束力"课堂上，教师讲课俨然成了一种自说自话的程序，毫无效果可言。二是对学生要求无条件满足，造成学生课堂"零负担"。比如在教学内容上迁就学生偏好，对学生的平时作业和考核放任自流，对学生出勤不作要求，以及将课件直接发给学生等等。这些做法无疑助长了一些学生的学习惰性，甚至不诚信行为。三是在学业考评中"高抬贵手"。一些教师出于多种考虑，对学生学业考核持"三个尽可能"态度，即复习范围尽可能小，考试题目尽可能简单，判分标准尽可能宽松。一些教师因此获得一些学生的好评，形成了师生"互利双赢"的畸形格局。

二、消除"迎合式"教学的有效路径

"迎合式"教学所产生的影响显然是消极和负面的。在高校日益成为各种意识形态争夺主阵地的当下，这种现象的危害性显而易见，使思政课应有的思想性、科学性与严肃性遭到削弱，甚至有可能导致思政课教学的形式化与庸俗化，因此需要引起高度重视。在实践中，我们不难发现，"迎合式"教学产生的原因是多方面的，既包括了教师的主观因素，也与现行教师业绩考核取向、课程教学管理体系、学生评价机制等密切相关。为有效解决这一教学误区，必须从上述多个层面入手，加以纠正。

（一）切实完善教学评价机制

高校思政课教师作为弘扬马克思主义正能量的传播者，其教学成效"已成为现代教育评价衡量教育成就的指标之一。"[①] 基于现阶段高校思政课教学实际，为进一步完善考评制度，有必要从以下几个方面着手：

一是建构教学评价的多元主体，解决好由谁来评的问题。以学生评价"定终身"显然是"迎合式"教学的直接诱因之一。解决这一问题首先需要保障评价主体的科学性，真正将学生评价、督导评价、同行评价、自我评价有机结合，根据不同评价主体的实际影响力合理设置评价权重。同时，还应建立客观公正评价的机制，即保证教师对评价结果的申诉权，以及对不恰当结果的矫正机制，以此保障教学严谨、把关严格的教师得到应有的肯定和尊重。

二是注重评价方法的多样性，解决好怎样评价的问题。对课堂教学评价一般通过听课打分来进行，这一传统做法对教师改进教学有一定的督促作用，但显然也存在着缺陷与不足。首先，它反映的是听课时段的教学场

---

① 摘自习近平总书记在全国高校思想政治工作会议上的讲话（2016年12月7日至8日）。

景，而不是一门课程的教学整体状况；其次，教学包含了备课、授课、课后指导咨询等一系列完整的流程，听课所涉及的只是其中一个非常小的片段，而以点带面显然并不科学；再次，教学业绩应包括教学态度、教学能力、教学效果以及专业水平等多个层面，将教学评价简单化显然难以得出客观结论，这样不仅不利于保护和激励教师的工作积极性，甚至会产生消极后果。

三是完善教师业绩评价机制，解决好公正评价的问题。尊重人才、尊重劳动、维护公平是高校办学科学发展的基本要求，也是社会主义核心价值观的内在规定。课堂教学是一个特殊和复杂的实践活动，教师的时间与精力投入不仅在讲台上，更多的在于课外的准备和后续指导等环节。思政课有其特殊性，与其他专业知识课相比，取得教学成效需要教师更多的付出和更大的担当，尤其在如何处理以理服人、以情动人与对学生严格要求的辩证关系方面需要付出更多的心血。近年来，基于多种原因，在高校的教师业绩考核指标体系中，硬化科研权重、软化教学业绩的现象比较普遍，思政课教师往往承担着繁重的教学工作量，对专业研究相对缺乏时间与精力，导致了综合业绩考核不佳，其经济待遇和社会评价相应趋低，甚至群体整体地位的边缘化，这显然也是其教学消极现象产生的其中缘由。

（二）切实强化教师内在素养

高校思政课教学的中心任务在于把青年一代培育成马克思主义的潜心学习者、坚定信仰者、躬身实践者和忠实传承者。这就决定了思政课教师是作为党的理论、路线、方针、政策的宣讲者，以及大学生健康成长的指导者和引路人的角色定位①。无论是宣讲者、指导者还是引路者，其使命的达成都包含着一个基本条件，那就是学生对教师的真心信服，因此，需要教师具备相应的素质与魅力。就当前思政课面临的主要问题来看，提升教师教学"魅力"关键取决于以下几个方面：

一是自身过硬的思想素养。这里所说的思想素养包含了政治信仰与道德水准两个基本层面，是思政课教师的立身之本。思政课的特殊性首先要求思政课教师具有坚定的政治立场和高度的时代使命感，理直气壮地充当好党的意识形态的坚定捍卫者和社会主义核心价值观的忠实传播者。对于

---

① 习近平. 思政课是落实立德树人根本任务的关键课程［J］. 求是，2020，17.

马克思主义理论，尤其是马克思主义中国化理论成果要真学、真信、真懂、真用；对中国特色社会主义道路、理论和制度要保持高度自信；对于改革发展中出现的问题要理性客观地加以分析；对当今复杂的社会思潮要旗帜鲜明地敢于"亮剑"。同时，思政课的特殊性对教师的道德水准提出了特别的要求，不能只限于"高节清风"的自我修为，还应承担起说道者和示范者的角色，大学生思想意识与道德修养具有鲜明的实践特性，其中包含了教师示范的重要内涵。课堂教学更多的是让学生明白事理，而实践才是认知内化的最终路径和效果呈现。道德高尚的教师本身就是一本学生更易读懂和更易接受的思政课的活教材，这实际对教师道德自律提出了具体要求。

二是自身高度的岗位认同。自我认同是自信的源泉，也是魅力形成的土壤。在相当长一段时间里，一些高校办学的功利倾向，加剧了思政课教师地位的边缘化，一些教师因此而产生了彷徨或迷失，缺乏自信和自我认同，甚至不愿在社交场合公开自己的职业身份，这是当前高校思政课教师面临的一个现实困境。增强教师的职业认同与自信，社会环境和学校重视是一个方面，但根本还在于思政课教师对所从事事业的极端重要性的正确认知，有了时代使命感，才能有"咬定青山不放松"的信心和意志。

三是自身突出的业务能力。业务能力主要是专业功底与教学技能，二者构成了教师教学魅力的核心要素。马克思主义理论是中国特色社会主义的行动指南，同时也是一门有着深厚底蕴的科学，思政课的魅力取决于教师能在多大程度上挖掘和阐释出其中的理论奥妙，并以此说服和吸引学生。同时，马克思主义理论具有与时俱进的内在品质，在推进中国特色社会主义的进程中，不断形成的马克思主义中国化的最新理论成果需要专业的诠释和解读。理论研究是思政课教师业务能力之"本"，教学魅力之"源"，忽视理论研究，教学内容必然是空洞和僵化的，教学水平和魅力也便无从谈起。因此，唤醒和激发教师研究意识，是当前高校马克思主义学院面临的共同课题。

（三）切实改进实践教学环节

思政课具有实践特性。一方面，一些理论知识需要通过实践加以展示，才能更好地被学生理解和接受；另一方面，思政课的教学成效更多地需要通过学生的具体社会行为加以呈现。因此，改进思政课教学，除了推进"慕课"教学等现代手段外，重在完善实践教学环节，落实实践教学效果，让教师从教案中走出来，从教室里走出来，真正和学生一道深入社会，了解国情，在指导学生实践中和学生一起接受锻炼，共同增长才干，携手作贡献，以此增强社会责任感与时代使命感。同时，实践教学也是丰富教学资料和素材，是提升教学效果，增强教学亲和力、吸引力和感染力的重要手段，是消除"迎合式"教学误区的有效途径。改进实践教学环节包含探索教师社会实践新模式与完善实践教学两个基本层面的内容。

一方面，完善在新形势下教师社会实践的有效模式，让教师真正"动"起来，"沉"下去。在完善既有以学习考察为主要内容的教师社会实践模式的基础上，进一步探索结合项目研究的实践模式，以及以服务社会为内容的实践模式。现有以学习考察为主的实践模式，已在实践中取得了积极效果，但仍需要解决好分类组织、校地互动，以及成果有效转化等问题。结合项目研究的实践模式，主要是鼓励教师立足经济社会发展重大现实问题展开实证性研究，并把这一研究注入社会实践的内涵，纳入教师业绩加以支持和考核，以激发教师的社会责任感，实现深入科学研究、丰富教学资源、提升自身能力的有机统一。服务社会的实践模式，主要包括理论服务与决策服务，这是思政课教师发挥自身专业优势，服务经济社会发展的有效路径，这一模式的关键在于建构高校与社会的资源和信息共享平台，以及理论与实践的有效互动渠道。

另一方面，进一步推进实践教学的创新发展。实践教学是解决思政课接地气、聚人气、增底气的有效途径和方法，对学生有着极强的吸引力，也是教师有效改进教学方式方法，进一步了解社会、贴近学生以及丰富教学内容、提升教学魅力的重要载体。现阶段主要在于从根本上探索解决思政课学生人数众多、实践教学难以组织以及如何实现教师有效指导，并真正达成大学生社会实践的有效成果等问题。这是涉及学校、学生、地方等诸多方面的系统工程，教师在其中承担着关键性的组织、协调与指导作用，需要教师精心筹划和深度介入，既需要结合教学内容不断创新实践教学的载体和模式；又需要立足实践教学成果，不断完善课堂教学的内容和方法。

【实践组织】

表 1-2 "习近平新时代中国特色社会主义思想概论"
青年教师讲课竞赛评审参考标准

评审模块	评审指标
教学内容	习近平新时代中国特色社会主义思想，及时体现习近平总书记最新重要讲话精神，有机结合以党史为重点的"四史"教育内容
	遵循统编教材（课件）的基本精神，对应基本参考资料所列教学专题，观点正确、讲授准确、教学目标明确
	教学过程完整严密，各教学环节安排得当，时间分配合理。基本理论阐释清楚，基本事实论述准确，重难点突出，充分反映马克思主义中国化时代化最新成果、坚持和发展中国特色社会主义实践的最新成果，体现"大思政课"理念
	理论联系实际，主动辨析错误思想观点、回应学生关心的问题，教学素材多样，鲜活生动，具有思想性、理论性和亲和力、针对性
教学方法	教学方法灵活适当，关注学生差异性
	注重教学互动，调动学生参与积极性
	综合运用现代信息技术手段
教学效果	实现政治性和学理性相统一、价值性和知识性相统一、建设性和批判性相统一、理论性和实践性相统一、统一性和多样性相统一、主导性和主体性相统一、灌输性和启发性相统一、显性教育和隐形教育相统一
技术要求	教案、课件、说课视频均不得出现任何可能透露教师个人信息的元素，不得出现教师的面部形象或写实人物像
	教案为标准 pdf 文件格式，版式简洁，文字内容可复制。教案的文件名为：教案. pdf
	课件推荐使用 Microsoft PowerPoint 软件进行设计制作，文件格式为 ppt 演示文稿或 pptx 演示文稿。课件的文件名为：课件. ppt 或课件. pptx
	说课视频文件格式为 mp4，视频分辨率为 1 920×1 080，视频编码为 H264 编码，视频时长 10 分钟以内（超时视频无法提交）。说课视频文件名为：说课视频. mp4

【思考讨论】

1. 思政课教师讲课竞赛和大学生讲思政课在讲授风格、讲授内容上有何异同？谈谈你的理解。

2. 怎样实现思政课的"以赛促教"？

3. 结合实际谈谈如何避免思政课讲课竞赛与真实授课场景的脱节。

4. 思政课教师如何在实践教学环节实现创新？

【推荐阅读】

习近平总书记2019年3月18日在学校思想政治理论课教师座谈会上讲话的主要部分：思政课是落实立德树人根本任务的关键课程①

今天，我们在这里召开学校思想政治理论课教师座谈会。参加会议的主要是大中小学思政课一线教师。首先，我向在座各位老师，向全国大中小学思政课教师，致以诚挚的问候！

古人说："敬教劝学，建国之大本；兴贤育才，为政之先务。"教育是民族振兴、社会进步的重要基石，是功在当代、利在千秋的德政工程，对提高人民综合素质、促进人的全面发展、增强中华民族创新创造活力、实现中华民族伟大复兴具有决定性意义。

青少年是祖国的未来、民族的希望。现在，我国各级各类学历教育在校生达到2.7亿，全国各类高等教育在学总规模达到3 779万人。青少年阶段是人生的"拔节孕穗期"，这一时期心智逐渐健全，思维进入最活跃状态，最需要精心引导和栽培。"蒙以养正，圣功也。"就是说青少年教育最重要的是教给他们正确的思想，引导他们走正路。思政课是落实立德树人根本任务的关键课程，思政课作用不可替代，思政课教师队伍责任重大。

下面，我就几个问题讲点意见，同大家交流。

第一个问题：办好思想政治理论课意义重大

我们党历来高度重视思政课建设。在革命、建设、改革各个历史时期，我们党对思政课建设都作出过重要部署。新民主主义革命时期，我们党在红军大学、苏维埃大学、抗日军政大学、陕北公学等高校开设"党的建设""中国革命运动史""马列主义""辩证唯物主义""科学社会主义"等课程，在列宁小学开设"社会工作"课程，在解放区的小学、陕甘宁边

---

① 习近平. 思政课是落实立德树人根本任务的关键课程［J］. 求是，2020：17.

区的中学开设"政治常识"课程。新中国成立后，我们党就把"中国革命常识""共同纲领"列入中学教学计划，在高校开设"中国革命史""马列主义基础""政治经济学""辩证唯物论与历史唯物论"等课程，强调中高等学校政治理论课的任务是用马克思列宁主义、毛泽东思想武装青年，培养坚强的革命接班人。我上中学时，学的政治课本叫《做革命的接班人》，书上讲的"热爱生产劳动，艰苦奋斗，用自己的双手建设富强的社会主义祖国""立雄心壮志，做革命的接班人"等，影响了我们这一代人的理想信念和人生选择。改革开放以来，党中央先后出台 10 多个关于学校思想政治工作的文件，对思政课建设提出明确要求，不断推动思政课改革。

办好思政课，是我非常关心的一件事。党的十八大以来，党中央先后召开全国高校思想政治工作会议、全国教育大会，我就思政课建设多次讲过意见。我对教育工作在这方面强调得最多，教育工作别的方面我也强调，但思政课建设我必须更多强调。针对义务教育阶段中道德与法治、语文、历史三科教材建设，我提出要从维护国家意识形态安全、培养社会主义建设者和接班人的高度来抓好。我们培养人的目标是什么要搞清楚，现在非常明确坚定地提出要培养社会主义建设者和接班人。2014 年，我在上海考察期间说过，培育和践行社会主义核心价值观要在落细落小落实上下功夫，特别是要抓好青少年等重点人群；在北京市海淀区民族小学考察时提出，学校要把德育放在更加重要的位置，努力做到每一堂课不仅传播知识、而且传授美德，让社会主义核心价值观的种子在学生们心中生根发芽。2016 年，我在北京市八一学校考察时强调，基础教育是立德树人的事业，要旗帜鲜明加强思想政治教育、品德教育，加强社会主义核心价值观教育，引导学生自尊自信自立自强。在全国高校思想政治工作会议上，我强调思想政治理论课要坚持在改进中加强、在创新中提高，及时更新教学内容、丰富教学手段，不断改善课堂教学状况，防止形式化、表面化，等等。2018 年五四前夕，我在北京大学专门考察了马克思主义学院。今年年初，我去南开大学时也强调了思政课建设。

当前形势下，办好思政课，要放在世界百年未有之大变局、党和国家事业发展全局中来看待，要从坚持和发展中国特色社会主义、建设社会主义现代化强国、实现中华民族伟大复兴的高度来对待。我们正在为实现"两个一百年"奋斗目标而努力。未来 30 年，我们培养的人要能够完成

"两个一百年"的伟业。这就是教育的历史责任。我们党立志于中华民族千秋伟业，必须培养一代又一代拥护中国共产党领导和我国社会主义制度、立志为中国特色社会主义事业奋斗终身的有用人才。这就要求我们把下一代教育好、培养好，从学校抓起、从娃娃抓起。在大中小学循序渐进、螺旋上升地开设思政课非常必要，是培养一代又一代社会主义建设者和接班人的重要保障。人的成长、成熟、成才不是一蹴而就的，而是一个渐进的过程，就跟人的生理发育一样，所以要把这几个阶段都铺陈好。

"为学须先立志。志既立，则学问可次第着力。立志不定，终不济事。"要成为社会主义建设者和接班人，必须树立正确的世界观、人生观、价值观，把实现个人价值同党和国家前途命运紧紧联系在一起。随着我国日益扩大开放、日益走近世界舞台中央，我国同世界的联系更趋紧密、相互影响更趋深刻，意识形态领域面临的形势和斗争也更加复杂。学校是意识形态工作的前沿阵地，可不是一个象牙之塔，也不是一个桃花源。办好思政课，就是要开展马克思主义理论教育，用新时代中国特色社会主义思想铸魂育人，引导学生增强中国特色社会主义道路自信、理论自信、制度自信、文化自信，厚植爱国主义情怀，把爱国情、强国志、报国行自觉融入坚持和发展中国特色社会主义、建设社会主义现代化强国、实现中华民族伟大复兴的奋斗之中。

这些年来，思政课建设成效是显著的，教学方法不断创新，教师乐教善教、潜心育人，教师队伍规模和素质稳步提升，大中小学思政课一体化建设初显成效。同时，我们也要看到，思政课建设中的一些问题亟待解决。有的地方和学校对思政课重要性认识还不够到位；课堂教学效果还需要提升，教学研究力度需要加大、思路需要拓展；教材内容还不够鲜活，针对性、可读性、实效性有待增强；教师选配和培养工作还存在短板，队伍结构还要优化，整体素质还要提升；体制机制还有待完善，评价和支持体系有待健全，大中小学思政课一体化建设需要深化；民办学校、中外合作办学思政课建设还相对薄弱；各类课程同思政课建设的协同效应还有待增强，教师的教书育人意识和能力还有待提高，学校、家庭、社会协同推动思政课建设的合力没有完全形成，全党全社会关心支持思政课建设的氛围不够浓厚。

办好思政课，有不少问题需要解决，但最重要的是解决好信心问题。"欲人勿疑，必先自信。"思政课教师本身都不信，还怎么教学生？我们应该有信心办好思政课。党中央对教育工作高度重视，对思想政治工作、意识形态工作高度重视，始终坚持马克思主义指导地位，大力推进中国特色社会主义学科体系建设，为思政课建设提供了根本保证。我们对共产党执政规律、社会主义建设规律、人类社会发展规律的认识和把握不断深入，开辟了中国特色社会主义理论和实践发展新境界，中国特色社会主义取得举世瞩目的成就，为思政课建设提供了有力支撑。中国特色社会主义理论是一个体系，新时代中国特色社会主义思想就是在当前这个发展阶段中国共产党历史性提出来的。还有中华民族几千年来形成了博大精深的优秀传统文化，我们党带领人民在革命、建设、改革过程中锻造的革命文化和社会主义先进文化，为思政课建设提供了深厚力量。我们通过守正创新形成了中国特色社会主义理论体系，守正就不能偏离马克思主义、社会主义，但不是刻舟求剑，还要往前发展、与时俱进，否则就是僵化的、陈旧的、过时的。思政课建设长期以来形成的一系列规律性认识和成功经验，为思政课建设守正创新提供了重要基础。有了这些基础和条件，有了我们这支可信、可敬、可靠，乐为、敢为、有为的思政课教师队伍，我们完全有信心有能力把思政课办得越来越好。

办好思政课，最根本的是要全面贯彻党的教育方针，解决好培养什么人、怎样培养人、为谁培养人这个根本问题。新时代贯彻党的教育方针，要坚持马克思主义指导地位，贯彻新时代中国特色社会主义思想，坚持社会主义办学方向，落实立德树人的根本任务，坚持教育为人民服务、为中国共产党治国理政服务、为巩固和发展中国特色社会主义制度服务、为改革开放和社会主义现代化建设服务，扎根中国大地办教育，同生产劳动和社会实践相结合，加快推进教育现代化、建设教育强国、办好人民满意的教育，努力培养担当民族复兴大任的时代新人，培养德智体美劳全面发展的社会主义建设者和接班人。

第二个问题：办好思想政治理论课关键在教师，关键在发挥教师的积极性、主动性、创造性

讲好思政课不容易，因为这个课要求高。在浙江工作时，我给大学生讲过思政课，当时我要求浙江省委班子成员都到大学去讲课，而且都联系一所大学，我就联系浙大。我在福建工作时也去讲过。思政课教学涉及马克思主义哲学、政治经济学、科学社会主义，涉及经济、政治、文化、社

会、生态文明和党的建设，涉及改革发展稳定、内政外交国防、治党治国治军，涉及党史、国史、改革开放史、社会主义发展史，涉及世界史、国际共运史，涉及世情、国情、党情、民情，等等。这样的特殊性对教师综合素质要求很高。国内外形势、党和国家工作任务发展变化较快，思政课教学内容要跟上时代，只有不断备课、常讲常新才能取得较好教学效果。思政课上学生会提一些尖锐敏感的问题，往往涉及深层次理论和实践问题，把这些问题讲清楚讲透彻并不容易。我们这个国家是一个不断成长的国家，社会主义制度是在不断探索中完善的，现在确立了中国特色社会主义。同时，新中国成立70年、我们党成立90多年来，是在不断摸索中前进的，历经坎坷，也走了些弯路，也出现了像"十年浩劫"这样的情况。对这个问题的认识要把握住，像《国际歌》中唱的那样，我们党也不是神仙皇帝，在摸索中前进肯定会有失误，不要因为有这些失误就丧失对党的信念，动摇对我们所秉持的理想信念的坚定性。

"经师易求，人师难得。"教师承载着传播知识、传播思想、传播真理，塑造灵魂、塑造生命、塑造新人的时代重任。思政课教师，要给学生心灵埋下真善美的种子，引导学生扣好人生第一粒扣子。我在全国高校思想政治工作会议上说过，"讲思想政治理论课，要让信仰坚定、学识渊博、理论功底深厚的教师来讲，让学生真心喜爱、终身受益"。今天，我想进一步谈谈思政课教师素养的问题。

第一，政治要强。思政课要解决学生理想信念问题。要让有信仰的人讲信仰。对马克思主义的信仰，对社会主义和共产主义的信念，只有首先在思政课教师心中扎下根，才能在学生心中开花结果。思政课教师只有自己信仰坚定，对所讲内容高度认同，做学习和实践马克思主义的典范，才能讲得有底气，讲深讲透，才能有效引导学生真学、真懂、真信、真用。要善于从政治上看问题，自觉用新时代中国特色社会主义思想武装头脑，在大是大非面前保持政治清醒。教师是释疑解惑的，自己都疑惑重重，讲出来的东西不会是充分坚定、富有感染力的。

第二，情怀要深。思政课要引导学生立德成人、立志成才。只有打动学生，才能引导学生。教师在课堂上展现的情怀最能打动人，甚至会影响学生一生。真信才有真情，真情才能感染人。我为什么对焦裕禄那么一往情深，就是因为我在上初中一年级时，当时宣传焦裕禄的事迹，我的政治课老师在讲述焦裕禄的事迹时数度哽咽，一度讲不下去了，捂着眼睛抽泣，特别是讲到焦裕禄肝癌最严重时把藤椅给顶破了，我听了很受震撼。思政课教师要有家国情怀，心里装着国家和民族，在党和人民的伟大实践中关注时代、关注社会，汲取养分、丰富思想。要有传道情怀，对马克思主义理论教育事业投入真情实感，对思政课教育教学有执着追求。要有仁爱情怀，把对家国的爱、对教育的爱、对学生的爱融为一体，心中始终装着学生，让思政课成为一门有温度的课。

第三，思维要新。思政课要教会学生科学的思维。思政课教师给予学生的不应该只是一些抽象的概念，而应该是观察认识当代世界、当代中国的立场、观点、方法。思政课教学是一项非常有创造性的工作，要学会辩证唯物主义和历史唯物主义，善于运用创新思维、辩证思维，善于运用矛盾分析方法抓住关键、找准重点、阐明规律，创新课堂教学，给学生深刻的学习体验。在教学中可以讨论问题，更要讲清楚成绩；可以批评不良社会现象，更要引导学生正面思考；可以讲社会主义建设的复杂性和艰巨性，更要引导学生对社会主义前景充满信心。无论怎么讲，最终都要落到引导学生树立正确的理想信念、学会正确的思维方法上来。

第四，视野要广。思政课教师要有知识视野，除了具有马克思主义理论功底之外，还要广泛涉猎其他哲学社会科学以及自然科学的知识。要有宽广的国际视野。学生经常会把国外的事情同国内的情况联系起来，这个过程就会产生一些疑惑。学生的疑惑就是思政课要讲清楚的重点。要善于利用国内外的事实、案例、素材，在比较中回答学生的疑惑，既不封闭保守，也不崇洋媚外，引导学生全面客观认识当代中国、看待外部世界，善于在批判鉴别中明辨是非。还要有历史视野。历史是最好的老师。思政课教师的历史视野中，要有 5 000 多年中华文明史，要有 500 多年世界社会主义史，要有中国人民近代以来 170 多年斗争史，要有中国共产党近 100 年的奋斗史，要有中华人民共和国 70 年的发展史，要有改革开放 40 多年的实践史，要有新时代中国特色社会主义取得的历史性成就、发生的历史性变革，通过生动、深入、具体的纵横比较，把一些道理讲明白、讲清楚。

第五，自律要严。思政课教师对自己要求要严格，既要遵守教学纪律，也要遵守政治纪律和政治规矩，做到课上课下一致、网上网下一致，不能在课上讲得不错、却在课下乱讲，不能在现实生活中表现不错、却在网上乱说。思政课教师掌握着课堂的主导权和话语权，一定要自觉弘扬主旋律，积极传递正能量。遵守纪律，不意味着不能讲矛盾、碰问题。有的教师怵于思政课的意识形态属性，担心祸从口出，总是绕开问题讲、避开难点讲。只要坚持正确政治方向，立足于引导学生坚定理想信念，全面客观看问题，就不用担心在政治上出问题。要给教师充分的信任，不抓辫子、不扣帽子、不打棍子。

第六，人格要正。有人格，才有吸引力。亲其师，才能信其道。思政课教师要有堂堂正正的人格，用高尚的人格感染学生、赢得学生。要有学识魅力，用真理的力量感召学生，以深厚的理论功底赢得学生。思想要有境界，语言也要有魅力，从教师的话语中，学生能够感受到教师的人格和学识。要自觉做到修身修为，像曾子那样"吾日三省吾身"，像王阳明那样"诚意正心"、"知行合一"，自觉做为学为人的表率，做让学生喜爱的人。

第三个问题：推动思想政治理论课改革创新，不断增强思政课的思想性、理论性和亲和力、针对性

改革创新是时代精神，青少年是最活跃的群体，思政课建设要向改革创新要活力。如果做一天和尚撞一天钟，照本宣科、应付差事，那"到课率"、"抬头率"势必大打折扣。很多学校在思政课上积极采用案例式教学、探究式教学、体验式教学、互动式教学、专题式教学、分众式教学等，运用现代信息技术等手段建设智慧课堂等，取得了积极成效。这些都值得肯定和鼓励。推动思政课改革创新，要做到以下几个"统一"。

第一，坚持政治性和学理性相统一。政治引导是思政课的基本功能。强调思政课的政治引导功能，并不是要把课讲成简单的政治宣传，而要以透彻的学理分析回应学生，以彻底的思想理论说服学生，用真理的强大力量引导学生。马克思说："理论只要彻底，就能说服人。"马克思主义理论就是彻底的理论。思政课教师所讲的理论、观点、结论要经得起学生各种"为什么"的追问，这样效果才能好。需要注意的是，不能用学理性弱化政治性，在大中小学的不同学段，无论是通过讲故事、讲历史还是讲理论的方式讲思政课，都要体现思政课的政治引导功能。

第二，坚持价值性和知识性相统一。思政课重在塑造学生的价值观，这一点必须牢牢抓住。强调思政课的价值性，不是要忽视知识性，而是要通过满足学生对知识的渴求加强价值观教育。只有空洞的价值观说教，没

有科学的知识作支撑，价值观教育的效果也会大打折扣。当然，在思政课教学中也不能只强调知识性，不能为了应付考试让学生死记硬背知识点，而不注重对学生价值观的引导。学生有兴趣才会记忆，这种记忆是牢靠的，没有兴趣死记硬背就是死知识。知识是载体，价值是目的，要寓价值观引导于知识传授之中。比如，在讲授中国历史时，要注重引导学生传承民族气节、崇尚英雄气概，引导学生学习英雄、铭记英雄，自觉反对那些数典忘祖、妄自菲薄的历史虚无主义和文化虚无主义，自觉提升境界、涵养气概、激励担当。

第三，坚持建设性和批判性相统一。思政课的任务是传导主流意识形态，建设性是其根本。同时，彻底的批判精神是马克思主义本质特征，马克思主义就是在同各种错误思潮的不断斗争中开辟前进道路的。思政课要在传播马克思主义立场、观点、方法的基础上用好批判的武器，直面各种错误观点和思潮，旗帜鲜明进行剖析和批判。任何社会任何时期都会有各种问题存在，要教育引导学生正确看待、辩证认识、理性分析现实问题，辨明大是大非、真假黑白，在对社会假恶丑现象的批判中弘扬真善美。要坚持问题导向，学生关注的、有疑惑的问题其实也就几大类，要把这些问题掰开了、揉碎了，深入研究解答，把事实和道理一条条讲清楚。实际上，有时候不一定讲得那么高大全，从一个问题切入，把一个问题讲深，最后触类旁通，可以带动很多关联问题，有可能是一通百通，提纲挈领。要练就不怕问、怕不问、见问则喜的真本领，不能见学生提问就发怵。真理从来是在诘问和辩难中发展起来的，如果一问就问倒了，那就说明所讲的不是真理或者自己还没有掌握真理。

第四，坚持理论性和实践性相统一。思政课要用科学理论培养人，遵循不同学段学生的认知规律，把马克思主义基本原理讲清楚、讲透彻。同时，马克思主义是在实践中形成并不断发展的，要高度重视思政课的实践性，把思政小课堂同社会大课堂结合起来，在理论和实践的结合中，教育引导学生把人生抱负落实到脚踏实地的实际行动中来，把学习奋斗的具体目标同民族复兴的伟大目标结合起来，立鸿鹄志，做奋斗者。

第五，坚持统一性和多样性相统一。思政课的教学目标、课程设置、教材使用、教学管理等方面有统一要求，但具体落实要因地制宜、因时制宜、因材施教，结合实际把统一性要求落实好，鼓励探索不同方法和路径。思政课教师在教学中要把统编教材作为依据，确保教学的规范性、科学性、权威性，同时也不能简单照本宣科。教材给出的是教学的基本结论和简要论述，要让不同类型的学生都爱听爱学、听懂学会，需要做很多创造性工作。要在教学过程中进行多样化探索，通过多种方式实现教学目标。

第六，坚持主导性和主体性相统一。思政课教学离不开教师的主导，同时要坚持以学生为中心，加大对学生的认知规律和接受特点的研究，发挥学生主体性作用。一些思政课堂运用小组研学、情景展示、课题研讨、课堂辩论等方式教学，让学生来讲，这有利于发挥学生主体性作用。教师要做好画龙点睛工作，加强引导和总结提炼。要教育引导学生多读读马克思主义经典著作、当代中国马克思主义理论著作、中华优秀传统文化典籍等。要开出书单、指出重点，让学生正确理解经典著作，掌握马克思主义精髓，感知中华文化魅力，避免教条主义、本本主义，避免一知半解误读马克思主义。

第七，坚持灌输性和启发性相统一。灌输是马克思主义理论教育的基本方法。列宁说："工人本来也不可能有社会民主主义的意识。这种意识只能从外面灌输进去。"让学生接受马克思主义，离不开必要的灌输，但这不等于搞填鸭式的"硬灌输"。要注重启发式教育，引导学生发现问题、分析问题、思考问题，在不断启发中让学生水到渠成得出结论。这里面，会讲故事、讲好故事十分重要，思政课就要讲好中华民族的故事、中国共产党的故事、中华人民共和国的故事、中国特色社会主义的故事、改革开放的故事，特别是要讲好新时代的故事。讲故事，不仅老师讲，而且要组织学生自己讲。

第八，坚持显性教育和隐性教育相统一。思政课要做思想政治教育的显性课程。有人提出把思政课变成隐性课程，完全融入其他人文素质课程中，这是不对的。我们办中国特色社会主义教育，就是要理直气壮开好思政课。同时，要挖掘其他课程和教学方式中蕴含的思想政治教育资源，实现全员全程全方位育人。既要有惊涛拍岸的声势，也要有润物无声的效果，这是教育之道。

以上这些，说的是只有打好组合拳，才能讲好思政课，但无论组合拳怎么打，最终要落到把思政课讲得更有亲和力和感染力、更有针对性和实效性上来，实现知、情、意、行的统一，叫人口服心服。

第四个问题：加强党对思想政治理论课建设的领导

　　办好中国的事情，关键在党。各级党委要把思政课建设摆上重要议程，抓住制约思政课建设的突出问题，在工作格局、队伍建设、支持保障等方面采取有效措施。要建立党委统一领导、党政齐抓共管、有关部门各负其责、全社会协同配合的工作格局，推动形成全党全社会努力办好思政课、教师认真讲好思政课、学生积极学好思政课的良好氛围。学校党委要坚持把从严管理和科学治理结合起来。学校党委书记、校长要带头走进课堂，带头推动思政课建设，带头联系思政课教师。现在，大学开学典礼、毕业典礼搞得很活跃，学校领导去讲讲话，引起社会上较大关注。这些讲话是办学方向和育人导向的重要体现，应该鲜明体现党的教育方针，积极传播马克思主义科学理论，弘扬社会主义核心价值观。但是，从现实情况看，有的讲话一般性的品德要求多，理想信念强调得少；个性化表达多，党的教育主张强调得少；同国际接轨讲得多，中国特色强调得少。这要引起重视。大学领导是教育者，但更应该是政治家。

　　办好思政课关键在教师。调动思政课教师的积极性、主动性、创造性，必须增强教师的职业认同感、荣誉感、责任感。必须旗帜鲜明讲清楚：讲好思政课不仅有"术"，也有"学"，更有"道"。思政课的政治性、思想性、学术性、专业性是紧密联系在一起的，其学术深度广度和学术含金量不亚于任何一门哲学社会科学！要配齐建强思政课专职教师队伍，建设专职为主、专兼结合、数量充足、素质优良的思政课教师队伍。在思政课教师选用、管理、考核中要严把政治关、师德关、业务关，解决好学风问题。要创新工作机制，加大培养和激励工作力度，落实各项政策保障，提高这个岗位对优秀人才的吸引力，让思政课教师特别是青年教师的创造活力竞相迸发、聪明才智充分涌流。要改革思政课教师评价机制，提高评价中的教学和教学研究占比，克服唯文凭、唯论文、唯帽子等弊端，引导思政课教师把主要精力放在教书育人上。一些学校口头上把思政课捧得很高，但落实不到教育、学术、人才评价机制上，有的跟国外机构设置的评价体系走，一切以在国外期刊上发表论文情况排次、定序、论英雄。思政课专业没办法在所谓国际期刊上发表论文，自然而然成为被价值评价体系排斥的对象，甚至有的学校的思想政治教育学院系都没有办法通过正常渠道进人、评职称，有的靠学校特批照顾。久而久之，有的地方形成了思想政治专业非学术、无学术等极为错误的观点和氛围，给一些思政课教师造成很大心理阴影，严重影响了他们的工作热情。要高度重视思政课教师队伍后备人才培养，加强马克思主义学院、马克思主义理论学科建设，统筹推进马克思主义理论本硕博一体化人才培养工作，不断为思政课教师队伍输送高水平人才。学校干部队伍建设要把思政课教师作为重要来源。教育部门要拿出切实可行的指导性意见。

要把统筹推进大中小学思政课一体化建设作为一项重要工程，坚持问题导向和目标导向相结合，坚持守正和创新相统一，推动思政课建设内涵式发展。要针对不同学段，根据思想政治理论教育规律和学生成长规律科学设置具体教学目标，抓好教学目标设计、课程设置、教材编写、教学改革、教师培养、考核评价等环节，既不能揠苗助长、操之过急，又不能刻舟求剑、故步自封。课程设置要相对稳定，坚持大中小学纵向主线贯穿、循序渐进，各类课程横向结构合理、功能互补的原则，确保教材的政治性、科学性、时代性、可读性。

学校思想政治工作不是单纯一条线的工作，而应该是全方位的。要完善课程体系，解决好各类课程和思政课相互配合的问题，鼓励教学名师到思政课堂上讲课，解决好推动其他教职员工和思政课教师相辅相成的问题，推动思想政治工作贯通人才培养体系，发挥融入式、嵌入式、渗入式的立德树人协同效应。思政课的学习效果和家长、家庭、家风的作用密切相关，要注重家校合作。民办学校、中外合作办学也要把思政课建设摆在重要位置，按照要求办好思政课，在这方面没有例外。各地区各部门负责同志要积极到学校去讲思政课，这是对马克思主义水平的一个考验。能不能讲好思政课，也是一个领导干部政治素质、理论水平、工作作风的体现。

中央教育工作领导小组要把思政课建设纳入重要议事日程。教育部、中宣部等部门要牵头抓思政课建设。相关部门要增强工作合力。思政课建设情况要纳入学校党的建设工作考核、办学质量和学科建设评估等，督促学校切实把这项工作抓起来、抓到位。

下篇

农业院校思政课实践教学案例

第二章　全面推进乡村振兴

【习近平总书记关于乡村振兴的相关论述】

巩固拓展脱贫攻坚成果是全面推进乡村振兴的底线任务。当前，受新冠疫情、国内国际经济下行等因素影响，巩固拓展脱贫攻坚成果遇到一些新情况。要继续压紧压实责任，发挥好防止返贫监测帮扶机制预警响应作用，把脱贫人口和脱贫地区的帮扶政策衔接好、措施落到位，实现平稳过渡，坚决防止出现整村整乡返贫现象。要更多在增强脱贫地区和脱贫群众内生发展动力上下功夫，把增加脱贫群众收入作为主攻方向，在促进脱贫地区加快发展上多想办法，推动各类资源、帮扶措施向促进产业发展和扩大就业聚焦聚力。要注重激发脱贫群众依靠自身力量发展的志气心气底气，让勤劳致富的受激励，防止"养懒汉"。鼓励实行发展类的补贴，要倡导多干多补、少干少补、不干不补。鼓励实施建设类的项目，也要分清什么事该政府干、什么事该农民干，再也不要干那种干部干、农民看的事情。现在，5 年过渡期已过两年，要谋划过渡期后的具体制度安排，推动防止返贫帮扶政策和农村低收入人口常态化帮扶政策衔接并轨，把符合条件的对象全部纳入常态化帮扶，研究建立欠发达地区常态化帮扶机制。应该由政策兜底帮扶的脱贫人口，要逐步同通过正常帮扶有能力稳定脱贫的人口分开，实行分类管理①。

从"三农"工作本身看，解决好发展不平衡不充分问题，要求我们更加重视"三农"工作。农业农村农民问题是一个不可分割的整体。总的看，当前农业基础还比较薄弱，农民年龄知识结构、农村社会建设和乡村治理方面存在的问题则更为突出。比如，一些村庄缺人气、缺活力、缺生

---

① 摘自习近平总书记《在中央农村工作会议上的讲话：加快建设农业强国　推进农业农村现代化》（2022 年 12 月 23 日）。

机，到村里一看，农宅残垣断壁，老弱妇孺留守，房堵窗、户封门，见到的年轻人不多，村庄空心化、农户空巢化、农民老龄化不断加剧。农民形容这种现象为"外面像个村，进村不是村，老屋没人住，院荒杂草生"。比如，一些村庄建设没规划、没秩序、没特色，宅基地违规乱占、农房乱建，有新房没新村，有新村没新貌。比如，一些村庄"形虽在，神已散"，优秀道德规范、公序良俗失效，不孝父母、不管子女、不守婚则、不睦邻里等现象增多，红白喜事盲目攀比、大操大办等陈规陋习盛行。比如，乡土社会的血缘性和地缘性减弱，农民组织化程度低、集体意识弱，"事不关己、高高挂起"的心态普遍存在，乡村秩序的基础受到冲击。比如，一些农村基层党组织软弱涣散，村干部队伍青黄不接、后继乏人，少数干部作风不实、优亲厚友，"小官巨贪"时有发生，对惠农项目资金"雁过拔毛"的"微腐败"也不同程度存在。这些问题带有一定的普遍性，不仅中西部地区有，沿海发达地区也存在。我们提出实施乡村振兴战略，就是要协调推进农村经济建设、政治建设、文化建设、社会建设、生态文明建设和党的建设，促进乡村全面发展[1]。

实施乡村振兴战略是有鲜明目标导向的。农业强不强、农村美不美、农民富不富，决定着亿万农民的获得感和幸福感，决定着我国全面小康社会的成色和社会主义现代化的质量。如期实现第一个百年奋斗目标并向第二个百年奋斗目标迈进，最艰巨最繁重的任务在农村，最广泛最深厚的基础在农村，最大的潜力和后劲也在农村[2]。

要坚持乡村全面振兴，抓重点、补短板、强弱项，实现乡村产业振兴、人才振兴、文化振兴、生态振兴、组织振兴，推动农业全面升级、农村全面进步、农民全面发展。要尊重广大农民意愿，激发广大农民积极性、主动性、创造性，激活乡村振兴内生动力，让广大农民在乡村振兴中有更多获得感、幸福感、安全感。要坚持以实干促振兴，遵循乡村发展规律，规划先行，分类推进，加大投入，扎实苦干，推动乡村振兴不断取得新成效[3]。

产业兴旺、生态宜居、乡风文明、治理有效、生活富裕，"二十个字"

---

① 摘自习近平总书记在中央农村工作会议上的讲话（2017 年 12 月 28 日）。
② 摘自习近平总书记在中央农村工作会议上的讲话（2017 年 12 月 28 日）。
③ 摘自习近平总书记对实施乡村振兴战略作出的指示（2018 年 7 月），《人民日报》2018 年 7 月 6 日。

的总要求，反映了乡村振兴战略的丰富内涵。21 世纪初，我国刚刚实现总体小康，面临着全面建设小康社会的任务，我们党就提出了"生产发展、生活宽裕、乡风文明、村容整洁、管理民主"的社会主义新农村建设总要求，这在当时是符合实际的。现在，中国特色社会主义进入了新时期，社会主要矛盾、农业主要矛盾发生了很大变化，广大农民群众有更高的期待，需要对农业农村发展提出更高要求。产业兴旺，是解决农村一切问题的前提，从"生产发展"到"产业兴旺"，反映了农业农村经济适应市场需求变化、加快优化升级、促进产业融合的新要求。生态宜居，是乡村振兴的内在要求，从"村容整洁"到"生态宜居"反映了农村生态文明建设质的提升，体现了广大农民群众对建设美丽家园的追求。乡风文明，是乡村振兴的紧迫任务，重点是弘扬社会主义核心价值观，保护和传承农村优秀传统文化，加强农村公共文化建设，开展移风易俗，改善农民精神风貌，提高乡村社会文明程度。治理有效，是乡村振兴的重要保障，从"管理民主"到"治理有效"，是要推进乡村治理能力和治理水平现代化，让农村既充满活力又和谐有序。生活富裕，是乡村振兴的主要目的，从"生活宽裕"到"生活富裕"，反映了广大农民群众日益增长的美好生活需要①。

在实施乡村振兴战略中要注意处理好以下关系：

第一，长期目标和短期目标的关系。实施乡村振兴战略是一项长期而艰巨的任务，要遵循乡村建设规律，着眼长远谋定而后动，坚持科学规划、注重质量、从容建设，聚焦阶段任务，找准突破口，排出优先序、一件事情接着一件事情办，一年接着一年干，久久为功，积小胜为大成。要有足够的历史耐心，把可能出现的各种问题想在前面，切忌贪大求快、刮风搞运动，防止走弯路、翻烧饼。

第二，顶层设计和基层探索的关系。党中央已经明确了乡村振兴的顶层设计，各地要解决好落地问题，制定出符合自身实际的实施方案。编制村庄规划不能简单照搬城镇规划，更不能搞一个模子套到底。要科学把握乡村的差异性，因村制宜，精准施策，打造各具特色的现代版"富春山居图"。要发挥亿万农民的主体作用和首创精神，调动他们的积极性、主动性、创造性，并善于总结基层的实践创造，不断完善顶层设计。

---

① 摘自习近平总书记在十九届中央政治局第八次集体学习时的讲话（2018 年 9 月 21 日）。

第三，充分发挥市场决定性作用和更好发挥政府作用的关系。要进一步解放思想，推进新一轮农村改革，从农业农村发展深层次矛盾出发，聚焦农民和土地的关系、农民和集体的关系、农民和市民的关系，推进农村产权明晰化、农村要素市场化、农业支持高效化、乡村治理现代化，提高组织化程度，激活乡村振兴内生动力。要以市场需求为导向，深化农业供给侧结构性改革，不断提高农业综合效益和竞争力。要优化农村创新创业环境，放开搞活农村经济，培育乡村发展新动能。要发挥政府在规划引导、政策支持、市场监管、法治保障等方面的积极作用。推进农村改革不可能一蹴而就，还可能会经历阵痛，甚至付出一些代价，但在方向问题上不能出大的偏差。有一条是我一直强调的，就是农村改革不论怎么改，都不能把农村土地集体所有制改垮了、把耕地改少了、把粮食生产能力改弱了、把农民利益损害了。这些底线必须坚守，决不能犯颠覆性错误。

第四，增强群众获得感和适应发展阶段的关系。要围绕农民群众最关心最直接最现实的利益问题，加快补齐农村发展和民生短板，让亿万农民有更多实实在在的获得感、幸福感、安全感。要科学评估财政收支状况、集体经济实力和群众承受能力，合理确定投资规模、筹资渠道、负债水平，合理设定阶段性目标任务和工作重点，形成可持续发展的长效机制。要坚持尽力而为、量力而行，不能超越发展阶段，不能提脱离实际的目标，更不能搞形式主义和"形象工程"[①]。

乡村振兴不能只盯着经济发展，还必须强化农村基层党组织建设，重视农民思想道德教育，重视法治建设，健全乡村治理体系，深化村民自治实践，有效发挥村规民约、家教家风作用，培育文明乡风、良好家风、淳朴民风。要健全农村扫黑除恶常态化机制，持续打击农村黑恶势力、宗族恶势力，依法打击农村黄赌毒和侵害妇女儿童权益的违法犯罪行为[②]。

---

① 摘自习近平总书记在十九届中央政治局第八次集体学习时的讲话（2018 年 9 月 21 日）。
② 摘自习近平总书记在看望参加全国政协十三届五次会议的农业界社会福利和社会保障界委员时的讲话（2022 年 3 月 6 日）。

第一节　巾帼花开在乡间

【典型案例】

脱贫攻坚转向乡村振兴，产业是关键，如何让蓝图变为现实，一群女科学家投身其中，拿出绣花的耐心和功夫，在田间地头绣出朵朵"致富花"。

一、吕萄香乡

四川省广安市前锋区虎城镇茶花村的葡萄种植大户李春霞怎么也想不到，前些年几乎颗粒无收的葡萄，如今即使受到疫情的影响，亩产依然达到了 3 000 多斤，家里 120 亩（1 亩 ≈ 0.067 公顷）葡萄带来了 200 万元的纯利润。"没得吕秀兰，哪有我赚钱？吕葡萄，就是行！"李春霞赞不绝口的"吕葡萄"，是四川农业大学园艺学院的吕秀兰教授。

2012 年，茶花村引进葡萄产业，"哪个不想挣钱嘛，特别是贫困户，家家户户都种了'夏黑'"。李春霞道出了她与葡萄的"情缘"：因为葡萄新品种"夏黑"耐贮藏、耐运输、市场价格高，所以在政府的引导下，"夏黑"成为全村主要种植品种。但现实很快就浇熄了村民的热情，在葡萄即将挂果的关键期，缺乏经验又不懂技术的种植户们把"夏黑"按照"巨峰"葡萄的方式修剪了一遍，用来开花结果的花芽被全部剪光，到了预计的丰产期，不开花、不结果的"夏黑"把村民们吓傻了，区农业局经济合作工作站（以下简称"经作站"）的求救电话打给了吕秀兰。

吕秀兰连夜赶往茶花村。第二天早上 7 点，来到葡萄园实地查看后，吕秀兰找到了原因。面对欠缺技术，对新品种习性、养护办法一窍不通的村民，吕秀兰耐心地做起了培训："'夏黑'长得快的嘛，1 亩最多 150 根①，你们种了好多？600 多根！咋得行？""乱种之后，大家成本高啊，后期通风透光差、授粉受精不良，产量咋个上得去嘛？葡萄又小又酸，咋个卖得到钱？"

----

① 意为 1 亩地种植上限是 150 株。

为了尽可能挽回村民因错误操作造成的经济损失，吕秀兰主动提出"住下来，守到大家种"。在苗木栽植、保花保果、摘心抹芽、转色期、冬季修剪等关键时间节点，吕秀兰带领团队手把手指导果农，再让"大户"带"小户"，实现了技术推广全覆盖。"她不要我们交学费，还倒给我们送肥料"，吕秀兰这种"不为钱来，不为利往"的技术推广方式在村民中大受欢迎。有了专家"从春走到冬"的全程技术指导，茶花村的村民走上了"夏黑"种植的"正道"，不仅脱了贫，还盖上了小洋楼。大家都说："幸福生活不能'等靠要'，增收致富要找'吕葡萄'！"

二、土豆王中王

"土豆是全球第四大重要的粮食作物，除了淀粉含量高，维生素、花青素等有益元素也非常丰富。"这是四川农业大学农学院教授王西瑶在给学生介绍土豆价值时的"行话"。

说起王西瑶和土豆的缘分，要回到她的童年。由于出生在贫困地区，王西瑶从小就深知"能当饭吃的农作物"意味着什么，回忆起幼时经历，王西瑶说："能够坚持马铃薯育种、贮藏等研究，离不开对它的认知。"

20多年前，四川省生物技术领导小组顾问胡延玉教授将马铃薯研究工作的衣钵传给了学生王西瑶，这让王西瑶感到了前所未有的责任。但在那个年代，各界对马铃薯的研究都不太重视，为了节省科研经费，王西瑶和一个同事去刨木料垃圾堆，捡废弃的木料，自己动手做试验器具。虽然是最穷的科研团队，但"越接触和学习，越觉得土豆是好东西"，王西瑶说，因为热爱，哪怕千难万险，也能安之若素。

2013年，王西瑶带着自己和团队的创新特色成果到美国爱达荷大学作马铃薯学术交流访问。美国马铃薯协会对这个来自中国四川的瘦瘦的、头发花白的女学者介绍的马铃薯贮藏控芽保鲜剂饶有兴趣，这给长期坚持"坐冷板凳"的王西瑶增添了不小的勇气。

回国后，王西瑶给自己起了网名"土豆王"：姓王，一生与土豆打交道。

2014年，精准扶贫的号角吹遍川蜀大地，王西瑶意识到，土豆的春天来了。"土豆能让很多人摆脱贫困"，有了这样的想法，王西瑶迫不及待地带领川农大马铃薯师生团队与四川省马铃薯岗位专家团队一起，取得"四川及周边特困山区马铃薯产业关键技术创新与推广"成果。这项总体达到国内领先水平的成果和达到国际先进水平的种薯活力调控技术在乌蒙山区、秦巴山区等特困山区大面积推广，带动该区域的马铃薯产业大幅度增长，有效增加了农民收入，并培训了 2.5 万余人次，助力脱贫攻坚取得了显著效益。科研成果给一方百姓带来的增产和丰收，成了"土豆王"源源不断的奋斗动力。

脱贫后，致富成了农民可望可及的梦想，也更坚定了王西瑶"让更多人受益"的决心。王西瑶把自己培养的年轻力量全部送上了乡村振兴一线，鼓励他们结合地方实际，以马铃薯做创业项目，带动农民致富奔康。

2023 年 1 月，"土豆王"王西瑶带领四川农业大学马铃薯团队研究生长期入住中国农技协四川布拖马铃薯科技小院，攻克制约特困山区马铃薯产业发展中种薯活力难控等科学难题，主持研发了"四川及周边特困山区马铃薯产业关键技术创新与推广"新成果；构建了以种薯活力调控为核心的"良种、良法、良繁、良品、良模"产业联动新模式等事迹，获得了"2022 年度'三农'人物"的荣誉称号。在颁奖典礼上，她手捧着马铃薯脱毒原种，动情地说道："这些小土豆，是高活力的金蛋，是高科技的种薯芯片。小土豆，大产业，藏粮于地，藏粮于技，不仅助力凉山州脱贫摘帽，走向乡村振兴，更滋养了农技协。四川布拖马铃薯科技小院里有一批把论文写在大地上，把'三农'贴在心坎里的四川农业大学研究生。有了他们，我们更好守住粮食安全，防止规模性返贫，有了他们，中国人的饭碗端得更牢、更稳。"

"顶天立地"是王西瑶对学生的要求，"既要有国际国内业界认可的科研成果，也要沉到田间地里。"

三、叶花椒香飘四方

凉山州金阳县是国家级贫困县，彝族人口占 70%。造林困难，交通不便，从西昌到金阳 210 千米，汽车需要在颠簸的山路上行驶 7~8 个小时。这个产业薄弱、种植户不认识常见病虫的"穷山沟"，却有着大自然的馈赠：适宜青花椒生长的独特自然条件。

仅靠优良的资源禀赋换不来青花椒产业的蓬勃发展，农业技术是关键。金阳林业站站长杨德富电话联系上了四川省"三八红旗手"——四川农业大学叶萌教授，邀请叶教授到金阳给青花椒种植户们做现场技术指导。

两天后，当叶萌出现在杨德富眼前时，杨德富却犯起了嘀咕："这个穿得体面、举止优雅的女同志能克服农村艰苦的环境吗？估计就是来作秀、走过场吧。"很快，现实打消了杨德富的顾虑。饭不吃、脸不洗，顾不上给长时间坐车已经水肿的双腿消肿，叶萌就催着杨德富到了地里查看青花椒种植情况。村民们围上来，你一言我一语地问起了种植技术，杨德富则被挤在了外围。"整整 5 个小时，我都渴得不行啊，结果叶教授愣是没休息一分钟，一直站起给大家讲，从放线、垒土，啥子时候种，啥子时候收，讲到留枝、疏枝、打药，太仔细了。"

有了叶萌的指导，村民们播种的青花椒丰收连连，彝族村民石一支体说："我觉得在青花椒上没有人比叶老师更有发言权了，而且她平易近人，没有专家的架子，我们都愿意找她请教知识，她教会了我们很多。"2015年，石一支体家仅青花椒的种植纯收入就达到了 10 万元，从贫困线一步迈进了小康的行列。第二年，叶萌带领课题组成员再次来到金阳县桃坪乡青花椒基地展开调研时，不幸摔倒，造成脚踝胫骨腓骨骨折、关节错位。在乡卫生院做了简单包扎固定后，叶萌拦住了打电话联系车辆送她回雅安治疗的乡干部，忍着剧痛，执意拉着当地合作社负责人赶回地头，对种植户提出的问题进行了详细解答。

正是靠着这种"拼命三娘"的意志与坚持，叶萌团队经过 10 余年的努力，选育出良种"金阳花椒""藤椒""越西贡椒"，在四川山区大面积推广种植，花椒成了金阳的支柱产业，金阳青花椒已成为彝族农民的"绿色银行"。

顶着金阳村民给予的"叶花椒"头衔，叶萌可闲不下来，她和团队的足迹不仅留在金阳，凉山州越西、冕宁，甘孜州康定、泸定，阿坝州茂县、松潘平昌、渠县，广元市昭化区、旺苍、剑阁县，南充的高坪区、岳池，广安的前锋区，雅安汉源等全四川适宜花椒种植的区县，都少不了叶萌的身影。骨折后过短的恢复期给她带来了不时的疼痛，依然阻挡不了她帮助农民早日脱贫奔康的热情。

与金阳县不同，绵阳三台县作为当地农业大县，发展花椒产业不为脱贫为增富，这就需要从规范化与现代化上下功夫。骨折手术后不到两个月，在三台县召开的"2016 年脱贫奔康产业促进会藤椒产业现场会"上，叶萌坐在轮椅上为农民现场解答和讲解青花椒栽培技术，这份执着感染了在场的种植户，更坚定了他们"种出精品花椒，享受幸福生活"的决心。

在叶萌和团队无法计数的技术指导下，三台县发展藤椒超过 5 000 亩。整个基地全面推行标准化种植，按照叶萌编制的《藤椒栽植技术手册》，实施"合理留枝、适度疏枝、只疏不短"的调枝采收技术及"一刀两柄"的采果技术，实现了藤椒产业的规范化、科技化和现代化。

面对这些成绩，叶萌在欣慰的同时不忘初心："我们做科研就是要一切从实际出发，解决农民生产实际中的问题，任何时候都不能脱离这个方向。"

叶萌的微信朋友圈可谓"花椒公众号"，很难找出一条和花椒无关的内容。她说，花椒是农民过上好日子的"幸福椒"，孩子大了不用管了，老人也不在了，自己的全部精力都给了这份幸福的事业，充实而自豪。

【案例解析】

吕秀兰、王西瑶、叶萌是农业女科学家奋战在乡村振兴一线的缩影，在探索未知的科学高原上，她们在各自的研究领域独树一帜，将知识、技术和成果应用于农业产业发展，为农民致富奔康，为农业现代化付出了自己的智慧与汗水。既为学校赢得了荣誉，也为拓展农业科技知识边界做出了自己的贡献。不仅让人看到了巾帼不让须眉的"她力量"，更让人感受到社会的进步、科学的希望。

1872 年，马克思在《资本论》第一卷法文版序言和跋中写道："在科学上没有平坦的大道，只有不畏劳苦沿着陡峭山路攀登的人，才有希望达到光辉的顶点。"① 习近平总书记多次引用这句话，鼓励广大科技工作者在科学研究的道路上不畏艰险，奋勇攀登世界科技巅峰。但这不是敲锣打鼓就能实现的，也不是一朝一夕就能完成的，只有亲历者才能领会其中的深意。农业科学研究多为开创性的工作，更承载了广大农民"钱袋鼓起来，日子好起来"的强烈期盼，其中的艰难困苦、责任压力非局外人所能想象。面对科研道路上一堵堵难以逾越的高墙，农业女科学家舍下红妆披绿衣，不畏荆棘迎难而上，她们在困难面前所表现的从容乐观、坚韧勇毅，令人钦佩。

普通人眼中单调枯燥、又苦又累的科学研究，对这三位农业女科学家而言，却是乐在其中。对于"奉献""坚持"等褒奖之辞，吕秀兰不以为

---

① 张钟朴.《资本论》第一卷法文版本及其他版本 [J]. 马克思主义与现实，2016，3：55-63.

然：“水果不会长在实验室，搞农业必须到一线。”王西瑶说：“老百姓生活艰难，对我们的渴望，全部写在脸上。”叶萌说：“我辛苦一点儿不要紧，季节不等人，关键时间必须要亲自下去看一看，只要把关键节点卡好了才不会出大问题。”对未知世界的好奇，驱动她们一往无前、无怨无悔；发自内心的喜欢，让她们心无杂念、全力以赴，在通向科学珠峰的崎岖小道上“望之弥高、钻之弥坚”。

一路走来，她们不再年轻。吕秀兰的颈椎、腰椎和膝盖陆续出现问题；王西瑶已满头白发；叶萌因农技指导时骨折留下了后遗症，被鉴定为九级伤残，但她们从未后悔。一年200天于果园穿梭的吕秀兰坦言：“生产耽搁不得呦，要加快脚步，把深山里的‘小水果’做成‘大产业’，让农民生活更加甜蜜！”要求自己“顶天立地”的王西瑶说：“科研成果给老百姓带来的增产和丰收，成了源源不断的奋斗动力。”甘做“女汉子”的叶萌说：“林业产业高质量发展还有很多事需要做，而我做的只是其中一小部分，绝不能停下前进的脚步，乡村振兴还在路上。”

这世界那么多人，在和你一起努力！

【案例启示】

科技是第一生产力，随着农业生产自然资源约束的持续增加，现代农业生产力的提升更依赖于农业科技，农业生产力的解放和发展需要科技的进步与创新。目前，四川农业科技成果转化率仅为40%，企业近90%的技术需求得不到满足，与东部沿海省市相比，还有很大差距，科技创新研发的方向与实际生产需求存在较大距离，迫切需要农业科技工作者沉下心深入农业生产一线，身体力行“理论联系实际”①。

乡村振兴任务繁重，对农业科技服务的需求倍增。然而，就四川而言，已注册的农村产业技术服务中心只有87个，仅覆盖全省1/3的市州和不到45%的县。农业科技服务人员供不应求，人才吸引政策不强，平均实有在编在岗数仅占编制核定数的80%左右。急需农业科技指导的乡镇一级的农业服务中心在编不在岗的现象普遍存在，科技人员往往从事其他非科

---

① 陈文宽，陈宇阳，何宇，等.农业供给侧结构性改革的理论与实践研究：以四川省为例[M].北京.中国农业出版社.2019, 12：180.

技工作内容，科技人员科技投入时间相对较少①。同时，农业科技创新突破成果仍显不足，涉及农业科技创新方面的研究大多较为注重农业学科自身的发展需要，注重农业基础性研究，应用型研究则相对不足。

有鉴于此，案例中的主人公牢记老一辈农业科技教育家"兴中华之农事"的嘱托，不计个人得失，将助农脱贫奔康作为毕生使命与追求，舍弃小家天伦之乐，几十年如一日地奔走在田间地头只为"大地丰收"的坚守弥足珍贵，触及人心。

与脱贫攻坚相比，乡村振兴工作目标更高远、任务更艰巨、工作更具挑战性。正如中国工程院院士张玉卓所说，"科技工作者要始终心怀'国之大者'，不断提高责任感使命感，以担国家之责、民族之任为使命，矢志不渝、接续奋斗，聚力科技攻关，勇于创新创造，在希望的田野上干好充满希望的事业，真正把论文写在祖国大地上，把科技成果应用在实现现代化的伟大事业中。"

【思考讨论】

1. 你认为女性从事农业科学研究有哪些特殊的优势和劣势？
2. 面向基层的农业技术推广有哪些实际困难？怎样克服？
3. 请列举出近 10 年中你所知道的粮食作物或经济作物新品种，简述其"新"在何处。
4. 谈谈你对"乡村产业振兴"的理解。

第二节　"橙"就美好生活

【典型案例】

柑橘是世界第一大类水果，现有 135 个国家或地区生产柑橘。我国是世界第一大柑橘生产国，种植面积和产量均居世界首位。四川是我国最大的晚熟柑橘产区，全国 80% 的晚熟柑橘均为"四川造"。柑橘产业成为四

---

① 陈文宽，陈宇阳，何宇，等. 农业供给侧结构性改革的理论与实践研究：以四川省为例 [M]. 北京. 中国农业出版社. 2019，12：180.

川农民增收和乡村振兴的重要支撑。小小橘橙柚，何以"橙"就美好生活？秘籍何在？

一、橘橙为"媒"兴乡村

"晚熟柑橘看四川，四川柑橘看眉山，眉山橘橙丹棱先。"这是四川柑橘种植户的共识，也是常识。丹棱是"中国橘橙之乡"，也是四川晚熟柑橘最强县。丹棱县地处成都平原西南边缘，全县面积449平方千米，人口16.8万，其中农业人口12万人。2022年全县农村居民人均可支配收入已突破2万元，农民人均增收超过1 500元。全县大力发展以晚熟柑橘为主的果桑茶林特色产业，其中以"不知火"为主的优质晚熟橘橙16万亩，产值达28亿元，是全国最大的优质"不知火"生产基地。"丹棱橘橙"成功创建为四川首个国家级农产品地理标志示范样板，丹棱创建为省级农产品质量安全监管示范县、省级乡村旅游示范县，获评"全国农村创业创新典型县范例"，成功走出一条种出好果子、创出好名气、闯出好市场、实现好收入的特色农业融合发展的路子。

（一）大园区促进产业集约发展

通过政策激励、示范引领、连片成园，全县已形成"大园区、小业主"的规模化种植：一是产业发展聚集度较高。全县以不知火为主的橘橙产业面积16万亩，占全县耕地面积的54%。二是绿色标准化生产。制订全国首个"不知火"橘橙生产技术规范和产品质量标准，建成现代物联网标准果园12个，采用水肥一体技术的果园面积2万亩，全面实施有机肥替代化肥。经国家专业机构检测，"丹棱橘橙"的农残、重金属等197项指标全部合格，果计糖度逐年上升达到16%，可溶性固形物含量最高可达20%，被消费者誉为"北纬30°的味觉奇迹"、水果中的"软黄金"。三是产业链条完善。设立500万元的乡村振兴农业产业发展贷款风险补偿金，鼓励新型主体发展，有省市级龙头企业10家，其中省级龙头企业2家，橘橙专业合作社98家，家庭农场139家，初加工企业26家，冷藏储存能力达到2万吨，电商企业50余家、网店（微店）3 000余家。初步建立了从品种培育、良种繁育、技术推广、农资配送、产地初加工、冷链物流、电商营销全产业链。

（二）大声势促进品牌全国闻名

"丹棱橘橙"通过大声势的品牌创建、节会营销、专业推介，已成为国内一流的晚熟柑橘区域公共品牌，小橘橙做出大品牌。一是创建品牌。创建橘橙类"三品一标"6个，"丹棱橘橙"获得农业农村部地标产品认证，"不知火"获得绿色食品A级认证，"丹棱橘橙"连续三年跻身中国品牌价值—地理标志产品区域品牌价值榜单，目前品牌价值超过50亿元。二是节会营销。连续举办9届橘橙节，与中国国际电子商务中心联合举办"中国西部农特产品微电商峰会"，搭建全国橘橙产业交流平台。精心组织参加国内各种博览会、展销会、商品节等"线下"活动，借助主流媒体大造声势，不断提升丹棱橘橙品牌知名度。二是政府全力推动。县委、县政府每年赴成都、北京、上海、深圳举办"丹棱不知火橘橙推荐会"，打入了成都、华北、华东、华南市场。2016年，农业农村部全国果茶绿色发展经验交流会在丹棱召开，开启了"丹棱橘橙"品牌建设的新里程。2019年，丹棱作为"地理标志农产品保护工程启动仪式暨全国农产品地理标志培训班会议"的参观点之一，推动"丹棱橘橙"再上新台阶。三是专业推荐。政府携手中柑所、四川省农科院联合举办"中国柑橘产业发展高峰论坛"，将丹棱橘橙品牌推向全国领先地位，以不知火为代表的丹棱橘橙"火"遍了大江南北，丹棱成为名满华夏的"中国橘橙之乡"。

（三）大营销促进产品供不应求

通过积极营销，"丹棱橘橙"实现优质优价，无烂市、滞销、低价的情况。一是产销两旺。目前全县橘橙年产量超过30万吨，产值近30亿元，实现销量、价格提升。即使受新冠疫情影响，全县橘橙均价仍达5元/斤，亩产4000斤以上，亩产值2万元以上，每亩利润1.3万元以上。二是优质优价。"丹棱橘橙"在同等条件下价格每斤高于周边区县0.5~1.0元。调研发现，橘橙种植成本每斤在1~1.5元，果农售价均大幅高于成本，利润空间与往年相比趋于合理：如，种植户赵泽如有"不知火"果园4亩，每亩产量8000斤，全部属于上等果，不知火卖到6元/斤，平均每亩利润高达3.8万元。三是多元销售。以四川丹橙现代果业有限公司为引领，通过电商拉动"线上"销售，为沃尔玛、每日优鲜、百果园、永辉超市等200余家国内大型商超和阿里巴巴、京东、苏宁易购销3家国内大型电商平台提供产品直供，受到市场和消费者的欢迎和追捧。全县晚熟柑橘70%实现直供商超，通过电商实现"线上"年销售额20亿元，销售市场主要集中在东北三省和北京、上海、山东、河北、河南、陕西等一、二线市场。

（四）大产业促进果农持续增收

"丹棱橘橙"占领了行业制高点，取得定价话语权，通过"市场化"运作实现了好收入，2022 年农民人均可支配收入突破 2 万元。一是橘橙成为农民增收的支柱。橘橙已是一产业中的支柱性产业，果农 70% 以上的收入来自橘橙产业，成为农民增收的强大"引擎"。二是实施"五统一"实现"四大转变"。即统一品种、统一标准化种植、统一禁限农药标准、统一质量标准、符合质量标准统一品牌；"丹棱橘橙"实现了由卖难到买难、由论斤到论个、由集市到超市、由线下到线上的"四大转变"。

二、橙中"绝色"耀乡间

血橙，是柑橘类品系中唯一含花青素的水果，更是极少数含花青素且兼具口感性和功能性的水果。四川内江资中柑橘种植历史悠久，品种主要是资中血橙、不知火、温州蜜柑、椪柑等。柑橘的主导产品资中血橙在 20 世纪 80 年代末从中国农业科学院柑橘研究所引入种植。2010 年，血橙正式定名为"资中血橙"。资中县先后荣获中国塔罗科血橙之乡、塔罗科血橙标准化示范区等殊荣；"资中血橙"先后荣获第二届中国农业博览会金奖、四川省首批名牌农产品、国家绿色食品认证、四川省优质品牌农产品称号等美誉。2018 年 5 月 20 日，在中华人民共和国国家知识产权局成功注册"资中血橙"地理标志证明商标，2018 年 7 月获中华人民共和国农业农村部"资中血橙"农产品地理标志。2018 年 12 月资中被认定为首批省级特色农产品优势区。2019 年 1 月中华人民共和国农业农村部等九部委联合认定资中血橙为第二批中国特色农产品特色优势区。

柑橘在全县各镇均有分布，资中血橙主要分布在发轮镇、龙结镇、罗泉镇、走马镇、顺河场镇、鱼溪镇、归德镇、银山镇、苏家湾镇、骝马镇、铁佛镇等镇；不知火主要分布在高楼镇、走马镇、罗泉镇、金李井镇等镇；温州蜜柑、椪柑主要分布在配龙镇、发轮镇、球溪镇等。

目前，资中县柑橘种植面积超过 40 万亩，产量超过 60 万吨，产值近 35 亿元，柑橘产业成为全县乡村振兴的主导产业。

（一）出台扶持政策

县财政每年拿出上千万元的资金，从规模种植、品种改良、品牌创建、标准化生产、科技服务等方面进行奖补，做大做强不知火和资中血橙产业。2016 年，县政府对品牌创建给予奖励。2017 年，县委县政府从规模种植、品种改良、品牌创建、标准化生产、科技服务等方面进行奖补，特别对在万亩血橙产业示范片规划区内按标准连片新发展建设 100 亩以上的业主给予不超过 1 000 元/亩的种植补助，并从第二年起连续三年给予管护达标的血橙果园每年 200 元/亩管护奖励；对用于血橙种植的贷款，按每亩不超过 1 000 元的贷款金额，比照央行同期贷款利率（不含上浮部分）给予不超过 5 年的县财政贴息补助。

（二）科学编制规划

2012 年，资中县联系四川省社科院编制完成了《资中县 30 万亩血橙产业发展规划》《塔罗科血橙留树保鲜提质增效技术示范》列入了省科技成果转化重点项目。2017 年，县委县政府积极落实市委"12345"现代农业产业提升行动和"351"特色农业产业发展方案要求，研究出台了《资中血橙万亩产业示范片发展规划》《2017—2018 年种销季资中血橙产业提升行动方案》，对资中血橙全产业的发展进行了规划设计。

（三）实施品种改良

强化与中国柑橘研究所、四川省农科院及现代农业产业技术体系四川水果创新团队的合作，按照"栽培一代、试验一代、储备一代"的工作思路，强化优新品种的引进、选育、试验、示范和推广。大力推广优新品种，四川省农科院最新研发 1-9 号血橙品种均在资中进行种植，研发成功的血橙 4 号、9 号和晚熟 8 号三个品种在资中率先实行升级换代，资中血橙的鲜果覆盖已由当年的 11 月延伸至次年 5 月，特别是晚熟 8 号已形成规模种植。大力实施改良升级工程，对老果园进行改良、改造，全面促进资中血橙整体品质提升，有效防止品种退化，杜绝劣质果品上市。目前，资中已经在血橙产业发展上占领了全国的制高点。

（四）创建区域品牌

将"资中血橙"融入"甜城味"区域公用品牌进行重点培育；强化对"塔罗科血橙"四川省著名商标的保护、使用和管理；做好"资中血橙"品牌和地理标志创建保护工作，建立血橙生产全过程监督管理机制；成立资中血橙协会，实行统一品牌使用、统一包装销售、统一种植标准，统一规格质量的"四统一"标准，全力打造"甜城味·资中血橙"品牌。

（五）节会宣传造势

连续举办四届"中国·资中血橙节"，特别是"中国·资中第二届血橙节"先后被 73 家国内媒体、36 家英文国际媒体报道，累计阅读人数超

500万人。同时通过限定血橙开摘时间、开辟采摘线路、"橙乡橙语"网销等，引爆了市场营销，果园鲜果均价从2015年的0.8元/斤提升到2022年的4元/斤，实现成倍增长。成都伊藤洋华堂门店礼盒售价更是高达168元/箱，散装分级价格达25.6~33.6元/公斤。实现果农直接种植收益17亿元，销售额达到24亿元，保增加产值超过5亿元，带动全县农民人均增收500元以上，果农户均增收超过1万元。

（六）电商助推销售

依托全国电子商务进农村综合示范县项目奠定的基础优势，引进国内柑橘网上知名平台"全城电商"，创建"橙乡橙语"网销品牌，规范引领血橙网上销售，拓展资中血橙网销半径，带动价格不断提升。

（七）创标准树标杆

积极创建资中血橙技术标准体系，制定并发布了《绿色食品A级资中血橙育苗技术规程》《绿色食品A级资中血橙建园技术规程》《绿色食品A级资中血橙生产管理技术规程》3个地方标准；明确了资中血橙的果园规划、苗木繁育、栽植规格、田间管理、果实采摘等产业标准，牢牢把控了血橙产业的行业标准制定权。

【案例解析】

四川是我国柑橘主产区之一，案例选取的丹棱县和资中县是四川柑橘产业强县的代表。在叠加疫情和砂糖橘价格崩盘的影响下，引发了大家对于四川柑橘的担忧：四川柑橘该怎么种，怎么卖？从数量增长转向品质提升，全力提升晚熟柑橘的全产业链高质量发展，是四川给出的答案。作为发展速度最快的柑橘产区，四川柑橘凭借"晚熟"优势，错峰上市，成为柑橘超饱和市场上的一大亮点，具有较强的议价能力。四川柑橘产业已经成为带动橘农致富，成为乡村振兴的生力军。

案例中的两个县的成功经验存在以下共同点：

一是加强顶层设计。党政领导高度重视现代农业发展，把发展优势柑橘产业作为了乡村振兴、产业扶贫、现代农业发展的重点，专门组织制定规划，实行"一个产业，一个班子，一套政策，一套措施"，明确目标，落实措施，配套项目，制定政策和资金倾斜激励机制。通过整合项目进基地、财政补贴等政策扶持了柑橘产业的发展。

二是推进科技兴农。只有通过"四新"（新品种、新技术、新模式、新机制）协调、"五良"（良种、良法、良壤、良制、良机）配套，强化产业基地科技支撑，才能保证提高产量、品质和效益。通过品种结构调整、机械化利用率提升、冷链冻库建设、水肥一体科技武装等，提高了柑橘产业科技含量，加快了高新技术的推广速度。

三是实施品牌战略。启动农产品地理标志增效工程，增强地标产品品牌价值，提升区域品牌影响力，壮大企业品牌，着力培育有影响力的柑橘品牌。坚持走精品化路线，充分发挥品牌优势和市场竞争力，满足国内较高层次消费需求，参与国际市场竞争。

四是促进产业融合。以柑橘产业为基础，推动农业产业接二连三，实现园区变景区、田园变公园、产品变商品、农房变客房，打造柑橘产业新业态。深化"农业+旅游""农业+文创""农业+互联网"等新业态，重点围绕柑橘现代农业产业园区、幸福乡村、柑橘集市、柑橘主题驿站等，着力打造创意柑橘产业体验高地，形成互促互动的新型业态。

五是强化机制创新。积极培育发展龙头企业、农民专业合作社和业主大户等市场主体，探索创新基地建设模式、利益联结机制，实现"两个带动"（带动农民发展现代农业，带动农民持续稳定增收）。通过"龙头企业+农户""龙头企业+农民合作组织+农户""收益保底、产值分成、二次返利"、建管移交等企业与农民利益联结机制，促进企业发展的健康化，农民收益的最大化。

【案例启示】

产业兴旺是实施乡村振兴战略的基础。产业兴旺能够提供良好的生活保障、可靠的收入来源，为乡村振兴汇聚人才和人力资源，进而成为乡村振兴可持续发展的重要保证。产业兴旺绝非敲锣打鼓就能实现，而是需要遵循产业特质性，以创新为驱动力，实现优质优价、增产增收。

科学规划是前提。通过发挥区域优势，实行综合规划，全部基地建设整体推进。产业核心园区应体现科学规划、准确定位、合理实施三个特点。案例中，柑橘产业由专家实地考察，对土壤成分进行有效测定，与地方农业部门的科技人员商讨，结合本地的气候条件，科学定位发展柑橘的主要品种，实施规划时坚持了因地制宜、因势利导，利于整合项目，统一建设，集中成片，规模推进，基地的道路、沟渠、管道、蓄水池配套实用，田型调整科学合理。

科技支撑是关键。用科技的手段，建立产业标准化体系，加强新品种的科研开发与引领示范，促进品种改良及推广普及，保持产业发展领先优势。同时，应坚持标准生产与科学营销相结合原则。全面实行标准化生产，大力推行订单生产，在巩固既有销售渠道基础上，进一步拓展营销模式，积极探讨定制营销方案，实施生产与销售挂钩，以产促销、以销带产，确保产销两旺。

大力开拓两个市场。立足国内市场，放眼国际市场，明确目标市场。实施营销对接，形成覆盖省、市、县的一、二、三级批发市场、超市和主要社区直销点的营销网络体系，重点开发二级营销市场；大力申报建设出口基地和出口加工企业，明确国际市场开拓重点，不断扩大农产品的出口量。

支持社会资本参与。加强正面宣传和引导，吸引社会资本以参股控股等方式参与产业发展。在符合有关法律和规定的前提下，探索以市场化方式筹集资金，增强产业融资能力。加大整合重组力度，指导产业在种植生产、贮藏加工、仓储物流、果品营销等环节的企业资源和力量的整合，走集团化发展道路。积极引进战略投资合作伙伴，强化资本运作，增强产业造血功能。

加强专业队伍建设。重视人才培养，实施引进高端人才计划，落实引进高端人才优待政策，对有突出贡献的各类人才予以奖励。支持、鼓励专业人才领办、创办农产品专合组织、公司。充实基层人才队伍，加强生产一线人员力量，统一考录或培养一批熟悉国际农产品贸易业务、知晓市场营销宣传策划的市场营销人才。加快落实科技成果转化收益、科技人员兼职报酬等制度规定。加快发展农产品种植、营销专业合作经济组织，培育种、销及电商大户，发展乡村旅游及休闲观光农业，促进一、二、三产业融合发展，创新机制，完善管理，全面拓宽产业发展领域，为产业发展提供多元化的平台。

【思考讨论】

1. 请结合具体农业产业，谈谈如何通过深化农业供给侧结构性改革实现产业兴旺。

2. 请结合具体农业产业，谈谈如何促进该产业的一、二、三产业融合发展。

3. 产业发展中，如何破解"同质化"难题？

4. 为什么说"适地适栽"是产业布局的首要原则？

第三节 质量兴农

【典型案例】

质量兴农，就是要通过构建现代农业体系等路径，突出农业绿色化、优质化、特色化、品牌化，进而提高农业效益和竞争力。中国特色社会主义进入新时代，社会主要矛盾转化为人民日益增长的美好生活需要和不平衡不充分的发展之间的矛盾。优质、安全、健康、营养的农产品成为新时代广大人民群众的新期盼、新要求。质量就是效益，质量就是竞争力，这是习近平总书记对质量兴农做出的科学判断，为厘清质量与兴农之间的辩证关系提供了科学思维。无质量无以兴农，农之不兴国之不强。推进质量兴农战略，是满足人民日益增长新需求的必要手段，是实现乡村振兴产业兴旺的必由之路，是推动农业转型升级提质增效的必由之路，更是四川实现农业大省向农业强省跨越的必由之路。

质量兴农基本思路

推进质量兴农战略，应坚持"着力二本色，抓好九产业，构建三体系，建立新经济"的基本思路。

着力二本色：即是抓住粮油不放松。四川是天府之国，也是长江上游油菜、水稻的发源地。习近平总书记提出"抓农业农村工作，首先要抓好粮食生产"，要求"谷物基本自给，口粮绝对安全，把饭碗牢牢地端在自己手里""饭碗里主要装中国粮"。四川应当践行习近平总书记的指示，以粮油为根本，大力实施优质粮食工程，"既要保障数量，更要注重质量"，积极培育消费者认可的"四川好粮油"产品，做到"农业大省"金字招牌不能丢。

抓好九产业：就是坚决贯彻四川省委《关于全面推进高质量发展的决定》精神，培育除川粮之外的川猪、川茶、川薯、川药、川桑、川菜、川果、川椒、川竹九大"川字号"特色产业。通过推动产业的特色化发展，巩固四川"生猪第一大省"地位，坐实四川"花椒第一大省"称号，"把四川农业大省这块金字招牌擦亮"。

构建三体系：就是要构建现代产业体系、现代生产体系、现代经营体系在内的现代农业体系，为推动实施质量兴农战略保驾护航。构建现代产业体系，就要培育特色产业，优化产业布局，因地制宜分片打造特色农产品优势区。构建现代生产体系，就是要加快农业技术创新步伐，做强现代种业、智能农机装备制造等先导性产业，在农业用水方面加快推进"渠管结合、喷滴结合、水肥结合"，实现"增产增效并重、良种良法配套、农机农艺结合、生产生态协调"。构建现代经营体系，就是要做优做强新型农业经营主体，做强烘干冷链物流业等支撑产业，大力实施农业品牌提升工程，支持促进特色优势农产品出口。

建立新经济：一是要把握新机遇，要积极落实四川省乡村振兴大会精神，以全面实现乡村振兴为契机，抓住四川农业农村全方位变革的战略机遇。二是要打造新产业，不仅要培育特色产业，更要打造四川全域的农业新产业新业态。三是要构建新格局，要用好政府和市场"两只手"，构建各方面力量积极参与的多元投入格局；特别是要推动人才向农村转移，促进资本向农业流动，实现农村不再只是农民的农村，农业不再只是农民的农业。四是要设计新政策，要破除现有体制机制弊端，加强顶层设计，坚持规划先行，探索农业全面升级、农村全面进步、农民全面发展的长效机制。以此四新，建立四川农业农村的新经济、打造四川"三农"事业的新常态。

国内外质量兴农经验借鉴

1. 全面实现农业生产手段现代化

将农作物品种的优化改良作为重要抓手，重塑农产品品质。如日本在推进农业现代化转变的起初阶段，不仅对本国原产的作物品种进行改良提升，而且对从别国引进的农作物品种也进行改良优化。如从中国温带半干旱地区引进的柿子，经过科学改良后，不仅适应了日本多雨的气候，而且口感和色泽等品质也优于中国的传统柿子。不仅如此，日本的农产品始终保持有机健康的理念。日本农户除了使用有机肥，也使用化肥，不过，使用的是专用复合肥。作物品种不同，复合肥的配方也不同。这就从本质上保证了农产品的安全，而不是一味地用化肥和农药提高产量。日本的农业重在"质"的提升，在"质"的基础上保持量，最后反而获得了高价。同时，这也为日本农产品的出口奠定了基础，有效打开了国际市场。

大力推广优良品种和集成配套技术，进一步加强动植物新品种培育和绿色增产增效模式创新，有力支撑粮食及重要农产品生产发展。如河北省积极开展的绿色增产模式攻关，组织专家和技术人员分区域、分作物制定技术方案，指导农民因时因地因苗落实关键技术。发布小麦节水品种27个、玉米主导品种40个，向农民推介深松耕、精量半精量播种、种肥同播、测土配方施肥、播后镇压、水肥一体化、病虫综合防治等先进适用技术30项。高标准打造620个粮食作物万亩高产示范片，将优良品种和高产高效栽培技术进行组装配套，集中展示，带动农民推广应用。与此同时，组织科研教学推广部门协作联动，研究探索节水节肥节药、高产高效低耗新技术，推动粮食生产绿色发展。通过多点试验示范，初步筛选出小麦春浇一水千斤绿色简化栽培技术模式、小麦微喷灌水肥一体化高效集成技术模式、夏玉米全程机械化生产技术模式、旱薄盐碱区玉米简化种植技术模式、冀中山前平原区玉米高产高效技术模式、冀西北寒旱区玉米抗旱种植技术模式等集成技术模式，为增强粮食产能，探索河北粮食节水高产之路提供了有力的科技支撑。

2. 全面施行智慧农业

依托物联网、云计算等现代信息技术与农业生产相融合的产物，可以通过对农业生产环境的智能感知和数据分析，实现农业生产精准化管理和可视化诊断。如美国几乎全部大农场和中型农场的农机设备均可以通过已安装的全球定位系统，准确接收卫星遥感遥测信息，这些信息在精准的土壤调查、施肥、施药、农业环境监测、作物估产和土地合理利用等方面发挥着重要作用。如今美国已经可以熟练地利用卫星通信技术监测预报灾害性天气、测报病虫害，形成了生态环境信息从采集、传输、处理到发布的分层结构体系。同时，美国有从事农业大数据工作的专业服务公司，这些公司把气候、土壤、病虫害、种植密度、产量以及市场价格等数据整合起来，通过模拟分析，给农民提供决策支持。农民只需花一部分资金聘请专业服务公司，定期把农场的坐标和相关信息通过软件上传，就可以收到各项精确的生产活动提醒。

抓住"互联网+"现代农业战略机遇期，加快农业技术创新和深入推动互联网与农业生产、经营、管理和服务的融合。甘肃省兰州市高原夏菜主产区榆中县大力推进"互联网+设施农业"模式，在田间地头覆盖 WI-FI，实现农产品的全程溯源、智能监控、标准化管理和社交网络销售。据了解，目前榆中县已建成现代农业示范园区上千亩，配备了智能设备的蔬果大棚，不仅提高了种植产量和生产效率，也保证了"舌尖上的安全"。越来越多的菜农在当地龙头企业以及专业合作社的带动下，投身智慧农业，增收致富。在安徽省合肥市包河区大圩镇，安徽朗坤物联网有限公司创建了物联网小镇，基于农业主产区行政镇建制单元，借助互联网、移动通信、云计算、物联网等技术手段，搭建大数据中心和运营中心平台，建立起网格化、信息化、智能化和现代化的管理模式。小镇智慧程度很高，农户只要点一下手机上的 APP，智能水肥一体化设备就可以实现为田间农作物精准灌溉、施肥。

3. 全面倡导循环绿色农业理念

研发低污染高效益的农药化肥，采用生物新技术，发展绿色生态农业，同时实现农业节能减排，提高农业资源的利用率。如日本在耕种环节，利用生物技术增加土壤肥力，实行轮作制度，减少对化肥农药等的依赖，更有效地对抗病虫害。其中日本箱根牧场采用轮作耕种，间隔性种植大豆和其他作物，这样可以更好地保持和发挥土壤的养分作用。其奶牛场把浸泡过粪便的稻草和泥土搅拌在一起发酵制成堆肥，作为生物肥用于种植。在农业生产环节，尽量减少高害生产资料使用，采用生物新技术，实现生态农业生产。2010 年，日本出现"植物工厂"新型立体绿色栽培方式——以集装箱为载体，人造光源、液体肥料、控温来提供农作物最佳生长环境。植物工厂采用立体式结构的种植方式，将实际种植面积翻倍，极大程度地提高了其单位面积利用率。使用该技术还能缩短植物的生长周期，提高农作物的产量。在加工环节，采用无污染、节能减排加工方式，生产绿色安全加工产品。

培植打造多种类型、多种形式的绿色农业示范项目、无公害生产基地、绿色食品品牌等，突出典型示范带动，建设高效农业示范园提升农业生产水平，促进农业绿色发展理念的构建与传播。山东青岛市财政投入1 000 万元，在大沽河流域建设了 2 处农业面源污染综合防治试点区，采取项目集成、技术集成方式，通过实施化肥、农药减量增效，秸秆综合利用等七项技术措施，使试点区内粮油和蔬菜的化肥使用量分别降低 5% 和10%，化学农药使用量分别减少 5% 和 20%；秸秆综合利用率、农业废弃物无害化处理率、农用包装物回收率都达到95%。与此同时，大力发展无公害生产基地，加快"三品一标"基地建设。

【案例解析】

目前，四川质量兴农在农业产业、生产、经营三大体系方面存在如下问题：

（一）农业产业体系方面存在的问题

1. 区域间产业同质化程度高

农业产业在空间上同质化。区域间农业产业同质化程度高是阻碍农业结构布局质量优化的重要因素，导致四川省农业总体量大而不强，产品品种多而不优，品牌杂而不亮。区域间农业产业同质化程度高主要体现为农业产业布局在县域空间失衡。一是农业产业布局县域之间同质，造成县域之间农业产业市场竞争激烈以及农产品供给过剩。四川省内各区县经济发展层次不一，部分地区受脱贫攻坚工作压力的驱动，为稳妥推进产业脱贫工作，模仿学习相邻地域成功布局的农业产业，造成产业规模过大且整体质量不高的局面。二是四川省多数区域的农业产业均呈现出一强多弱的局面，集中表现为部分乡村旅游资源相对丰富的地区突出布局了休闲观光农业，缺乏对农业其他功能的布局，造成大量农业产业形成向休闲观光农业发展的趋势。

农业产业在功能上同质化。农业产业的同质化程度高还表现为功能的同质化。《四川省"十三五"农业和农村经济发展规划》规划了成都平原经济区、川南经济区、川东北经济区、攀西经济区、川西北经济区五大农产品主产区，侧重于通过调整全省农业产业发展布局，调整全省农产品生产供给结构，突出农业的生产功能，但是没有将五大经济区的农业生态、社会、文化等功能放到与生产功能同等重要的位置上进行系统性、全局性规划。

2. 产业链条短

产业链条发展失衡。虽然四川省近年来大力调整了农产品供给数量结构，去掉了部分产能过剩的农业产业，但从四川省农业全产业的角度来看，农业从初始化生产阶段，到终端消费阶段的各个环节仍然存在着较弱的供应能力，进而削弱了四川省农产品供给质量特色。部分农产品的全产业链发展较快且较为健全，但同时也存在其他农产品产业链发展停滞的情况。例如，四川省的花椒产业依托于农业产业园区建设和规模化投资，省内部分地区迅速建立和完善了产学研用和种养加销等具体产业功能，但由于其产业的独特性和规模承载能力，其他居于次要地位的农业产业没能实现"搭便车"式发展。

产业链上下游衔接能力不足。在产业链的各个环节存在严重的供应能力偏差。大部分农业产业均注重种养环节的打造，力求规模化或适度规模化，但对于其上游的种业研制、下游的产品加工贮藏的产品容纳能力，物流的运输效率、消费能力及消费需求创造等环节则疏于打造，有的地方仅仅是追求有这些环节存在，而并不注重这些环节的实际效能；也有的地方直接追求生产与消费的对接，而忽视了产业链价值的提升。

3. 产业融合度低

农业产业融合包含的形式有许多，如一产与二产融合、一产与三产融合、二产与三产融合等。但由于迫切追求资金效益，缩短投资周期，四川省的农业产业融合多见于一产与三产直接融合，呈现出农业产业融合形式单一的趋势。许多区县大力挖掘本土旅游资源，发展农业与旅游业相结合的休闲农业。由于此类型的产业融合推崇实现农产品从农田直接上餐桌的消费模式（表现为农家乐的餐饮服务供给和农产品采摘直购），以最快实现经济效益，农产品的初级加工和精深加工环节被直接忽略。虽然农产品以最便捷的方式实现了其价值，但也造成了农业内部的第一产业与第二产业融合迟缓，且农产品价值提升空间受限。而农业内部的第二产业和第三产业的融合，随着党的十九大提出的乡村振兴战略要求健全农业社会化服务体系，实现小农户和现代农业发展有机衔接，推动农村一、二、三产业融合发展得到重视，但由于农业社会化服务先天发育不足，后天起步较晚，当前四川省尚未形成能有效衔接农业内部一、二、三产业的社会化服务体系。农业产业融合形式呈现出"休闲农业"一家独大、其他农业融合发育不良的形势，从农业供给输出的角度来看，单一的融合实际上降低了农业供给体系质量效益。

（二）农业生产体系方面存在的问题

1. 农业环境压力大

面源污染问题明显。四川是农业大省，油菜籽产量全国第一，是全国十三个粮食主产区之一，亦是全国五大牧区之一，生猪存栏量和出栏量均居全国第一。农业生产严重依赖化肥、农药、农膜、除草剂，畜禽粪便、农业秸秆等废弃物随意处置，农业面源污染严重，农业生态环境恶化，四川高达34%的耕地土壤监测点位超标，治理形势不容乐观，农产品质量难以保障。

资源环境压力加大。四川农业资源短缺，人均耕地量低于全国平均水平。四川也是我国水土流失严重的省份之一。资料显示，一方面四川全省共有水力侵蚀和风力侵蚀面积121 042平方千米，占全省总面积的24.90%。其中，水蚀面积114 420平方千米。但另一方面，农业资源利用率低，质量退化明显。农业生产粗放，造成地力严重下降，突出表现在土壤板结、酸化、有机质下降等。中低产田土占耕地的60%以上，耕地数量减少。我国很多地方灌溉设施不合理，灌溉利用效率不高，四川农业节水灌溉面积比重仅为8.56%。农业资源长期透支，农业资源地利用率，资源环境"硬约束"加剧，农业提档升级压力增大。

2. 农业信息化水平低

信息基础设施建设区域不平衡，高端信息技术应用不足。"村村通宽带"等信息化工程虽稳步推进与完善，但对于落后偏远的农村而言，信息基础设施覆盖率仍较低，主要表现在建设落后，投入不足，信息化、网络化程度低。农村许多地区还没有利用计算机管理生产，地域差别明显。高端信息技术在农业生产应用不足，以大数据、物联网、移动互联网技术、人工智能技术等应用仍然面临较大瓶颈。

农业信息资源建设"碎片化"严重。全省涉农网站多半是各省市建立的农业信息服务网站，存在着"上下内容重复，左右条块分割"的现象。信息资源缺少统一资源表达与操作标准，信息异质、异构、分散、重复，农业法规、政策、标准、自然灾害、经营管理、农产品市场供求信息等信息服务获取途径有限，农业生产者获取信息的渠道不畅，农业信息供需脱节。

农业生产决策"专业化"技术缺失。农业产业化、农业集约化和农户组织化快速发展，为全省传统农业的现代化改造奠定了根本的基础，同时也对农业生产管理量化决策提出更高的要求，尤其是在不同集约化生产条件下，如何进行科学施肥、精准施药、水肥调控以及品种选择与产业结构优化布局决策，并给出专业化的决策结果需求十分迫切。决策的"专业化"需要信息服务的高效性，此类信息服务有待突破。例如，大规模、低成本、实时土壤肥力信息获取困难，导致施肥配方难以精准，也难以规模化推广；由于病、虫、草、害表现复杂，技术咨询力量不足，施药配方难有针对性，化肥和农药有效利用率低，面源污染难以避免。涉农网站提供的信息服务大都是以在线、查询为主，对于品种、施肥、植保等专业知识服务的能力不足，对于农情监测与市场信息规律性分析的服务更加缺乏。

农业信息服务"个性化"支持不够。农村面临农业生产的复杂性与时变性，农村环境固有的地域性和脆弱的经济承载力，农民所处的文化环境和教育基础，尤其是广大农户作为信息时代的"弱势群体"，农民专业合作组织、农业生产企业与种养大户生产要求千差万别，"个性化""差异化"的生产需求满足有待提升。

3. 农业科技支撑力不足

农业科技研究与农业生产脱节，科技成果转化效益差。科技是第一生产力，随着农业生产自然资源约束的持续增加，现代农业生产力的提升更依赖于农业科技的创新程度，农业生产力的解放和发展需要科技的进步与创新。全省农业科技创新成果的提供不能够很好地满足当前的农业生产需求，组装、配套生产技术研究运用滞后，深加工技术落后，成果转化机制不灵活，农业科技成果无法很好地转化为现实生产力，农业科技成果转化率低。据统计，四川农业科技成果转化率仅为40%，企业近90%的技术需求得不到满足。与东部沿海及发达国家相比，还有很大差距，其中美、日农业科技成果转化率水平为70%~80%，德、法、以色列等国家为90%，科技创新研发的方向与实际生产的需求存在较大距离。

农业科技内容侧重基础性研究。农业科技创新性突破成果少，在农业科技创新方面的研究大多较为注重对农业学科自身的发展需要，注重对农业基础性研究，而相对的应用性和科研研发方面的研究则相对不足。

农业科技推广体系与现代农业不相匹配。农业科技推广体系不能适应现代农业发展变化，现代农业发展需要高效、便捷的推广体系。农业科研与农业技术推广分属不同部门管理，缺乏相关利益联结机制。

农业科技服务机构服务意识和能力不强。服务机构数量少，已注册的农村产业技术服务中心只有87个，仅覆盖全省1/3的行政市和不到45%的行政县。农业科技服务人员供不应求，人才吸引政策不强，平均实有在编在岗数仅占编制核定数的80%左右，且乡镇农业服务中心在编不在岗现象普遍存在。很多乡镇借由技术岗编制招进科技人员，但从事其他非科技工作内容，科技人员科技投入时间相对较少。

（三）农业经营体系方面存在的问题分析

1. 组织化程度低

四川农业组织化程度较低的特征明显，其主要原因表现在以下三个方面：

一是理念较为落后，管理人才缺乏。合作经济发展的历程较短，没有产生深厚的合作文化为依托，使得人们对合作经营的经济模式还十分陌生，发展理念较为落后，对组织化建设重视程度不够。农民普遍缺乏有效组织，没有充分领略到新型农业经营模式所带来的效益，分散小规模经营对新型农业经营体系的构建构成了一定的约束。受传统小农经济意识的影响，以及农民现有生产组织方式的制约，农民普遍缺乏自我组织、自我管理的能力，农村能人少，在现有不多的能人中情愿做带头人者更少，善于经营管理的人才极度缺乏。这种状况导致了农业经营体系的组织化程度低和其不稳定的发展。

二是内部制度存漏，规范管理欠缺。四川省新型农业经营主体尚处发展初期，大都是家庭式管理，规范化发展水平普遍不高。部分主体内部管理不规范，难以摆脱家庭式管理的路径依赖，运行管理上存在较大的任意性，部门设置臃肿，管理成本高，不能够起到监督作用。总体实力较弱，经营模式不明确，缺少合理的规划，具有国内竞争力的较少，国内外市场占有率较低。

三是主体互动不多，缺乏稳定合作。同一行政村从事同类农产品生产的新型农业经营主体大多数各自经营，在购销渠道的获取上，还没形成统一合作。农产品生产加工基地和现代农业产业园区的建设，为专业化生产加工某一类农产品提供很好的合作平台，但同时也减少了主体之间互动合作的机会。新型农业经营主体作为农产品的主要供给方，缺少固定、稳定的销售渠道，比如生产加工基地的专业大户、家庭农场等新型主体，由于较高的物流、储藏成本和信息不对称，还未与农产品批发市场、零售超市等建立长期稳定的合作伙伴关系，农业产业链条的纵向专业化分工合作还不深入。

2. 农业社会化服务能力不强

虽已初步建立覆盖全省的农技推广体系，但基层农技推广和技术支撑体系建设仍有欠缺，相关农业服务部门在农产品质量监管、农业疫情防控和气象监测等方面仍待加强。县乡两级公益性服务机构农业技术普遍存在人才短缺，力量单薄的问题，且从事农业本身的人员文化偏低，技术有限，服务人员知识老化，知识结构不合理。各类专技队伍人员缺项缺位，服务意识淡薄，服务能力低，且运用现代先进生产设备偏少，传统方式作业多，服务功能不健全，限制了劳动生产率的提升，不利于农业社会化服务的全面开展。

在大量农村青壮劳动力外出打工的现实背景下，农业生产趋向市场化、专业化，农民对农业社会化服务需求逐渐由单纯的生产环节服务向资金、技术、信息、金融、保险、经营管理等综合性服务扩展。而从农业服务供给现状看，农业服务范围依然较窄，支撑项目仍然单一，存在"三多三少"的问题，即"农业产前及产中环节服务多，产后服务少；农业生产技术服务多，精深加工服务少；农产品营销服务多，金融保险服务少"，还未形成全方位的农业社会化服务体系。

部分农业产业化龙头企业、农民专业合作组织等农业社会化服务组织片面追求盈利，与农民利益联结不紧密，挫伤农民接受服务的积极性。农业产业化龙头企业规模普遍较小，带动周边发展及为农服务能力较弱，部分龙头企业品种单一，生产设施落后，科技水平低，且全盘意识不够，定位水平较低，不能充分发挥其在农业社会化服务体系中的领军作用，导致全省社会化服务质量总体不高甚至供给不足。

3. 农产品品牌化程度不高

农产品品牌建设水平不高是限制农产品提升附加值的重要因素。四川省是我国重要的农业生产大省，其粮油、茶叶、柑橘等产量均位居全国前列，但与农业发达省份相比，农产品的总体产出价值相对较低。四川省发展了很多区域性的名牌，如"天府龙芽""竹叶青"等茶叶品牌，但跟国内知名茶叶品牌（如：福建铁观音、浙江龙井、云南普洱）相比还有较大差距。目前，原料销售仍是四川农产品销售的主要模式，由于品牌的缺乏和品牌影响力等问题，更多的附加值被川外品牌赚取。农产品品牌创建数量虽多，但品牌小且较为分散，缺乏全国性的农产品品牌精品。

【案例启示】

针对四川质量兴农现状，可从以下方面发力：

（一）构建四川农业产业新体系

1. 优化产业结构体系

种植业：应立足于粮食基本自给，以优质水稻和油菜为主，推进粮油产业绿色高质高效发展，同时着力发展蔬菜、食用菌、水果、茶叶、中药材、蚕桑、花卉苗木等特色种植业。集成生产各环节绿色节本高效技术，探索最适宜种植规模、最少药肥用量、最省人工投入和最大综合效益的绿色生产模式。

林业：重点发展川竹、川椒、川果产业，进一步发展林木育种、园林绿化、城市森林、木材加工、林业化工、生物能源，药用植物开发等林产品及其加工行业。力争使经济林、生态林、用材林、园林绿化、药用植物、森林旅游、种苗花卉与林产品加工业协调发展。

牧业：应以发展优质生猪，牛羊、小家禽为主，进一步发展兔、蜂群，进一步推进"稳畜禽、兴牛羊"牧业战略。加快丹麦、美国生猪等优质高产畜禽品种引种，大力推广川藏黑猪、蜀宣花牛、南江黄羊、大恒肉鸡、天府肉鹅、川白獭兔、阿坝中蜂等地方优质特色品种，同时，扩大"粮改饲"试点，推进"以草换肉""以秸秆换肉奶"工程。以地定养、以养促种，种养结合、循环利用。

渔业：着重养殖特种水产，如资中鲶鱼、中华鲟鱼、虹鳟、鮰鱼、长吻鮠等名优经济鱼类。并依托水产养殖打造休闲渔业，利用渔区自然环境及人文资源，与渔业生产、渔产品、渔业民俗、渔业经营、科普教育等活动相结合，拓展渔业功能。

2. 优化区域布局

四川既有平原，又有丘陵和山区，立体气候十分明显，生物多样性十分突出。构建产业新体系必须依托区域资源禀赋，农业产业布局应依据以下原则：

平坝地区：平坝地区地势平坦，易于开展大型机械播种和机械收割，应加快推进水稻、油菜、小麦等为核心的粮油产业，保供给、保口粮、保粮食安全和稳定、确保四川农业大省的地位并奋力实现农业大省向农业强省跨越，给予粮油产业政策倾斜，国家农业扶持资金应重点扶持粮油产业。划定和建设高标准基本农田，严格控制永久性基本农田的非粮化与非农化。

丘陵地区：丘陵地区地势起伏，应发展适合小型农机具为主的农作物。充分利用退耕还林等优惠政策将农业功能和生态环境保护功能紧密结合，发展经济果林、食用菌产业，发展耐瘠抗旱保持水土的中药材、小麦、玉米、大豆作物。丘陵地区应着力发展粮经结合、农牧结合、农旅结合，将四川丘陵、山区逐步打造成水果之乡、林竹之地、康养之地。

高原地区：高原应重点发展高原生态特色农牧业。在确保生态安全的基础上，稳步发展特色青稞，积极发展高山蔬菜、特色水果、食用菌、道地药材，加快发展牦牛、藏羊、藏猪、藏香鸡等高原特色畜禽业，稳步发展草食畜牧业，积极发展休闲农业和乡村旅游。将川西高原地区打造成"绿草青青，牛羊成群"的旅游胜地和人间仙境。

3. 推进产业融合发展

培育现代农业产业体系，促进农业产业深度融合，现代农业必须以市场需求为导向，实现区域化布局、专业化生产，促进粮经饲统筹、农牧渔结合、种养加一体、一、二、三产业深度融合发展。

全面打造现代农业融合模式，催生农业新业态。大田以稻渔、稻虾、稻鸭、稻鳅等为主，林下以林药、林菜、林菌、林禽等为主，实施猪—沼—菜（果、粮）生态循环、建设园中圈，打造"生产+、生活+、生态+、互联网+"融合模式，利用产业融合，催生各种创意农业、分享农业、众筹农业、电子商务等新农业业态。积极创建农业产业化示范基地，大力发展一村一品、村企互动的产销对接模式，推动原料生产、加工物流、市场营销等一、二、三产业融合发展。

建立产业融合发展的利益协调机制，维护相关者利益。保障农民和经营组织能够公平分享一、二、三产业融合中的"红利"。按照"基在农业、惠在农村、利在农民"的总体要求，建立互惠共赢、风险共担的紧密型利益联结机制，保障农民增收致富。完善订单农业相关内容，进一步规范合同内容，严格合同管理，鼓励支持新型经营主体与普通农民签订保护价合同，并按收购量进行利润返还或二次结算。积极推广股份制和股份合作制，鼓励有条件地区开展土地和集体资产股份制改革，将农村集体建设用地、承包地和集体资产确权分股到户，支持农户与新型经营主体开展股份制或股份合作制。另外，鼓励产业链各环节联接的模式创新，推进官产学研多元利益机制，打造农业产业技术创新和增值，提升战略联盟。

加快构建产业融合发展政策框架，保障产业融合有序进行。制定融合产业发展战略、融合产业体制模式、融合产业的发展方向和发展路径、建设融合的标准化体系等，积极推进与融合产业相关的农村产权制度、金融制度等产业政策制度改革。建立农村产业融合发展基金，不断增加对农业农村基础设施建设和公共服务方面的投入，对产业融合发展提供财政、税收、金融等方面的援助支持。

4. 延伸农业产业链

做大做强农产品加工业，是延伸农业产业链的主要途径。面向市场、以农为本、转化增值。立足资源优势和特色，以农产品加工业为引领，着力构建全产业链和全价值链，进一步丰富品种、提升质量、创建品牌、提高农产品附加值。

依托重点产业，加快农产品初加工发展。以粮油、川茶、川药、川果、川菜、川猪、川酒、川竹、川薯、川椒为产业发展重点，支持农户和农民合作社在农产品储藏、保鲜、烘干、清选分级、包装等方面深度合作，在农产品生产的中下游的初级加工环节利用合作社组织的强大资金和技术力量保持和增加农产品的附加值，减少产后损失。

加快技术升级，提升农产品精深加工水平。建设一批农产品加工技术集成基地，加大生物、工程、环保、信息等技术集成应用力度，加快新型非热加工、新型杀菌、高效分离、节能干燥、清洁生产等技术升级，开展精深加工技术和信息化、智能化、工程化装备研发，开发新能源、新材料、新产品等，不断挖掘四川农产品加工潜力、拓展增值空间。

引导企业集中，打造现代农业产业集群。积极引导加工产能向农产品主产区、优势区和物流节点集聚，促进加工企业向园区集中，合理布局原料基地和农产品加工业，形成生产与加工、科研与产业、企业与农户衔接配套的上下游产业格局，打造专用原料、加工转化、现代物流、便捷营销融合发展的产业集群，并建立健全优质高效的农业社会化服务体系，完善农用物资供应及农副产品的储存、包装、流通、配送、销售和物流增值等配套服务，做强做优区域化、特色化、品牌化的农业主导产业。加强全国性和区域性农产品产地市场建设，依托农产品流通、电子商务、乡村旅游、农业社会化服务等，建立农产品原料、加工、销售、物流基地，提升农业综合收益。

（二）推行绿色农业生产新方式

1. 培养农业绿色发展理念

推进农业绿色生产新方式，理念要先行。一方面，加大舆论宣传，通过设立乡村环保宣传专栏，开设农民培训班，利用电视、网络多媒体等多种渠道，对群众进行多形式、多层次的农业绿色发展方面的宣传教育，唤醒群众的绿色环保意识，形成绿色的价值取向和思维方式，引导绿色生产、绿色消费。另一方面，在我国现行环保法制范围内，结合四川省实际问题和地方特色，为生态农业建立专门的法律，并完善配套法律法规，构建一系列相互配套、切实有效的法律法规和政策体系，通过制度和政策形成有效的约束和激励措施，促进涉农企业、农户、社会公众等主体的农业行为态度和主观规范的形成。树立"绿水青山就是金山银山"的理念，改变过去先污染后治理的旧思维，严守农业生态环境承载能力的底线，把保护生态环境作为自觉行动，实现发展与保护相统筹、生产与生态相协调。

2. 严格落实"一控二减三基本"要求

地方政府需承担相关的责任并动员相关部门，积极进行农业生态环境污染治理，并有效落实生态环境保护理念。坚持把农业资源保护和农业生产发展统筹起来，协同社会各界形成合力，整合各种资源，把外源污染和内源污染的防控结合起来，形成一个涉及农业面源污染源头、过程及末端的全链条、全过程、全要素的整体系统的解决方案。要根据各种污染类型，采取有针对性的措施推进"一控两减三基本"，想方设法提高灌溉水、化肥农药等的有效利用以及废弃物的综合循环再利用。要严格实施执行环评制度和限养制度，加强环保监督管理。发挥农业机械化作用，政企合力，加快深松整地、保护性耕作、节水灌溉、精准施药、残膜回收等机械化技术的推广应用。完善农机报废更新补贴政策，推广应用符合环保标准的农业动力装备，加快淘汰能耗高、污染重、性能低的老旧机械。

3. 建立实施农业绿色生产制度

加强环保法制、政府绩效考核制度、生态补偿制度、清洁生产制度等的制定和完善，建立政府、市场、社会组织以及村民共同参与的多元共治的农业生态环境管理体系，力争形成国家指导、省级督管、市级统筹、县级负责、镇村协助、村民参与的工作体系，形成重点区域连片整治、典型地区试点示范，分类引导农村环境保护的工作格局，从制度和组织上为推行绿色农业生产方式保驾护航。全面建立农业绿色生产评价体系、政策体系、工作体系和考核体系，推进农业由增产导向转向提质导向。建立农业绿色循环低碳生产制度，完善秸秆和畜禽粪污等农业副产物资源化利用制度，探索区域农业循环利用机制，推广农业循环发展模式。强化资源保护与节约利用，完善耕地、草原、渔业水域、湿地等农业资源环境管控制度，建立节约高效的农业用水制度。加强农业投入品和农产品质量安全追溯体系建设，加强产地环境保护，健全农业投入品减量使用制度，完善废旧地膜和包装废弃物等回收处理制度。健全创新驱动与约束激励机制，完善农业生态补贴制度，建立绿色农业标准体系和农业资源环境生态监测预警体系。完善绿色农业法规政策体系，监督、规范执法部门和执法人员的行政执法行为。

（三）推进土地制度改革发展新举措

1. 加大土地综合整治力度

一是要衔接农村村庄规划、产业发展规划，合理布局农村土地整治项目，合理安排项目资金，实施"山水田林湖"综合治理，强化对受污染土地用途管控，依靠科技创新防治土壤污染，协同推进生态保护修复试点工程。完善"水电路信网"等综合配套，优化农村土地利用结构，为农村新产业、新业态发展提供用地空间。结合土地整治项目，引导将小田合并成大田，为推动土地流转、发展适度规模经营创造条件，促进农业规模化、集约化和产业化发展。强化农业生产条件建设，大规模推进农田水利、中低产田改造、高标准农田建设，实施藏粮于地、藏粮于技战略，提高农业综合生产能力和抵御自然灾害和风险的能力，增强农业生产稳定性。

2. 加大土地流转力度

鼓励创新土地流转形式，严格规范土地流转行为，积极开展土地经营权抵押、担保试点。创新丰富的土地流转经营模式，结合实际情况适当推广入股经营、托管经营、转让经营、园区经营等模式。合理引导土地向新型农业运营主体流转，推行"合同订单""收益分红""股份协作""托养寄养"等适度范围运营形式，加大土地集约化经营程度。加强土地流转管理和服务，加快发展多种形式的土地流转市场。建立以县级为中枢、乡级为平台、村为网点的土地流转服务平台和土地流转监测体系，为流转双方提供信息发布、政策咨询等服务。鼓励有条件的县（市、区）建立土地流转风险保障金，专项用于土地流转风险防范。落实土地流转用地、用电和用水政策。加大土地流转财政扶持，有条件的地方可对流转土地给予奖补，落实相关税收优惠政策，支持新型农业经营主体通过土地流转进行规模经营、发展现代农业。

3. 完善农村产权交易制度

全面推进农村产权制度改革，盘活农村资源要素。落实四川《关于全省农村产权流转交易市场体系建设的指导意见》，加快建成覆盖全省的农村产权流转交易市场，即省本级、具备条件的市州、县市区、乡镇等四级交易平台。把成都农村产权交易所打造成为西南地区农村产权交易平台的领头羊，完善配套措施和工作机制，推动成为各类资产资源、招商活动、项目合作的综合性平台。各地要与成都农村产权交易所加强对接，实现网络互连、信息互通、资源共享。扎实抓好农村产权抵押融资试点，抓实基础环节，坚持"银农合作、银证合作"，健全风险分担机制，研究制定产权抵押评估、登记、处置等相关制度设计。

（四）建立科技强农惠农富农新机制

1. 健全和完善农业科技创新体系

各级党委、政府要高度重视科技兴农工作，打破传统的农业科技体制宏观管理条块分割、组织布局分散、研发层次重叠、管理效率低下、学科设置陈旧，专业单一，跨专业综合型项目较少，研发方向与市场需求脱节，运行机制、分配机制、激励机制僵化落后的现状，进一步健全和完善体制机制，建立上下联动、整体推进的工作机制，健全农业科技创新体系。要进一步明确农技推广机构的公益性职能，合理设置农业技术推广机构。科学确定各级农技推广机构人员岗位及其职责，竞争上岗，完善考评激励机制。畅通农业科技人才的流动渠道，加强对农业科技人才的培养力度，注重农村实用人才培养，以乡（镇）为主体，及时发现和培养"土专家""田秀才"，为他们提供成长和发挥才干的条件，根据其实际技能与水平，兑现相应的职称和薪酬待遇，为真正实现科技兴农提供强有力的人才支撑。办好农民技术协会，使农民成为农技推广活动的主体。充分调动农民的积极性和主动性，引导农民积极投入农技推广工作之中。大力培育农民技术协会，规避农户自闯市场的风险，解决目前千家万户的小生产与千变万化的大市场之间的矛盾，制定农民专业技术协会相关法律法规，明确农民专业技术协会的法律地位，并为其提供税收、信贷、工商登记等一系列优惠政策，使农民取得科技支农的最大利益。建立健全以四川科技扶贫在线、新农村发展研究院、专家大院等为重点的全域覆盖、运转高效的新型农村科技服务体系。充分发挥省科技成果转化投资引导基金作用，推进农业科技创新。组建产学研融合的农业科技创新联盟。深化农业科技成果转化和推广应用改革，加快推进农业科研事业单位分类改革。

2. 建立多元化农业科技投入体系

一方面，各级政府部门应根据实际需要安排农业科技服务体系建设、农业新品种研发推广和农业科技成果转化等的专项资金和配套资金，加大对农业科技研发的财政投入。加大政策和资金的倾斜力度，建立农业科技的研发、成果转化等激励机制。对拥有自主知识产权、推广辐射面大、增产增收效果显著的新品种的主要育种者给予奖励补助。对那些技术含量高、市场潜力大、产品附加值高的农业产业予以重点扶持，加速其产业化。通过产业鼓励政策、优惠政策、风险分担政策、经费支持政策、知识产权保护政策等，促进农业科技产业发展，从而推动农业科技创新体系建设。积极支持农业科技人员采取成果转让、技术入股、合作研发、创办科技型企业、有偿技术承包和技术服务等多种方式参与科技兴农工程。另一方面，在政府财政投入的同时，充分发挥市场和社会需求对农业科技进步的导向和推动作用，鼓励企业和社会资本投入，开拓多级联合资助渠道，广泛吸纳金融、企业、社会资金投入科技兴农工程，鼓励和支持各类金融机构为农业科技创新和成果转化推广优先提供融资、保险、贴息贷款等服务。逐步建立起以政府投入为主体的多渠道、多元化的农业科技投入体制。

（五）培育质量兴农新动力

1. 提高农业经营组织化程度

强化理念引导，引进专业人才。提高组织化程度，需要培育新型职业农民和农业管理人才，完成理念转变。主体可以加强经营主体内部人员培训，积极开展定向委托培养，组织多种形式农业技术培训，传授生产经验和先进的管理经营理念；实施外部人才引进，从政府补贴、社会保障、项目扶持、金融服务、土地流转、职称评定等方面创新制度和政策，吸引富有创新精神、专业知识强的毕业生和专业技术人员在农业领域大显身手，从而培养大批农村适用专业人才，提高农业经营组织化程度。

加强内部管理，规范主体发展。完善主体自身组织机构，引导主体实行规范化运作、制度化管理，完善内部章程制度，提高经营管理水平。同时，明确内部责、权、利和公私资产关系，向内部成员和群众宣传有关规范运作的知识，引导成员和群众监督和参与合作，促进自身建设，保障主体和成员利益。政府扶持一批管理规范、示范带动作用强的经营主体，通过示范带动作用，引导培育产权明晰、管理规范、运行通畅、机制灵活的市场主体。

加强区域交流，建立农合联体系。通过"企业推动，互动融合"的方式，实现区域合作，提高组织化程度。在支持各经营主体健康发展的同时，探索构建市、镇（街道）两级农民合作经济组织联合会（以下简称"农合联"）：镇（街道）层面，发动农业生产经营服务组织共同参与，依托镇（街道）农业服务中心组建镇（街道）农合联，各基层供销社加入镇街农合联；市级层面，依托供销联社机关组建市农合联，吸收各镇（街道）农合联和专业合作社、农业行业协会、农业龙头企业等农业生产经营服务主体加入。各级财政制定奖补措施，鼓励支持各类农民合作经济组织、农业生产经营主体和农业服务组织、涉农企事业单位等进行联合，由镇（街道）联合逐步向区（县）联合、整市联合发展，建立"自下而上抱团取暖"的联合机制，以此提升经营主体的组织化和专业化水平，进而提升区域农业综合服务水平和市场竞争力。

2. 夯实农业社会化服务能力

发挥主体效能，强化服务基础。发挥好公益性农业技术推广服务机构的主力军作用，加强省（市）农业技术推广站、县农业技术推广中心以及乡镇农业服务中心的管理、指导、协作和应用等工作，不断提升乡镇或区域性农技推广、动植物疫病防控、农产品质量监管等公共服务机构的服务能力。会同组织、人社等部门制定人才引进优惠政策，启动实施基层农技推广特岗计划，加大从高等农业院校选聘专业技术人员力度，充实基层农技人员队伍。切实加强知识更新培训，着力提高人员的服务能力和水平，不断提高农业科技推广服务效能，为现代农业发展提供强有力的科技支撑和人才保障。发挥好农业经营性服务组织的生力军作用，支持农民合作社、专业服务公司、行业技术协会、涉农企业等向农业生产经营者提供低成本、便利化、全方位的服务。推行和完善"公司（合作社）+基地+农户"等企业、合作组织带动型经营模式，树立典型并形成示范，发挥其引领带动作用。鼓励农技人员、大学生村官、返乡农民工、种养大户等领办创办种植、农技、植保、仓储、物流、产品营销等专业化服务组织，实现社会化服务组织的全省覆盖。

推动机制创新，拓宽服务方式。各级政府强化构建与供销社的协同合作机制，充分发挥供销社在农业社会化服务中的推动作用。大力推动公益性服务与经营性服务相结合的服务机制创新，鼓励农业社会化服务组织从单一环节服务向综合性全程服务发展，开展一体化全程式服务。发挥省、市、区县、乡镇各级政府机构同高校、科研院所以及市场主体的合作效能，全方位拓展农业社会化服务。支持高校、科研院所通过建设新农村发展研究院、农业综合服务示范基地等方式，面向农村开展农技推广。加强乡镇或小流域水利、基层林业公共服务机构和抗旱服务组织、防汛机动抢险队伍建设。加快推进农村气象信息服务和人工影响天气工作体系与能力建设，提高农业气象服务和农村气象灾害防御水平。采取政府订购、定向委托、奖励补助、招投标等方式，引导经营性服务组织参与公益性服务，大力开展病虫害统防统治、动物疫病防控、农田灌排、农业废弃物回收等生产性服务。针对不同服务对象和消费者的个性化需求，根据农业社会化服务组织自身服务能力，有选择地推行合作式、订单式、托管式、对接式、全程式等多形式农业服务，促进农业社会化服务体系全面建成。

加强组织建设，提升服务质量。积极扶持农业产业化龙头企业、农民合作社等各类新型农业经营组织的发展，促进其综合服务供给能力提升。建立服务组织与农户间的利益联结机制，提高农户接受服务的积极性。整合支农资金、涉农项目，支持县级以上示范性合作社发展，引导农民合作社开展信息、技术、培训、市场营销、基础设施建设等服务，促进合作社做强做大；支持龙头企业开展产业基础设施建设、新品种新技术引进和推广、市场营销体系、农产品质量安全和农业信息服务体系建设。通过以奖代补等方式，支持龙头企业在产业发展过程中的生产环节、质量安全、产品销售、技术培训等。通过政府购买服务的方式，向区域内的龙头企业提供咨询、法律、信息等方面的公共服务，提高龙头企业经营管理能力和水平。积极推进农业产业化示范区的建设，各级政府认真落实财政补贴、税收减免等优惠政策，优化龙头企业的发展环境，促进其产生规模效益，不断提升综合服务能力和质量。

【思考讨论】

1. 结合实际谈谈巩固脱贫攻坚成果农业院校学子能做哪些努力。
2. 在脱贫攻坚转向乡村振兴背景下如何激发群众的内生发展动力？
3. 农业产业发展在防止规模性返贫中如何发挥作用？
4. 何为质量兴农？怎样质量兴农？

乡村振兴要建好五支队伍①

2019 年 3 月，习近平总书记在学校思政课教师座谈会上指出"办好思想政治理论课，最根本的是要全面贯彻党的教育方针，解决好培养什么人、怎样培养人、为谁培养人这个根本问题"。联系到乡村振兴上，同样应当解决好三个根本问题：由谁来推动乡村振兴，怎样去实现乡村振兴，为谁而实施乡村振兴。自党的十九大提出实施乡村振兴战略以来，两年过去，各项工作稳步推进，广大农村区域有了巨大的变化，但这三个根本问题仍未得到廓清。毛泽东同志曾说过"世间一切事物中，人是第一个可宝贵的，在共产党领导下，只要有了人，什么人间奇迹也可以造出来"。因此，首先应当解决好由谁来推动乡村振兴的问题，然后再摸着石头过河，解决怎样实现并厘清为谁实施的问题。基于此，笔者认为，乡村振兴需要建好五支队伍。

产业振兴需要壮大新型农业经营主体队伍。习近平总书记指出，要突出抓好农民合作社和家庭农场两类农业经营主体发展，赋予双层经营体制新的内涵，不断提高农业经营效率。在公司制企业发展较为成熟的当下，巩固提升农民合作社和家庭农场的发展质量是壮大农业经营主体队伍的关键。要支持农民合作社联合社高质量发展，鼓励农民合作社申报创建示范社，加快培育适度规模的家庭农场。要支持农民合作社和家庭农场延伸产业链，支持其建设清选包装、冷藏保鲜、冷热烘干等产地初加工设施，开展代耕代种、烘干收储、统防统治等农业生产性服务，申报"三品一标"认证、农业品牌认证等。要统筹协调土地、金融、税收等优惠政策向农民合作社与家庭农场倾斜；要优化政策补贴方向，给予农粮产+销主体更多支持。要进一步加大农村水利、电网、公路、气象等基础设施建设，为农民合作社与家庭农场等开展电子商务、观光农业等产业融合项目奠定基础。

人才振兴需要培养新型职业农民队伍。习近平总书记指出，要就地培养更多爱农业、懂技术、善经营的新型职业农民。在乡村人才单向流入城

---

① 唐进，符刚. 乡村振兴要建好"五支队伍"[N]. 四川农村日报，2019-05-22，第 05 版.

市、现代人才难以流向乡村的格局难以突破的当下，更应当实施新型职业农民培育工程，加大力度就地培养新型职业农民队伍。要构建新型职业农民培养体系，明确主体责任，制定培养方案，探索建立注册、职称认定制度。要创新多元农技推广形式，依照农民实际务实开展培训班讲授、现场示范培训、手机技能培训等不同类型的技术培训，鼓励条件成熟的农民合作社、龙头企业等主动承担培训工作。要完善配套政策服务，探索新型职业农民医疗、养老制度，加大金融授信、税收优惠等扶持力度。要专项打造一批农业职业经理人、经纪人，认证一批乡村工匠、文化能人和非遗传承人，并创新乡土人才评价机制。

文化振兴需要扶持村民自治队伍。农村是精神文明建设的重要阵地，更是薄弱阵地，要扶持建设好道德评议会、红白理事会、村民议事会、禁毒禁赌协会等形式的村民自治队伍，用好村规民约、道德讲堂、道德红黑榜等工具手段，全面推进农村敦风化俗。要充分发挥村民自治队伍的引导功能，通过广泛宣传、积极倡导，丰富社会主义核心价值观内涵，引导村民自觉营造"幸福是奋斗出来的"勤劳致富之风，亲帮亲、邻帮邻、户帮户的团结友爱之风，尊老爱幼、妻贤夫安、母慈子孝、兄友弟恭的孝老敬亲之风。要充分发挥村民自治队伍的治理功能，通过修订完善村规民约、划定红白喜事标准规模、开展乡风评议等手段，丰富乡村治理形式，提升乡村治理效率，遏制大操大办、厚葬薄养、人情攀比的陈规陋习。要充分发挥村民自治队伍的监督功能，既监督村民群众失信失德行为，又监督党员干部不带头不作为表现；既监督涉黄涉黑、涉赌涉毒等违法行为，又监督违反公序良俗的不正之风。形成党、政、民齐抓共管，共树新风的社会格局。

生态振兴需要打造环保志愿服务队伍。广大村民群众是乡村生态振兴的关键主体，要改变"屋内现代化，屋外脏乱差"的状况，建设生态宜居的美丽乡村，就要充分调动村民参与生态环境治理的积极性，打造一支环保志愿服务队伍。要建立环境问题的侦查员队伍，即选聘一批环境监督员，可充分调动"386199"力量，加大生态巡查检查力度，做到环境好坏有人看、环境问题及时报。要建立生态环境的宣传员队伍，即组建环保志愿宣传团队，通过刮打板、顺口溜等接地气的宣传方式，加大环保宣传，激发村民的环保意识、社会责任意识、主人翁意识。要建立环境保护的志愿服务员队伍，鼓励村民在完成门前"三包"的前提下志愿服务于乡村卫生环境整治，用好护林员、造林员等生态服务队伍，营造共同参与、共享洁净的良好社会氛围。

组织振兴需要加强基层党组织带头人队伍建设。习近平总书记指出，要加强基层党组织建设，选好配强党组织带头人，发挥好基层党组织战斗堡垒作用，为乡村振兴提供组织保证。要优化带头人选拔机制，注重从种养殖大户、农村经济合作组织负责人、外出务工返乡人员中选拔党员担任基层党组织负责人，鼓励党政机关、企事业单位干部到基层挂职服务，建立健全基层后备干部人才库，从而为党组织带头人队伍注入源源不断的新鲜血液。要增强带头人服务能力，以改进服务作风、强化服务本领为目的，以拓宽服务渠道、创新服务平台为支撑，通过学历提升培训、技能技术培训等不同形式的素质提升工程，培优育强基层党组织带头人。要强化带头人管理，制定权力清单明确权力边界，制定责任清单落实责任明细，发布监管清单完善监督渠道；要提升带头人待遇，依托优化岗位设置、拓宽融资渠道等方式不断提升基层党组织带头人的薪资报酬。通过约束和激励有机结合的方式，充分调动带头人的积极性和创造性。

我和我的家乡

没有海也能产"海鲜"①

很多人认为，基围虾一般在海水中养殖。如今，在五通桥区冠英镇，四川农业大学毕业生陈鑫，带着深耕农业的情怀，历经 3 年实践与摸索，在 70 余亩的虾塘里养殖基围虾。营养丰富、肉质松软的"海货"鲜活地走进乐山市场，深受消费者追捧，效益也十分可观。

旺季捕虾忙 "吃货" 络绎不绝

"四川能产基围虾？""吹牛哦？四川又没有海，怎么养基围虾？"在乐山基围虾生态养殖抖音号上，网友们激烈地讨论着。在汇鑫基围虾养殖基地内，有两三个虾塘一直延绵到远处，塘中增氧机喷出美丽的喷泉，一个个小气泡不定时地从池塘底冒出水面。养殖业主陈鑫站在塘边正慢慢往岸上回收网笼，里面活蹦乱跳、肥美鲜嫩的虾子渐渐浮出水面。虾长平均十多厘米，收获的景象煞是喜人。陈鑫说，这一网虾大概有二三十公斤，而一亩水塘可产虾 500 公斤，净收益达 2 万余元。

---

① 原载于：没有海也能产"海鲜"——四川农大毕业生创业淡水养殖基围虾. https://leshan.scol.com.cn/rdxw/202011/57950183.html，编者进行了改写。

在基地内，前来买虾的市民络绎不绝，等着带走刚打捞上来的新鲜虾。"现捞现卖，个大、肉嫩、味鲜，口感比海水养殖的好。"市民徐先生说，他多次来买过虾，觉得味道不错。

寻找致富路养殖基围虾

忙完手里的活路，陈鑫讲述了他的创业经历。2005年从四川农业大学毕业后，他搞过销售，在家乡养过鱼，也开过农家乐，都以失败告终。但陈鑫怀揣着创业的激情，依然想在家乡有一番作为。这期间，在上海生活过的妻子特别爱吃基围虾，陈鑫时常到超市去寻找，不菲的价格常常让他望而却步。陈鑫查询发现，海虾包括南美白对虾、刀额对虾等，统称基围虾，南美白对虾原产自南美洲太平洋沿岸海域，后被引进国内，而虾苗的培育和养殖均在海水中。随着推广，海水培育的虾苗经过人工的驯化成为淡化虾苗，最终完全适应淡水养殖。

而我们内陆餐桌上的基围虾，绝大多数是从沿海地区运来的冷冻虾，即使运回来是活虾，养护成本也高，存活时间不长，价格高昂，味道也不够鲜美。

"采购虾苗，然后自己淡水养殖！"2017年5月，他专门跑到广东、福建、海南等地学习养殖技术。回来后，他先是在冠英镇挖断山村租了10余亩鱼塘，投放了80万尾虾苗，然而没过几天，虾苗全部死了。家人都劝他放弃，一向不服输的陈鑫决心坚持下去。他请来专家指点，原来，基围虾需要良好的水质，地下水重金属超标、水温不对，都会导致虾苗死亡。将水进行处理后，陈鑫又投入了第二批、第三批虾苗。虾苗成活率逐渐提高，年底产虾5 000公斤，不仅家人吃到了味道鲜美的基围虾，还有了不少收益。

成立合作社带动大家走上致富路

见到效益后，陈鑫的3位好友也加入其中，共投入150万元，又在冠英镇鸭口山村扩建了50余亩的养殖基地，如今每年每亩水塘可养殖两季基围虾。3~8月，收获后捞起成品虾，再放虾苗饲养一季度，11月收获成品虾，到了冬季就消毒晾晒池塘。

"基地养出来的基围虾成活率高，肉质不输于海水养殖的基围虾，很快成为乐山海鲜市场的宠儿，成都的商贩也专门来基地批发，基围虾供不应求。"合伙人曾玉宾说，现在正是清塘时期，大家都来抢购。

创业哪有一帆风顺，2020年乐山"8·18"特大洪水期间，洪水倒灌水塘，即将出售的成品基围虾全部被洪水冲走，一年的收入又泡汤了。四个人都没有气馁，陈鑫说，在多年的摸索和实践中，他们克服了缺氧、大暴雨等极端天气的影响，降低了黄鳝等水生天敌消灭虾苗的不利因素，成功掌握了基围虾的养殖技术，成活率在90%以上。看着这些晶莹剔透的基围虾，陈鑫的内心是充实的，所以不管经历什么，他都不会放弃。

陈鑫在抖音上分享自己的创业故事后，周边村民纷纷向陈鑫请教养殖技术，他都免费传授。陈鑫说，他正在研究室内育苗技术，并着手成立养虾合作社，让更多村民找到致富路子，也让美味的基围虾以更低廉的价格走进更多家庭的餐桌。

让我的青春在土地上闪光①

"贵娃子，踏实能干，种植蔬菜，大家喜爱。"在绵阳涪城区杨家镇鲜家坝村，提起"贵娃子"，村里人都会竖起大拇指。"能干""好样的""很棒"等赞美词频频出现在村民口中。

"贵娃子"本名许前贵，因为他为人憨厚、勤劳能干，在村里，熟悉他的朋友都喊他"贵娃子"。"贵娃子"说自己是一个快乐的农民，拥有一个让人快乐的农场，现在的生活让他感觉很幸福。

然而，幸福总是来之不易的，为了实现自己的创业梦想，贵娃子经历了很多挫折与失败。

"我2010年从四川农业大学农学专业毕业后就开始了自己不断折腾的创业史，贴地砖、卖房子、卖家电……折腾了一大圈，最终还是选择扎根土地当农民。"贵娃子说，毕业后他进入了某知名化工公司做销售，一年后，即将升职的他却选择了离开。"10年前，拿着三五千的月薪，日子过得很逍遥，但是我总觉得缺少了点酸甜苦辣，对未来非常迷茫。"贵娃子说。

满心欢喜准备扎根土地大干一场的贵娃子没想到刚开始就四处碰壁，投入很大一笔费用养鸡，结果因为缺少经验失败了。那时候，家人也不理解他，"你一个堂堂大学本科生，现在要回来种地，还赚不到钱，这就是走歪路，不务正业。"贵娃子被父亲劈头盖脸一顿臭骂。

但贵娃子一心想用自己的专业优势，打破老一辈的观念。他的想法得到了女朋友的大力支持。"那时候真的很艰难，欠了一屁股债，好在女朋

---

① 原载于：绵阳返乡创业大学生贵娃子：让我的青春在土地上闪光. https://m.thepaper.cn/baijiahao_12674929，编者进行了改写。

友一直给我补贴。"贵娃子回忆当年的情景，"一开始我上班的时候，和女朋友每次回来都坐飞机，后来做农业，她的交通工具从飞机逐渐换成卧铺、硬座，甚至还买过站票。"女朋友后来成为了妻子，现在贵娃子和妻子回想起当时，都感觉确实不容易。

当然，妻子的付出，更加坚定了贵娃子要做出一番成绩的决心。在妻子的建议下，贵娃子开始结交发展农业的朋友，在接触中，他遇到一个种黄瓜的朋友，朋友告诉他，种植黄瓜也能日销 2 000 多元，只要肯吃苦，没有不成功的。听朋友这么一说，想到自己又是学农业专业的，那一刻，贵娃子豁然开朗，瞬间找到方向。

刚做回老本行时，为了降低风险，西瓜、黄瓜、草莓……贵娃子什么都来一点，认为这样不挣钱，那样总要挣钱嘛。事实上，广泛的品种，并没有达到降低风险的目的，除了增加成本外，反而亏了好几万元。直到贵娃子找到自己比较了解的项目——番茄时，他有了明确目标，要种出品质好无公害的番茄。

通过比较，贵娃子从近 30 个番茄品种中优中选优最终敲定 3 个最适合的品种，"初恋红""初恋黄"以及"丑八怪"，看到农场有了起色，贵娃子每天早早就起床，走进田间地头，细心呵护自己心爱的番茄。

今年，是贵娃子种植番茄的第 9 个年头，他的种植规模已经有 67 亩，同时还种植了土豆、玉米等，收入十分可观，每年带动乡村旅游 3 万人左右。

"接下来，我要发展种养结合，继续扩大产业，让我的青春在土地上闪光。"贵娃子希望通过他的努力，带动当地村民发展产业，过上好日子。

放弃高薪回乡创业 用科技带动水产养殖[①]

杨海，四川农业大学动物科技学院水产养殖专业 2014 届毕业生，2014年创办宜宾市海德水产科技有限公司，从事新型水产养殖技术推广，通过专业的技术指导、科学的养殖规划，全程提供养殖技术服务。2016 年，杨海获得首届"宜宾创翼"青年创业创新大赛农民工组"冠军"，当选第二届"中国创翼"青年创业创新大赛"创翼之星"。2017 年 4 月，杨海在宜宾市南溪区"优秀人才"评选活动中被评为拔尖人才。

[①] 原载于：动科学院杨海. 放弃高薪回乡创业 用科技带动水产养殖. https://news.sicau.edu.cn/info/1127/41208.htm，编者进行了改写。

把梦想放大 再慢慢地实现

杨海从小在宜宾市南溪区仙林镇一个"鱼米之乡"长大，从小就和鱼虾蟹打交道的他，很早就在心里埋下一颗小小的种子——以后要做水产养殖。

杨海回忆，高中的时候父母在家养过鱼，"那时候父亲的养殖均以失败告终，从来没有赚过钱。高考成绩出来以后，我的分数本可以上一些很有前途的专业，比如医学院、师范院校，但我却坚定地选择了四川农业大学水产养殖专业。"

杨海表示，一方面自己从小接触水产对其有一定的爱好，另一方面是觉得通过专业系统的学习，能对养殖技术有更全面的掌握。大一那年，杨海加入了学校的水产协会，并提前一年修完了大学学业。

大学期间，杨海不仅认真完成学业，也积极利用课余时间开展各项社会实践。大二那年，杨海当选水产协会会长。"水产协会有自己的实验基地，让我们有机会接触校内外资源。打个比方，像泥鳅繁殖技术，其他同学可能要到大三、大四才有机会接触，但我们大二初期就开始自己动手繁殖泥鳅了。"

"很多人接触繁殖技术是抱着完成任务、课题的心态应付了事，而我却是抱着兴趣去接触、了解、学习、掌握。不仅如此，我们协会和校外很多大型企业都有合作关系，大学期间我也常常利用寒暑假到企业参与实践。"杨海说。

书本上的东西始终是纸上谈兵，而杨海在不断实践中对水产养殖有了系统性掌握，对实际生产技术也了解得比较透彻。

放弃十万年薪回乡创业

因为大学期间丰富的经历和专业领域的知识技术，大学还没毕业，杨海就赢得了不少养殖企业老板的青睐，甚至有人开出十万年薪的待遇希望他留在企业工作。

面对高薪，杨海婉拒，毅然选择了回乡创业。

"创业一直是我的梦想，我觉得自己是有这个能力的。大学期间的学习和实践，不仅让我系统掌握了水产养殖知识，也积累了丰富的一线生产经验和一定的人脉。"杨海表示。

杨海说，南溪水产养殖品种落后、单一，在县城也没有专业的水产养殖专家和水产养殖服务，"我觉得市场的缺口让我有很好的发展前景，而我也可以用专业知识去弥补南溪水产养殖技术缺口。同时我在家乡发展，也可以把在外打工的父母接回来生活在一起。"

2014年年初，杨海回到家乡，在嘲笑和质疑声中注册了海德水产科技有限公司，开始了自己的创业。

创业路上有苦也有甜

创业初期，南溪区养殖户观念传统保守，对很多新兴养殖技术和养殖理念都不愿接受，这给杨海的技术推广带来了很大的难度。

"当时为了开拓市场，我们常常亲自上门拜访客户。有一次去拜访客户，回来的路上电瓶车没电了，我们从乡镇推了一个小时的电瓶车才回来。"杨海回忆说。

为了在客户中树立良好的口碑，三年来杨海一直坚持着24小时随叫随到的服务，"水产养殖尤其是夏天，鱼到半夜很容易缺氧。有一次凌晨2点接到客户电话，说养殖的鱼缺氧。如果当时我晚到一个小时，他几千斤鱼可能会全部死光，直接经济损失将近2万元。正因为这事，让我们不管在技术、还是服务上都树立了很好的口碑。"

2016年，杨海取得宜宾首个国家级水生动物类执业兽医师。三年来，通过先进的检验检测设备、科学的养殖技术指导、及时周全的养殖服务，杨海赢得了南溪及周边地区三百多家养殖场的认可，并让1 000多村民增收致富。

在创业的路上，也有不少触动杨海的事，"大学生创业资金是最大的问题，创业前期公司一直处于亏损状态，但政府对我们大学生回乡创业一直很支持。在一次大学生返乡创业座谈会上，我了解到创业贴息贷款。"杨海说，他当时各方面条件都符合贷款资格，但缺少一名政府科级以上工作人员作为担保人。

后来，一个单位的副局长主动替杨海进行担保，让他获得三万元的创业资金。"三万元虽然算不上多，但对于创业初期而言却是一笔相当宝贵的资金。"

首届宜宾创业创新大赛一举夺魁

一个偶然的机会，杨海参与了宜宾市首届"宜宾创翼"青年创业创新大赛，"当时正值技术指导最繁忙的时候，我也是抱着'打酱油'的心态去的。站在台上，我向评委讲述了自己的创业梦想、经历，意外地以最高分进入了决赛。"

据杨海介绍，当时他以稻田生态养殖项目作为参赛项目，通过稻田种养轮作模式实现水稻田的增产增收。决赛时，准备充分的杨海获得首届"宜宾创翼"青年创业创新大赛农民工组"冠军"，并代表宜宾市参加了四川省的比赛。

"省上预赛时成绩并不理想，但决赛时的临场发挥，让我以第二名获得了第二届'中国创翼'青年创业创新大赛'创翼之星'。一直陪着我从市赛到省赛的朋友也表示，比赛让我一次比一次成熟。"三年来，凭借先进的养殖技术服务和艰苦奋斗的决心，杨海让南溪区传统保守、单一落后的水产养殖得到极大的转变，形成了新的养殖品种（泥鳅、龙虾、螃蟹等）以及科学养殖技术的多元化生产。

目前，杨海的养殖规模已达到 1 000 余亩（包括服务养殖户）。杨海表示，下一步的计划是希望能在三到五年内，将养殖规模扩大到 2 000～5 000亩。同时，他也在筹备成立养殖行业协会，更好地带动和发展家乡水产养殖。

中国特色社会主义进入新时代，广袤乡村发生了深刻的变化，越来越多的年轻人选择成为返乡创业的奋斗者，其中不乏接受了 4 年甚至更长时间高等教育的大学生。陈鑫、许前贵和杨海是农业院校大学生返乡创业群体中的一个微小缩影。他们掌握着农业新知识和新技术，对农村有着深厚的感情，有着带领老乡们致富奔康的勇气与担当，他们还有着一个统一的身份——懂农业、爱农村、爱农民的新时代新农人。

新农人生在农村、长在农村、扎根农村，有着深厚的乡土情结，但回乡创业绝非田园牧歌，他们首先得迈过自己和家人思想上的"门槛儿"。长期以来，受"衣锦还乡"等面子观念的影响，几乎从农村考出去的大学生尤其来自贫困地区农村的大学生毕业后都不太愿意再回到家乡创业、就业。其本人及其家人往往认为，读书的目的就在于走出农村，立足城市，尤其是一线城市，毕业返乡意味着回到原点，会因此遭受乡亲们的白眼和嘲笑，被视为"没出息""在城里混不下去"。在此类认知里，回乡发展只能是事业有成后的"衣锦还乡"。

然而，高校毕业生规模持续保持高位、大城市就业岗位日趋饱和，再叠加疫情等不利因素，诸多大学毕业生开始审慎思考未来，与其在城市里没有归属感得过且过，不如将创业目光聚焦在乡村。对知识层次较高、自身素质较好的大学生来讲，到乡村"安营扎寨"同样可以干出精彩事业。在广博的乡村大地拼搏奋斗，将个人价值与国家发展联系起来，是一件特别了不起的事。近年来，一批又一批有知识、有文化、有活力、有创造力的大学生驰骋在希望的田野上，将先进技术与现代管理带入农村，形成了创业带动就业的倍增效应，为农业增效、农民增收、农村发展带来了新希望、注入了新活力。

为吸引知识青年创新创业，全国多地打出了组合拳：出台各类倾斜政策，在资金、用工、技术等方面扶持回乡大学毕业生创业，持续增强"造血"功能；主动打造农业农村创业平台，鼓励回乡创业的大学毕业生发展现代农业产业；建立长效机制，让回乡创业的大学毕业生"干得好、留得住"；建立激励机制，将回乡大学毕业生到乡村一线工作锻炼作为培养干部的重要途径，形成人才向乡村流动的用人导向，打造一支懂农业、爱农村、爱农民的大学毕业生"三农"工作队伍。

返乡创业不仅是新时代大学生放飞希望、成就自我的实现途径，更是以实际行动回报家乡、兴农报国之举，返乡大学生业已成为带领乡亲致富奔康的生力军。从 2015 年国务院办公厅印发的《关于支持农民工等人员返乡创业的意见》到 2017 年中共中央办公厅、国务院办公厅印发的《关于进一步引导和鼓励高校毕业生到基层工作的意见》再到 2022 年国务院办公厅印发的《关于进一步做好高校毕业生等青年就业创业工作的通知》，在国家政策的激励下，大学生返乡就业创业为乡村带来更新的理念、模式和产业形态，已成时代潮流。

新时代农业院校大学生生逢其时，他们施展才干的舞台无比广阔，实现梦想的前景无比光明。但返乡创业也需坚定信念，直面各种挑战，要迈过"四个难关"。

一是观念关。大学生从城市回到乡村打拼，必然面临各种转换，需要适应从灯火通明的实验室、窗明几净的教室到田垄阡陌、鸟语虫鸣的乡村的环境变化；更需要适应从完成老师布置的作业和任务的学生到独立面对农业项目前期投入大、回报周期长、局面不易打开、瓶颈难以突破、品牌打造困难等现实难题的创业者的身份变化。因此，必须放下架子，俯下身子，一方面不以大学生有文化自居，拜群众为师，向"土专家""田秀才"讨教，不断汲取新知识、钻研新技术、增长新本领；另一方面要做好失败的思想准备，以"不抛弃不放弃"的信念敢试敢闯，围绕特色产业发展选好项目，积极适应市场环境变化。

二是技术关。返乡创业大学生，尤其是农业院校大学生普遍接受过系统、专业训练，掌握一定的农业产业及农产品营销技能，对电商、文创等新事物理解和运用程度高，实为创业优势所在，但缺乏实干经验，在理论转换为实践的过程中较易走弯路，对书本知识真正用于农业生产实践基本处于"白纸一张"的状态，且所学知识也难以应对不断变化发展的各类作物病害。这就需要农业院校树立"扶上马再送一程"的意识，充分调动人才优势，为返乡创业的毕业生提供及时的技术指导，组织相关专家团队深入一线，面对面解决学生创业中的农业技术难题，引导大学生利用新技术、新模式，主动解决制约农业生产、流通、消费的问题。

三是资金关。返乡创业大学生仅靠自筹一部分资金，只能暂时解决创业启动经费问题，如果在创业过程中不能得到贷款支持，想要做大做强返乡创业项目，实现稳定经营就会受到资金短缺的制约。这就需要政府、高校、金融机构等共同发力。目前，全国多个地方政府已设立大学生创业基金，给予返乡创业大学生一定额度的资金支持，以解"起步或燃眉之急"，同时，在仓储、晒场、冷库、生产用房等附属设施建设问题上，简化返乡创业大学生占地相关手续办理流程。高校则应积极对接创投机构、创业孵化器与具有返乡创业意愿的大学生。金融机构可面向返乡创业大学生，提供优惠性贷款，降低贷款门槛。

四是管理关。返乡创业大学生毕竟"初出茅庐"，应对市场竞争压力等能力相对较弱，加上雇工多为当地老龄化农民，管理层亲戚朋友居多，创业项目很难实现规范化管理。这就需要大学毕业生一方面正确认识乡土人情的正面作用，另一方面守住市场规则，坚持依法办事、守法经营，在创业经营中彰显科学经营和现代管理的价值。乡镇政府、村两委等应该成为返乡创业大学生的坚强后盾，一旦发生市场纠纷、矛盾冲突，支持创业者的合理诉求、合理维权，坚持通过合法途径解决。

第三章 加快农业农村现代化

【习近平总书记关于农业农村现代化的相关论述】

推进城乡发展一体化要坚持从国情出发，从我国城乡发展不平衡不协调和二元结构的现实出发，从我国的自然禀赋、历史文化传统、制度体制出发，既要遵循普遍规律、又不能墨守成规，既要借鉴国际先进经验、又不能照抄照搬。要把工业和农业、城市和乡村作为一个整体统筹谋划，促进城乡在规划布局、要素配置、产业发展、公共服务、生态保护等方面相互融合和共同发展。着力点是通过建立城乡融合的体制机制，形成以工促农、以城带乡、工农互惠、城乡一体的新型工农城乡关系，目标是逐步实现城乡居民基本权益平等化、城乡公共服务均等化、城乡居民收入均衡化、城乡要素配置合理化，以及城乡产业发展融合化[①]。

教育、文化、医疗卫生、社会保障、社会治安、人居环境等，是广大农民最关心最直接最现实的利益问题，要把这些民生事情办好。新增教育、文化、医疗卫生等社会事业经费要向农村倾斜，社会建设公共资源要向农村投放，基本公共服务要向农村延伸，城市社会服务力量要下乡支援农村，形成农村社会事业发展合力，努力让广大农民学有所教、病有所医、老有所养、住有所居[②]。

新时代"三农"工作必须围绕农业农村现代化这个总目标来推进。长期以来，为解决好吃饭问题，我们花了很大精力推进农业现代化，取得了长足进步。现在，全国主要农作物耕种收综合机械化水平已超过百分之六十五，农业科技进步贡献率超过百分之五十七，主要农产品人均占有量均

[①] 摘自习近平总书记在十八届中央政治局第二十二次集体学习时的讲话（2015 年 4 月 30 日）。

[②] 摘自习近平总书记在农村改革座谈会上的讲话（2016 年 4 月 25 日）。

超过世界平均水平，农产品供给极大丰富。相比较而言，农村在基础设施、公共服务、社会治理等方面差距相当大。根据第三次全国农业普查，二〇一六年全国农村有百分之四十六点二的家庭仍在使用普通旱厕，百分之八十二点六的村生活污水未得到集中处理，百分之七十四点九的村没有电子商务配送站点，百分之六十七点七的村没有幼儿园、托儿所。农村居民领取的养老金水平仅约为城镇职工养老金平均水平的百分之五，农村低保标准仅为城市低保平均标准的百分之六十六。农村现代化既包括"物"的现代化，也包括"人"的现代化，还包括乡村治理体系和治理能力的现代化。我们要坚持农业现代化和农村现代化一体设计、一并推进，实现农业大国向农业强国跨越[1]。

要补齐农村基础设施这个短板。按照先规划后建设的原则，通盘考虑土地利用、产业发展、居民点布局、人居环境整治、生态保护和历史文化传承，编制多规合一的实用性村庄规划，加大投入力度，创新投入方式，引导和鼓励各类社会资本投入农村基础设施建设，逐步建立全域覆盖、普惠共享、城乡一体的基础设施服务网络，重点抓好农村交通运输、农田水利、农村饮水、乡村物流、宽带网络等基础设施建设[2]。

农村现代化是建设农业强国的内在要求和必要条件，建设宜居宜业和美乡村是农业强国的应有之义。要一体推进农业现代化和农村现代化，实现乡村由表及里、形神兼备的全面提升。要瞄准"农村基本具备现代生活条件"的目标，组织实施好乡村建设行动，特别是要加快防疫、养老、教育、医疗等方面的公共服务设施建设，提高乡村基础设施完备度、公共服务便利度、人居环境舒适度，让农民就地过上现代文明生活。要完善党组织领导的自治、法治、德治相结合的乡村治理体系，让农村既充满活力又稳定有序。要加强农村精神文明建设，加强法治教育，推进移风易俗，引导农民办事依法、遇事找法、解决问题用法、化解矛盾靠法，自觉遵守村规民约[3]。

---

① 摘自习近平总书记在十九届中央政治局第八次集体学习时的讲话（2018 年 9 月 21 日）。

② 摘自习近平总书记在参加十三届全国人大二次会议河南代表团审议时的讲话（2019 年 3 月 8 日）。

③ 摘自习近平总书记在中央农村工作会议上的讲话（2022 年 12 月 23 日至 24 日）。

第一节 翻"山"越"岭"只为城乡一体

【典型案例】

实现现代化是人类文明发展与进步的显著标志，是近代以来世界各国孜孜以求的共同目标。党的二十大报告提出，"未来五年是全面建设社会主义现代化国家开局起步的关键时期""全面建设社会主义现代化国家，最艰巨最繁重的任务仍然在农村"，要求"坚持农业农村优先发展，坚持城乡融合发展，畅通城乡要素流动"。全面建成小康社会并不意味着破除了城乡之间的发展不平衡、不协调。新时代新征程，必须高质量推动城乡融合发展，以弛而不息的精气神翻越阻挡城乡一体化的崇山峻岭。

一、"后小康"的拦路虎

（一）非贫困县农村道路基础条件较差

目前，四川农村公路通车里程居全国第一，但如果按照 2017 年后通村道路标准 4.5 米的宽度，全省至少有 40% 道路不能达标。这部分县通村（社）道路由于建设较早，多为水泥路面、年久失修，"晴天一身灰，雨天一身泥"；有的通村道路按照早期小康、新农村及扶贫建设标准修建，路面宽度仅 3.5 米，路面过窄严重影响大货车、客车和三厢车的正常行驶。

（二）农村供水保障水平较低

四川农村自来水普及率约为 80%，但中小型水利工程以外的丘陵、山区和民族地区农村饮水保障度较低，二半山区以上即使安装有自来水，一到旱季就成了"聋子的耳朵"；有些分散农户的农村饮水管道采用软管，很容易被牲畜、洪水、车辆等破坏。因此，这些农村水源水质及供水设施得不到保障。

（三）农村人居环境整治工作难度较大

生活污水处理能力差是农村现代化的突出短板。主要原因是工业基础薄弱、村庄布局分散、维护管理乏力等。调研发现，农村普遍存在上游排污下游洗菜的现象，极易滋生细菌、传播病毒。农村户用厕所无害化改造需要大笔资金，尽管有政府补贴，但农户还是要出"大头"。叠加维护成本较高，多数地方财政根本无法支撑，全面推进四川农村人居环境整治工作难度很大。

（四）农村社会保障差距较大

受户籍制度、城乡就业制度等方面的影响和制约，城乡社会保障制度仍然相互隔离、双轨运行，缺乏推进城乡社会保险制度全面接轨的实质性进展。目前，四川普通农村居民大病患者住院费用实际报销比例一般只有75%，"大病进不起大医院"现象在农村普遍存在。

（五）农业转移人口市民化进程不协调

失地农民市民化融入社会较难。大量失地农民集中安置后不仅普遍面临后续生计困境，而且难以适应城市的社会秩序和社会规范。由于城市社会管理方式调整滞后，失地农民难以有效参与到社会管理中，存在被城市"边缘化"的趋势。同时，农民工市民化也在相当程度上遭遇政策歧视。就四川而言，虽然农民工是加快城镇化的最大潜力所在，但相当高的落户门槛至今仍将大量农民工排除在城市公共服务范围之外，非本地户籍农民工难以享受参政权、社会保障权、子女受教育权等诸多户籍市民所享有的基本权利。

（六）金融投资"非农化"明显

目前，农业银行贷款结构"非农化"倾向仍有不断强化趋势，农村信用合作社受商业化运作目标的驱动，为农户、农村微型企业提供金融服务的能力有所下降，中国农业发展银行（以下简称"农发行"）业务范围虽有所扩大，但发放的贷款较少涉及农户贷款等一般农业发展资金需求。同时，新型农村金融组织发育仍较迟缓。村镇银行不能进入全国同业拆借市场和跨区域经营，融资渠道有限，对小额贷款公司的注册资金、股东或发起人人数、持股比例等限制较严，"只贷不存"造成融资渠道不畅。

（七）农民收入增长遭遇瓶颈

农民传统增收空间受到现代生产方式的挤压。调研发现，现代农业和现代畜牧业日益提高的投资门槛让普通农民难以进入，而城市工商资本进入时采取的长期、大量租用农民土地进行直接经营的方式，往往将农民排除在现代农业发展之外，在柑橘产业表现尤为突出。由于农村劳动力转移速度较快，转移劳动力结构偏向青壮年，局部地区已开始出现农村劳动力结构性短缺。同时，农业劳动力严重老龄化也给现代农业发展带来极大挑战，尤其难以适应"网上支付"方式。

二、"健康乡村"的绊脚石

(一) 农村医疗救助制度运行有堵点

基层医疗服务能力与群众需求矛盾突出，异地转诊（就诊）率居高不下，农村患者在县域外住院比例超过30%，且主要是重特大疾病患者。按现行医疗保障政策，农村患者不能享受县域内政策范围内全报销补助，仍有10%以上的个人医疗负担，如果罹患大病，医疗费用负担将进一步加重。异地就医住院费报销难，手续复杂，报销比例很低。同时，此前未列入贫困人口建档立卡群众因病致贫返贫不能得到及时的政策救助。现行政策规定健康扶贫政策受益群众必须为此前建档立卡的贫困人口，因病处于贫困边缘、农村低收入老年人、未成年人、残疾人等未纳入建档立卡的贫困人口的边缘人群，因患大病增加家庭灾难性支出后却无法及时享受健康扶贫相关政策。

(二) 农村公共卫生保障形势严峻

四川的艾滋病新检出感染者和病人数居全国之首，现存活人数居全国第二。大小凉山彝区艾滋病防治面临传染基数较大、流行危险因素复杂且广泛存在、防治工作基础薄弱等挑战。凉山州报告存活艾滋病病毒感染者数量仍为全省第一，高原涉藏地区包虫病防治还存在流行区域广、传播环节复杂、疫情仍然较重等诸多困难，12个重点县人群患病率超过1%。涉藏地区彝区等深度贫困地区还存在类风湿关节炎、慢性阻塞性肺疾病、慢性高原性心脏病等突出问题，患者的健康管理难度大。高原涉藏地区、大小凉山彝区等原深度贫困地区由于文化水平、风俗习惯、宗教影响等因素，农民患病后倾向求神拜佛，不愿主动就医的现象仍然突出，同时健康素养不高、卫生习惯较差，尤其是吃席随地而坐、乱倒垃圾、私搭乱建等行为时有发生，农村环境卫生状况仍未根本改善。

(三) 婚育观念转变困难

涉藏地区、彝区等原深度贫困地区受经济社会发展、文化素质、风俗习惯、生育观念等影响，"多子多福""重男轻女""壮大家族"等生育观念根深蒂固，经脱贫攻坚战后仍未有实质性转变，政策外多孩生育现象依旧突出。彝区普遍存在"天价彩礼"现象，嫁娶女孩彩礼钱10万以上成为常态，虽几经整治仍难以根治，一旦发生离异，男女双方家族介入财产分配及彩礼返还，口角争斗甚至上升到暴力事件仍有发生。

【案例解析】

城乡一体化是把"城市人民的生产、生活、文化与农村人民的生产、生活、文化科学有机地融合在一起",通过城乡之间资源和生产要素的统筹规划建设,破除城乡二元结构,以产业为基础,以城带乡,城乡互动,使农民由农村向中心城镇集中,工业由分散向园区集中,耕地由一家一户经营向规模经营集中,公共设施由城市向农村延伸,公共财政由城市向农村覆盖,现代文明由城市向农村传播,不断加快"农业现代化、农村城镇化、农民居民化、新型城镇智能化"进程,进而实现整个城乡经济、社会全面、协调、统筹、一体化可持续发展。以上案例反映出四川省在脱贫攻坚和全面建成小康社会后依然面临的城乡一体化的困难与挑战。表3-1反映了四川目前已完成的城乡一体化主要指标。

表 3-1　四川城乡一体化主要指标测定分析表

维度	指标	现已完成值
经济发展	农民人均可支配收入/元	≥13 256
	城乡居民收入比	≤2.6
	城镇化率/%	≥55
农民生活	人均肉、蛋、奶消费量/千克	≥81
	人均粮、油消费量/千克	≥147
	恩格尔系数	≤0.4
	基尼系数	≤0.45
	农村人口平均受教育年限/年	≥10.8
	农村人口平均预期寿命/岁	≥77.34
	每千老年人口养老床位数/张	≥35
	农民人均最低生活保障金额/元	≥4 200
	农村公路通达率/% (宽度2016年前3.5米,后4.5米)	＝100(4.5米)
文化建设	互联网普及率/%	≥98
	"三馆一站"及村(社区)综合性 文化服务中心覆盖率/%	＝100
	广播电视综合人口覆盖率/%	≥99

表3-1(续)

维度	指标	现已完成值
民主法治	基层民主参选率/%	≥93
	每万人拥有社会组织数/个	≥6.5
生态环境	农村自来水普及率/%	≥80
	生活垃圾无害化处理率/%	≥90
	污水集中处理指数/%	≥85
	农村卫生厕所普及率/%	≥70

奋斗无终点，只有兼顾城乡发展的特殊性和差异性，因地制宜、科学设计，不断以新观念、新方法解决新问题，才能翻越阻挡城乡一体化的崇山峻岭，从根本上解决"三农"问题。

【案例启示】

城乡一体化的核心是"持续发展"，包括政治、经济、文化、教育等诸多方面，涵盖物质文明、政治文明、精神文明和生态文明的全面持续发展。千条板万条板，重在补短板，应明确任务，突出重点，突破瓶颈，克服要素市场功能不足和城乡公共服务双轨运行的主要体制缺陷，以加快城乡一体化进程为抓手，实现农业农村现代化的战略目标，切实提升农民群众获得感、幸福感、安全感。

一是加大丘陵区公共基础建设的投入力度。各级财政、交通、农业农村部门要集中财力、物力、人力等，对新农村建设时期的通村道路加宽、加固予以支持。特别是要对项目区以外的农村地区拉网式检查通乡（镇）公路的路况，该申请省交通部门立项的应早作准备，对项目区外的通村道路未达标的（硬化、4.5米宽）要根据财力给老百姓列出时间表，有序推进。人社局要建立四川村（社）公路养护岗位制度及薪酬支付办法。交通局要试行重要农村公路维护办法。总之，要确保新时代小康之路畅通无阻，群众行得安全，农产品运得出来，城里人开得进去。

二是提升丘陵、山区农村供水保障水平。非大中小型水利工程外的丘陵山区供水是几千年来老百姓梦寐以求的愿望。县级水利部门应重视山堰塘的整治维修工作，尤其是"靠天吃饭"的农村山区；农业农村部门要有序推进恢复冬水田工程，适度降低复种指数，提高单产量，切实体现冬水田对地下水的重要补充作用，用好生态环境的调节器。各地各部门应充分向国家申请对西部水利的支持工程，为四川解决丘陵山区供水难题争取国家的支持。总之，要建好群众生命之水、安全之水、幸福之水。

三是切实推进农村人居环境整治工作。农村人居环境整治效果，是城乡一体化的重要标志，也是衡量实施乡村振兴战略成功与否的重要任务。各级党委政府应始终坚持绿色发展和"绿水青山就是金山银山"的理念，打造环境卫生综合整治的良好舆论氛围，发挥舆论宣传引导作用，提高村民的环保意识、卫生意识、传染病防控意识，想方设法调动农民群众参与的积极性，让群众真心支持、真心参与、真心出钱。各地应构建政府、村集体、业主、村民等各方共谋、共建、共管、共享的人居环境整治长效机制，以县为监管主体、以乡镇为责任主体、以村集体为管理主体、以村民为受益主体、以第三方运营机构为服务主体，支持纳入污水处理厂，建设集中处理站、采取"厕污一体化"治理模式，推动建立农村生活污水管控机制，定时定点巡检，保障站点长效达标运行。各地应认真总结四川人居环境整治中平坝、丘陵、山区以及大集中、小院落、分散居住村庄的不同类型的经验与模式并推广应用，要用脱贫攻坚的"不落下一个农户"决心做好乡村人居环境综合整治。各级党委政府要充分认识到农村人居环境治理的是一项长期工程，非一朝一夕所能完成，尤其是工作的重点难点要放在丘陵山区、远郊地区、非项目（农业）区，以及原贫困地区和经济不发达地区，各级政府要有打攻坚战、持久战的思想准备，久久为功，全力以赴，切忌急功近利、举债盲干、干老百姓不愿干的事。各级地方政府要从最基本、看得见、农民可以做得到的事情抓起，先易后难，循序渐进，建设成为农村居民的生活之园、增加经济的创收之园、城市居民休闲去处的理想乐园。

四是提高经济欠发达县（区）农村社会保障度。各县经济差距直接影响了农村的社会保障度。各级政府应积极引导社会资本、乡村能人到农村或返乡兴办幼儿园、康养中心。省级相关部门要做好长远规划，利用不同气候带、不同地貌、不同季节布局康养产业，扩大农村就地就业的岗位。自然资源、林草等部门要在用地上予以支持、主动作为、及时办理。农业农村、民政、教育、人社等部门要在项目资金上予以补贴。各级政府要创新开展工作，让人民群众的幼有所托、老有所养、小康生活不打折成为农村工作的重要抓手。

五是全面推进农业转移人口市民化。进一步创造条件让农业转移人口带着原有财产和权利放心、放胆进城，形成与城乡一体化相适应的劳动力结构。大幅度提高农民在土地增值收益中的分配比例，确保农民安置房建设的选址和标准与城市安居房同一水平，重点解决失地农民的后续生计问题。大力实施让农民工平等享受廉租房、公租房等保障性住房的优惠政策，允许租住房屋、参加社会保险达到一定年限的农民工在城市落户，不应以放弃农村土地权益作为换取市民身份的条件，不能强制农民以土地换社保和住房。

六是进一步改革农村金融体制。尽快改变金融资金由农村向城市单向流动的趋势，重构城乡一体的金融投资体系，更充分地发挥其对城乡一体化不可替代的重要支持功能。首先应创新贷款抵押担保方式。出台地方性金融法规，在符合政策规定和防范风险的前提下，大力拓展信用担保，扩展贷款抵（质）押品的范围，建立土地承包权、农作物、林权证抵押贷款制度。允许、鼓励各类商业性中介担保公司以及由财政、社会（企业）、农户等各方筹资设立的农业贷款担保公司，逐步解决农业贷款担保难的问题。其次应进一步加快发展新型农村金融组织。在继续深化农村信用社改革的同时，支持村镇银行、小额贷款公司规范发展，强化为农业企业、农民合作社、生产大户和普通农民等经营主体提供多样化金融服务的能力。出台扶持农民资金互助社发展的相关政策，加快农民资金互助社发展速度，通过资金互助社弥补正规金融机构功能的不足，有效抑制农村高利贷等非法金融的发展。

七是切实减轻因病贫困或返贫人口医疗费用负担。抓好基本医疗保险、大病保险、疾病应急救助、医疗救助等制度衔接工作，发挥协同互补作用，形成保障合力，进一步简化医疗救助政策的申请手续和办理程序，使受助群众方便、快捷地获得可预期的帮助。同时，积极探索政府与大型商业保险机构紧密合作，创新商业保险模式。针对性设立乡村大病、慢病、失能等商业险种，采取"政府出大头，村民出小头，特殊群体免费"的保险模式，坚持在完成脱贫攻坚任务基础上持续探索健康扶贫新路子。可整合医疗保险、大病保险以外的各项救助资金和扶贫基金，用于为原贫困户和新增贫困风险户购买健康商业保险，确保将其患病治疗自付费用控制在可承受范围，避免因病致贫或返贫。

【思考讨论】

1. 城乡一体化包括哪些内容？
2. 城乡一体化在具体操作中应注意哪些问题？
3. 谈谈你对农民工"市民化"的理解，有哪些难点痛点？
4. 请列举一项农村人居环境整治的实例并提出解决办法。

第二节 "面子"

【典型案例】

近年来，随着脱贫攻坚的胜利完成和乡村振兴的持续推进，农村群众经济状况明显改善，生活水平显著提升。但随着经济社会事业的发展，一些陈规陋习也有所抬头，特别是在红白喜事的操办上面出现了互相攀比、大操大办、铺张浪费、收钱敛财、破坏环境等不正之风。农村人情消费、殡葬方式与城市差异明显，好"面子"已成为城乡一体化进程中不得不"破"的顽疾。

一、难"却"的"情"

正常的人情往来是人们社会生活中相互交往、互利共济的重要手段。但人情消费过多过滥，却让大多数人既感到厌恶又无法回避，造成或多或少的物质和精神负担，不堪重负的人情消费越来越让群众感到无可奈何。目前，农村人情消费呈现以下基本特征：

（一）由简约向繁杂扩展

农村人情消费名目繁多不断翻新，除正常的婚丧嫁娶等红白喜事外，生日宴、升学宴、弥月宴、入伍宴、乔迁宴、寿宴、春节宴等操办情况普遍存在。农村举办婚宴多数在家中或农家乐，按照当前物价水平，一场婚宴每桌餐饮标准为 1 000~1 500 元，举行仪式的前一天要吃晚餐，举行仪式的当天要吃中餐和晚餐，个别经济条件较好的家庭在仪式头一天晚餐后和仪式结束后还会举行文艺表演，主要包括演唱、舞蹈等形式，个别存在婚闹行为，且婚闹多由农村婚庆礼仪公司策划。

（二）由微薄向厚重加码

随着农村居民收入的增加，"水涨船高"，家庭赠送礼金及办礼支出也在逐年提高，你多了我就不能少，这样互相攀比，就成了一种扭曲的社会现象。调研发现，农村办婚礼找一条龙办酒席服务较普遍，一般 300～500 元/桌。农村随礼最低 100 元/次，200-300 元/次最为普遍，近亲属则 1 000 元/次甚至更高。其中生日宴尤为盛行，近 1/3 的农村家庭一年多则操办 2～3 次。普通农村家庭少则应酬 2 次/年，多则 10 次/年，人情消费支出最少 1 000 元/年，多则 5 000 元/年以上，占家庭人均纯收入 10% 以上。大多数农村家庭办宴席存在攀比情况，剩菜剩饭比率 30% 以上。尤其是春节期间举办宴席频繁，餐厨垃圾和生活垃圾暴增 3 倍以上，垃圾长时间无法清运处理。当地有钱有势家庭操办次数多，讲排场等情况突出。

（三）由常规向迷信堕落

农村普遍流行"婚礼如果不大操大办就会离婚"等迷信说法，造成本来常规的婚礼全部向复杂化发展。调研发现，农村逢丧事必办，绝大多数农村家庭会花钱请阴阳先生选"风水"墓地、做道场、测下葬日子等，阴阳先生"供给不足"，有时一天达 4 个业务，约 2 000 元/场次。道场队伍迷信化、专业化、妖魔化现象严重，讲究较多，程序复杂，丧事普遍持续7 天（头七），有的持续到"三七"（21 天）或"五七"（35 天），个别经济实力较强或地位较高的农村家庭会办至"尾七"（49 天）。期间必邀请民间乐队、唢呐队弹唱坐夜，约 3 000 元/场或 600 元/天。农村家庭仅请民间术士、做道场、请唢呐队等封建迷信支出少则 5 000 元/年，多则30 000元/年以上，极大增加家庭经济负担。

（四）由成人向未成年蔓延

农村人情消费已经从成人延伸至未成年人。人情消费现象悄然进入农村中小学校园，而且名目繁多，次数频繁，交往者众多。如学生生日相互宴请、赠送礼品，教师节送礼、毕业学生"谢师宴"等等，农村学生之间也如城市学生一般相互攀比、比拼，范围较集中于运动鞋品牌、运动鞋编号，口红色号，手机型号价格，家庭汽车品牌，父母收入，"大餐"次数、地点及类型等，不但滋长了校园的不良风气，也增加了家庭的负担。

调研发现，对于上述现象仅有 1/5 的村民认为应加以制止，约 50% 的村民认为虽不应铺张浪费，但涉及自家需要操办时也应尽量周到，并无不妥，30% 以上的村民认为必须"大操大办"，即使负担较重也反对简化礼俗。

二、难"绿"的"葬"

丧葬礼俗源于上古，始于周朝，盛于唐朝。基本程序包括挺丧、报丧、招送魂、做"七"、吊唁、入殓、丧服、出丧择日、哭丧、下葬等。随着时代变迁和社会进步，虽然其程序不断简化，但是至今仍家家躲不开、户户离不了。丧葬文化，也是中华民族几千年文化文明史中的一部分，涵盖了儒释道的思想理念。

丧葬礼俗在四川各地区、各民族之间和而不同。成都平原、川东北地区、川南地区主要为汉族聚居地，主流葬俗为火化后下葬，除交通不便、距火葬场较远的乡、镇、村外，均属于火葬区，农村居民去世火化后多数安葬在自留地或林地，装棺下葬现象普遍。平原和丘区安葬于公墓或集中安葬地。受传统思想观念影响，亲人去世后都会请民间术士（汉族俗称"阴阳先生"，彝族俗称"毕摩"）选择火化、安葬时间等，普遍会置办酒宴，操办规模取决于家庭经济实力和当地风气。

川西北地区和攀西地区基于尊重少数民族习俗的原则，由当地人民政府确定火葬区和土葬改革区。甘孜州、阿坝州丧葬习俗深受各种宗教观念影响，葬式多样，主流葬俗为土葬，其他葬俗有塔葬、天葬、火葬、水葬等，通常请僧侣（喇嘛）为逝者诵经祈祷。凉山州、攀枝花主流葬俗为火葬，非正常死亡采用土葬。彝族群众正常过世后，由毕摩念经指路，找一处山地进行火化（有些地方选择在自留地火化后立即耕种），然后将骨灰撒到高山箭竹林。非正常死亡的彝族群众则在河边火化后将骨灰撒到河里。

近年来，随着惠民殡葬政策的施行，四川平原地区已初步形成相对集中的丧葬布局，平原地区人口较多的乡镇均设有公墓，部分村与村在尝试联建公益性公墓或集中安葬地，大量的散墓存量迁入了公墓进行安葬，部分地区还开展了"活人墓"拆除行动和棺木回收行动。但施行政策后仍存在以下突出问题：

（一）封建思想根深蒂固

农村丧葬礼俗具有鲜明的封建宗法制特征和浓郁的迷信色彩，难以在短时间内肃清。调研结果显示，59.35%的农村丧葬活动存在封建迷信行为。主要有丧葬"祈福""择吉""丧葬禁忌"等传统世俗迷信，招送魂等鬼神特殊迷信活动。长时间哭丧游丧、"停丧不葬"、用高音喇叭播放哀乐等方式严重妨害他人正常的生活、工作与休息。丧葬活动中烧纸燃炮、遗体处理产生的废物废气废水对环境造成了较大污染。有些地方重殓厚葬之风盛行，盲目攀比、奢侈浪费现象蔓延，个别干部热衷迷信，修建大墓豪墓，损害了党和政府的形象，败坏了社会风气。

（二）村庄规划布局缺位

四川殡葬改革起步较晚，散埋乱葬、骨灰装棺土葬、大修陵墓、坟头未平除现象十分普遍，造成土地浪费、生态破坏和社会稳定隐患。根据《四川省公墓管理条例》规定，公墓建设应在荒山、瘠地，禁止在耕地、林地建设公墓，但在实践中，多地农村公益性公墓建设用地问题突出，与当地群众殡葬服务需求不适应，与殡葬改革推行不适应，与全域绿色殡葬发展不适应。调研结果显示，26.48%的农村墓葬地严重浪费耕地和林地。丧葬用地作为建设用地中的特殊用地，在乡村规划编制中普遍被忽视，没有明确的空间布局，导致农民自由散埋乱葬，迫切需要进入规划编制。

（三）民间术士管理缺位

碍于几千年的历史传承，群众对民间术士有较强的依赖性和认可度，但民间术士缺乏相关的教育引导和监管。调研结果显示，54.56%的农村地区婚丧嫁娶、乔迁、上梁等重大活动邀请了民间术士看风水、看黄历、看八字，民间术士甚至在某种程度上决定了婚丧嫁娶的规模、收费的标准、时间的长短。各地政府却对民间术士缺乏相关的教育引导和监管，存在"是谁不清、数量不清、收费不清、管理不清"的现象。对宗教人士出行也缺乏有效的管理制度，少数宗教教职人员通过做法事、做道场敛财，增加了信徒和农民的经济负担。

（四）乡村治理有章无力

虽然四川省民政厅出台《关于建立红白理事会的指导意见》（川民发〔2018〕115号）要求"力争2019年3月底，全省村级红白理事会等类似自治组织基本成立"，但实际情况远未达标。红白理事会的负责人也反映，理事会对大操大办等传统习俗的约束力较弱，执行难度大。调研结果显示，认为人情消费相互攀比的占51.28%，认为大操大办的占56.38%，认为目的是回收礼金的占44.97%。

（五）殡葬服务体系不健全

民政部2018年出台《殡葬管理条例（修订草案征求意见稿）》中"建立基本殡葬公共服务制度""将基本殡葬公共服务和殡葬管理工作经费

列入财政预算，并及时足额拨付"并没有到位，各地殡葬改革专项资金欠缺，殡葬奖补体系不全，殡葬配套设施不完善，殡仪馆陈旧、柜位不足，公益性公墓少，集中安葬地距离远等突出问题（不方便后人祭奠）普遍存在，绝大多数地方尚未出台公益性公墓设施建设、生态节地安葬和零散治理等奖补政策。公益性公墓数量、服务规模与当地群众的殡葬需求不相适应、与殡葬改革推行不相适应、与全域绿色殡葬发展不相适应。

（六）殡葬法规滞后

国务院《殡葬管理条例》和《四川省公墓管理条例》为 1997 年发布，《四川省殡葬管理条例》为 1996 年发布，殡葬法规在跟进解决实际问题的指导性不够、操作性不强。

（七）治丧过程噪音扰民现象突出

农村在治丧过程中，搭设灵堂基本不会占道和侵占他人地域，但来往宾客车辆停放占道现象普遍，同时，在守灵过程中，会持续播放哀乐，噪音扰民时有发生，但出于同理心，周边群众普遍理解，很少投诉。

（八）农村采取文明低碳祭祀方式较少

在每年的春节、清明、中元节祭祀期间，鲜花、水果祭祀等方式很少见，农村居民大多数还是以燃烧香蜡钱纸为主，既存在安全隐患，又污染了环境、空气。

（九）生态节地安葬方式群众接受度较低

树葬、花葬、草坪葬、骨灰撒散、壁葬等不保留骨灰、节地的安葬方式可以实现土地的循环利用，实现最大化的生态效应。但受长期传统观念影响，群众普遍选择立碑、用不可降解骨灰盒安葬的方式进行安葬。

对于丧葬礼办不办，怎么办，村民们也有自己的看法，主要集中在以下方面：

（1）对于办不办，村民以观望、随大流为主。在农村，对于丧葬礼俗，群众更多是参照邻居和周边群众的方式进行操作，别人办，我就办。出于面子思想，大多数群众还是要办，一来是尽孝，二来给亲戚朋友一个交代。村看村，户看户，群众看干部。村民表示，在农村，如果镇、村党员干部能率先垂范，对家中老人采取厚养、薄葬、简仪式的行为，长期坚持和倡导，村民的方式也会得到转变。

（2）对于怎么办，村民希望能简朴但又不失礼数。受千年儒家思想影响，中国人重孝重丧，大操大办丧礼还是简朴办丧礼，与治丧者的经济实力并没有直接关系，更多取决于环境和风气。调研发现，超过 50% 的村民认为丧葬礼应该办，并倾向于简办，送亲人最后一程。因为繁琐丧礼过程太折腾人，影响家人的工作，也打扰周边村民的休息。随着时代的变化和人们观念的逐渐改变，许多村民在实际操作上，都缩短了丧礼的时间，从原来丧礼仪式普遍为 7 天，主动缩减为 5 天或 3 天，既完成家人朋友愿望，又不不给生者造成负担。

【案例解析】

农村人情消费和殡葬改革问题由来已久，并出现"春风吹又生"的顽固趋势，难以根治。究其根本主要有以下原因：

（1）攀比心理所致。全面建成小康社会以来，随着经济的不断发展，农村居民生活水平有了较大改变，但一部分农民思想陈旧，不能与时俱进，导致相互攀比、虚荣心作祟。婚丧嫁娶总喜欢讲排场，搞得热热闹闹，以显示自己的价值和彰显对死者的"孝道"。有的农村家庭明明经济比较困难，无力大操大办，但碍于情面，还是到处借钱请客，不堪重负，有的家庭不惜举债随礼。

（2）补偿心理所致。由于人情风越刮越盛，人情债越积越多，一些农民认为自己送出去的礼金太多，遇事不操办是自己吃亏。有的农民不惜刻意在生活中"制造"各种值得庆贺的事，以达到收回礼金的目的。

（3）"面子"观念所致。有的农民对人情消费很反感，也并不愿意参加丧礼担心沾染"晦气"，但碍于"面子"，也只好"随礼"。

（4）敛财心理所致。部分农民认为大办酒席"赚得比付得多"，并不吃亏，赶礼的客人越多得到的礼金就越多，因此借酒席为名达到敛财的目的。

（5）监管不力所致。对党员干部大操大办行为缺乏有效约束，遇事变着花样操办以逃避监督现象也时有发生。

重人情本是人之常情，但要是把人情变成欠债，变成负担这就走向其反面了，婚丧等人情消费过多过滥过奢给家庭和社会造成较多不良影响。

（1）助长奢靡之风，败坏社会风气。由于婚丧嫁娶盲目攀比，大操大办，在农村一定范围内形成了风气，致使有些人认为现实社会就是这样的，在行动上也身不由己地随波逐流，慢慢变得麻木不仁，反过来又进一步加剧了奢靡之风。

（2）容易导致腐败。人情消费泛滥，不利于对党政干部、退休后"衣锦还乡"的"老干部"廉政行为的监督，会给少数人以权谋私提供土壤。

（3）影响了家庭和睦与社会稳定。婚丧费用开支过大，给群众造成沉重的经济负担，有的不得不靠贷款结婚，有的居民为了不得罪亲朋好友或为自己撑面子，不惜举债送礼。一定的经济条件是维系家庭稳固的基础，盲目攀比、大操大办和过重的人情债，不仅导致家庭经济亏空，也容易引发家庭矛盾，给社会稳定带来威胁。

（4）助长了封建迷信活动。从未绝迹的农村封建迷信活动近年来大有抬头之势，大操大办红白喜事，助长了封建迷信活动，基本"无约束"的阴阳先生已有职业化趋势，敛财行为难以监管。

【案例启示】

农村婚丧嫁娶大操大办、人情消费泛滥是当下社会的一种普遍现象，既有历史的渊源也有现实的原因，对这样一个客观存在的大众问题，既不能回避，也不能强令禁止，只能因势利导，趋利避害，坚持疏与堵、破与立相结合的原则，采取多种措施，实行综合治理。

一是强化宣传教育，形成新事新办的舆论氛围。统筹宣传力量，创新宣传方式。充分发挥主流媒体和微信公众号、官方微博、短视频等新媒体的优势，安排固定版面、开办固定栏目进行移风易俗公益广告宣传，推广与现代文明相协调的婚丧礼俗，财政列出专项用于主流媒体相关栏目和版面成本费用补贴。积极利用文化科技卫生"三下乡"、广场舞、农村电影放映等活动，加大优秀文化产品的供给和服务。努力建好农民夜校、文化活动室等平台，用好村规民约、家风家训等乡风教化资源，深入开展"崇尚勤俭节约，倡导移风易俗"从我做起的宣传教育活动，利用电视、报刊、广播、专栏、标语等多种形式，营造强烈的宣传氛围，引导农民对不正常的人情消费现象展开讨论，用身边人、身边事宣传人情网越结越大的危害和遇事简办的好处。对那些敛财心理作祟、遇事大操大办的行为要进行无情的揭露，对婚事新办、丧事简办的文明新风应进行广泛宣传，在农村全社会形成"大操大办可耻、新事新办光荣"的强烈的舆论氛围。

二是坚持典型引路，倡导文明健康的交往方式。在广大干部群众中广泛推行健康文明的交往方式，提倡通过一束鲜花、一杯清茶、一首歌曲、一句温馨的话语等全新、文明的方式来表达心意、增加感情。鼓励各地对乡风文明、婚丧礼俗改革进行探索创新，鼓励创新殡葬服务与"互联网+"融合发展。将婚丧礼俗改革创新纳入乡村振兴战略示范村的评比内容。由主管部门牵头，每年选取10~15个典型案例进行评选表彰，拨出一定的资金进行奖励，打造一批具有代表意义的农村现代文明样板。

三是充分发挥红白理事会作用，引导农民自我约束、自我管理、自我服务。红白理事会是农村移风易俗的骨干力量，要把各地有威望、公道正派、热心服务群众的老党员等选入红白理事会。要重视发挥他们的作用，加强对他们的管理指导。可以乡（镇）为单位，对理事会成员进行培训，帮助他们提高办事能力和服务水平。建立健全理事会职责范围和各项制度，使理事会的工作规范化、制度化。

四是完善村庄规划编制，破解丧葬用地难题。可由自然资源主管部门牵头，加快推进全省范围内村庄规划编制工作，将丧葬用地明确为土地类型之一纳入村庄规划编制，并作为规划审核的必备检查内容。用现代科学理论指导墓地规划，做到因地制宜、分类指导。平原经济区内应集中规划，建设公益性集中安葬墓地；盆周山区应多点多极规划，充分利用荒山、荒坡、疏林地，建设适度集中墓地。严禁占用基本农田、一般农田建设墓地，严禁扩建大修陵墓，高价售卖活人墓。

五是创新乡村治理体系，约束"攀炫大敛"行为。开展红白理事会的专项督查检查工作。按照"六标准""七严禁"的要求，强化党员干部的纪律意识，严禁大操大办，加大社会监督。公检法应当与纪检监察机关协作，打击以婚丧嫁娶等为名目的敛财、封建迷信、涉黑涉恶等违纪违法犯罪行为。

六是抓紧修订相关条例，纳入省人大立法计划。及时出台和修订省级层面的移风易俗相关管理条例，规范道德评议会、红白理事会等自治组织的工作流程，明确理事纪律，划定权责边界，并有针对性地进行经费支持。加大对民间术士的教育引导，试行民间术士乡（镇、街道）备案登记制度，对民间术士进行全面摸排，摸清底数，做到心中有数、教育得法、引导有效。对不妨碍社会政治生活和经济生活的个人迷信行为以规劝教育为主。应由省人大尽快制定出台省级乡风文明及丧葬改革的相关条例，供各地参照执行，由相关部门制定婚丧嫁娶等人情消费指导标准，为群众自治管理提供依据。

七是配套服务体系，推动殡葬改革。加大殡葬服务体系建设财政投入，根据人口规模规划墓地面积，配套财政资金，重点完善殡仪馆、火葬场、公益性公墓等基本殡葬公共服务设施，加强对殡葬中介机构及殡葬服务价格的监管。大力倡导壁葬、树葬、花葬、草坪葬等生态节地葬法，优化殡葬改革激励引导机制，提高生态安葬奖补标准。

"兴家犹如针挑土，败家犹如水冲沙。"一个家庭的富裕，离不开开源节流、勤俭持家；一个国家的强大，需要全民养成节约习惯、形成勤俭之风。全社会都要行动起来，坚决抵制农村婚丧嫁娶大操大办、人情消费泛滥的不良风气，共同培育积极健康的现代文明风尚。

【思考讨论】

1. 你参加过农村红白喜事吗？谈谈感受。
2. 城乡婚丧流程有何不同？
3. 农村移风易俗的重要性体现在哪些方面？
4. 你觉得合理的人情消费是多少钱？为什么？

第三节　农村也要来个"厕所革命"

【典型案例】

小康不小康，厕所算一桩。虽然"厕所革命"是率先在旅游景区开始的，但是厕所问题却不是旅游景区所独有，特别是在广大的农村地区，厕所问题就更加突出。在某网站上，有网友曾经发起了一个提问：大家上过农村厕所吗？结果引来的回答"满满的都是泪"。有人说大缸埋在地下，上面搭两块木板就是厕所了，小时候还掉进去过；还有的厕所就是猪圈里挖了一个洞。而网友提到最多的回忆就是厕所的冲天臭味和厕所里的蛆。过去有在农村如厕经历的人会觉得这并不夸张，农村厕所或者说茅坑（四川等地称为"茅司"），糟糕的卫生情况令很多城市人去农村的时候宁可憋着都不敢上厕所，这也成为城乡差距的一个典型问题。党的十八大以来，习近平总书记在国内考察调研过程中，走进农户家里，经常会问起村民使用的是水厕还是旱厕，在视察村容村貌时，也会详细了解相关情况。2015 年，习近平总书记在吉林延边考察时指出，随着农业现代化步伐加快，新农村建设也要不断推进，要来个"厕所革命"，让农村群众用上卫生的厕所。

2017 年，十九届中央全面深化改革领导小组第一次会议审议通过了农村人居环境整治三年行动方案，又把农村改厕列入其中。习近平总书记作出重要指示，厕所问题不是小事情，是城乡文明建设的重要方面，不但景区、城市要抓，农村也要抓，要把这项工作作为乡村振兴战略的一项具体工作来推进，努力补齐这块影响群众生活品质的短板。这一系列举措，一以贯之，紧锣密鼓地筹划，酝酿着农村发展的大变化。

一、甘肃尕秀村：改厕红了牧家乐

十五年前，甘肃省甘南州尕秀村的村民改变了游牧方式，逐渐聚集到定居点。家是稳定了，但生活习惯却很难改变：跑到外头随便放一个空心砖，就是厕所。2017 年 3 月尕秀村被列为甘南州的生态文明小康村试点，州委、州政府决定立足当地良好的生态环境，发展旅游业——牧家乐。要发展牧家乐，厕所难题必须要攻克。按照当地设计的方案，改造方式既有抽水马桶式厕所，也有生物降解厕所，而一间生物降解厕所成本要 4 万多元，除了扶贫资金的支持，村民还要自筹一部分，每年的维护保养费用也要 300 多元，上个厕所还要花钱，很多村民难以接受。对于尕秀村的包村干部来说，这场"厕所革命"却是势在必行。因为到牧家乐来的游客最关心的是住宿条件，有没有热水，可不可以洗澡，有没有干净的卫生间，这直接决定了牧家乐能否获得客源。

通过多方筹措资金，经过四个月的努力，尕秀村的定居点上终于建起了 65 个现代厕所，这其中有 34 户已经开起了牧家乐，第一年户均增收 3 万元。当地人说，如果不是改造了现代化的厕所，他们根本不敢想有这样的好事。

保护好了环境，才会有未来。农村改厕是宜居乡村建设的牛鼻子，同步做好厕所下水道管网建设和农村污水处理，根治农村生活污水随意排放的顽疾，才能不断提高农民的生活质量，为乡村振兴的发展打下基础。

二、泸州龙马潭：改厕有了幸福感

和四川其他地方的农村厕所别无二致，泸州龙马潭区的农村厕所，在多数人的记忆中都是臭、脏、不方便等印象：一个凼凼，蚊子又多、又臭，洗菜倒水还要端出去，麻烦又费力，恼火得很。

"厕所革命"开始后，龙马潭区建立数据台账，明确一村一策，一户一策方案，优先安排已部分实施改厕项目的涉改村"厕所革命"整村推进示范村项目。随着"三格式"化粪池的建成投用，村民的生活污水，从"三格式"化粪池排出后，便通过管道收集到村里新建的污水厂进行集中处理。原本老百姓的生活污水经过三级化粪池的处理，只能达到返田灌溉的水质标准，但经过污水处理厂收集处理之后，水体可以达到直排江河的四类水质的标准。

项目实施以来，全区共新建、改造农村卫生厕所 6 735 户、农村公厕新建 22 座、改造 3 座，农村卫生厕所普及率达 88%。全年全区农村生活污水处理率达 65%，农村生活垃圾无害化处理率达 100%，农村饮用水普及率达 97%。村民的新房子的厕所跟城里是一样的，洗完菜、用完厕所，水直接流到化粪池了，闻不到臭味，污水处理好了，环境也变好了，群众满意度和幸福感不断提升。

三、凉山会东：户厕公厕一个都不能少

2019 年，凉山州会东县开展"厕所革命"，户厕改造政府补贴 2 000 元，村民自付一小部分，把以前的旱厕重新装修，地面墙面贴了瓷砖，吊顶装了浴霸，洗手池、淋浴花洒、冲水便池一样不少，老人小孩上厕所方便了，也不像以前冬天洗澡还会冷感冒了。如今村民家中的厕所干净了，生活环境也随之得到很大改善，村里人居环境面貌得到显著改善，农民生产生活条件持续提升。

除了干净的户厕，村（社区）公厕建设也少不了。原来村民赶集都找不着厕所，很尴尬。建了公厕后，各乡（镇）、村（社区）根据实际情况，建立健全了后期管护机制，保持公厕干净整洁。社区对公厕实行专人专管，每天进行三次打扫，一个星期至少进行两次内部墙面清洁。村民对公厕的评价相当高，上厕所很方便，不像以前找不到公厕。

自 2019 年开展"厕所革命"以来，会东县累计新（改）建 9 813 户户厕，新（改）建农村公厕 100 座。2022 年，会东县共投入资金 1 800 多万元对每户新建水冲式无害化卫生厕所补助资金 2 000~4 000 元，同时新（改）建 5 600 户户厕和 25 座农村公厕，涉及全县 16 个乡（镇）。

四、甘肃凉州区：改回的旱厕

甘肃省武威市凉州区于 2018 年 6 月发出通知，要加快农村旱厕改造工作，用三年时间基本完成农村户用厕所无害化改造。改造投入并不少，除了化粪池外，还需要统一安装蹲便器、冲水桶和排气管，所有这些都是政府无偿供给，具体是多少钱村民们也不清楚，但埋放化粪池需要村民自己挖坑安装，侧屋也得自己建造，每户自费部分 1 000 元左右。

既花了钱又费了劲，但厕所压根不能使用。村民反映，安装时就发现化粪池被泥土挤压后收缩变形，根本用不了。仅从管道口看，新的没用过的化粪池有的地方已经出现了破损。除了设备质量差外，每年 11 份到来年的 3 月长达五个月的时间里，武威市日均最低气温都在零度以下，在这样的气候条件下，改造后的厕所容易结冰。每次上厕所还得先烧热水冲走排泄物，村民们觉得既麻烦又浪费钱。除此之外，改造后的厕所采用的都是水冲式，但由于当地农村无接入排污管网，所有的污水及排泄物都会进入化粪池中沉淀发酵，再定期清理，请专业车辆一个月抽一次厕所，花费比一位老人的养老金还多，这样的厕所长期使用的确困难不小。面对这些问题，无奈之下，村民们又重新用起了旱厕。

五、达州龙泉乡：没改的"连茅圈"

四川省达州市宣汉县曾是国家级贫困县，"连茅圈"曾是这里农村居民几代人的记忆。猪圈与厕所相连，猪吃人粪，产生大量寄生虫，甚至会出现米心猪，人和猪的健康都受到了威胁。同时，人粪被猪吃掉，人尿经风吹日晒、下渗，养分都跑掉了，既不利于积肥，又不卫生，还会污染环境。

经过脱贫攻坚，贫困户要么易地搬迁，要么住进了新房，从此告别了"连茅圈"，但非贫困户在很大程度上被忽视了。调研发现，村民们对"厕所革命"的概念模糊，且不清楚当地是否存在相关的补贴，当地对厕所没有一个明确的要求和标准，非贫困户基本不存在针对厕所作出改造的情况，专门翻修厕所的情况极少。

村民表示，家里的厕所一直都是这样，习惯了不觉得有什么问题。调研结果显示，当地绝大多数非贫困户不具备单独翻修厕所的财力物力，甚至有满足现状，不愿花费时间和精力去进行厕改的情况。80%的村民对厕所环境对自身心理和生理健康的影响认识不足，其中不乏出现因厕所卫生条件差导致拉肚子或妇科病的情况。同时，村民们缺乏对厕所卫生环境的标准认知，无法评判家中厕所是否符合要求。这也从侧面反映出当地村民对厕所环境的卫生意识不到位，当地相关人员对政策的宣传、落实不到位。

【案例解析】

"厕所革命"是一场农村人居环境，生活方式的一场伟大革命，推进"厕所革命"是满足人民对美好生活的向往的必然要求，也关系着农业农村现代化的实现。全力推进农村"厕所革命"，要因地制宜，选择合理的改厕模式，提升改厕质量，从而提升农村人居环境和农村居民的幸福感。以上案例从正反两个方面反映出农村"厕所革命"的推进现状。

通过"厕所革命"，我国很多农村地区大力开展厕所改造，群众拆掉了使用多年的旱厕，用上了更加干净卫生的冲水式厕所，生活环境得到改善，生活质量得到提升，村民很欢迎。然而，相比于城市和景区公共厕所的建设，农村的厕所改造工程显然涉及面更广，难度也更大。真正把好事办好，把"厕所革命"进行到底，并不是政府加大投入这么简单。一来不仅硬件设施改造要投入，即便改造好了，一些现代卫生设施的后续服务也得要跟上，同步做好厕所下水道管网建设和农村污水处理，根治农村生活污水随意排放的顽疾，才能不断提高农民的生活质量；二来要改造的不只是如厕环境，还有如厕文明，群众嫌麻烦，怕出水钱，或者一根筋认为"连茅圈"用起来方便，也会给改厕带来不小的阻力。所以，农村的"厕所革命"既要对症下药，针对农民的顾虑解决问题，也要注重宣传推动农村文明如厕的新风。

中国很大，各地的情况又很不一样。搞厕所改造也好，做其他工作也罢，怎样因地制宜，切合实际，把好事办好，而不是脱离实际。要从小处着眼，从实处着手，让"厕所革命"成为树立文明新风、推动农业农村现代化的重要发力点。

保护好了环境，才会有未来。在幅员辽阔的中国大地，要让"厕所革命"照亮每一村每一户的小角落，依然任重道远。

【案例启示】

推进农村"厕所革命"，是以习近平同志为核心的党中央从战略和全局高度作出的重大决策，是改善农村人居环境的重要抓手。目前，农村

"厕所革命"取得积极进展，农业农村部统计数据显示，截至2022年9月，全国农村卫生厕所普及率超过70%，2018年以来累计改造农村户厕4 000多万个，农村人居环境得到了有效改善，农民的文明生活观念有了明显提升，厕所改造改变了过去脏乱差臭的如厕环境，提高了大家的卫生意识，让环境更美了、生活更好了。

在肯定取得成绩的同时，也要清醒地看到，农村改厕点多面广，涉及千家万户，是一个长期复杂的系统工程，还存在一些不容忽视的问题。一是从区域差异看，不同于东部地区基础条件好、群众卫生意识强的情况，适宜中西部尤其是干旱、寒冷等特殊条件地区的技术产品较缺乏，不成熟的技术模式往往"劳民伤财"，没效果还被群众抵制，政府"好心没办成好事"。二是从工作推进看，一些地方改厕还存在思想认识不到位、技术支撑不到位、建设质量不过关、发动农民不充分、管护机制不健全等问题，个别地方甚至出现形式主义问题。三是从思想观念看，部分农民受传统生产生活习惯及民族习惯影响，健康卫生意识不强，存在改厕后不愿用不爱用或担心用了增加经济负担等问题。

从2021年4月起，农业农村部、国家乡村振兴局组织开展全国农村户厕问题摸排整改，对2013年以来各级财政支持改造的农村户厕进行拉网式排查。农业农村部公开资料显示，"回头看"重点查看整改方案是否科学合理，确保技术模式、推进节奏符合当地实际，同时，要求对工作中的形式主义问题，如把发厕具当成改户厕、拆了传统旱厕迟迟不建新厕、简单以建公厕代替改户厕等，从思想认识和工作作风上深入剖析根源，深刻警醒、坚决纠治、举一反三、抓好整改，坚决避免类似情况再次发生。针对因农民使用不当和日常维护不够导致的问题，如厕屋门窗破损、厕具配件损坏等，"回头看"要求更多依靠农民自行解决，政府部门需加强培训指导或支持相关社会化服务。

【思考讨论】

1. 谈谈你对农村"厕所革命"的必要性的理解。

2. 你有过"连茅圈""旱厕"的如厕经历吗？请谈谈感受。

3. 遇到村民担心水费或改厕费增加经济负担而不愿改厕的情况，你认为应如何宣传教育？

4. 如何有效监管农村改厕的质量？有哪些着力点？

促进城乡公共服务一体化

党的十八大报告提出，加快形成政府主导、覆盖城乡、可持续的基本公共服务体系。当前，城乡公共服务水平差距较大，农村教育、医疗、社会保障等公共服务仍比较落后，城乡公共服务呈现二元结构特征。为贯彻落实党的十八大精神，促进城乡公共服务一体化，应以完善农村公共服务投入机制为重点，加快基本公共服务向农村延伸，逐步缩小城乡公共服务水平差距。

完善投入机制。我国农村公共服务投入主体较为单一，主要为政府投入，社会资金较少。应针对实际问题，完善农村公共服务投入机制。一是理顺政府与市场、政府与社会的关系，在充分发挥市场资源配置决定性作用的同时，更好地发挥政府在农村基本公共服务供给方面的主导作用。二是加大公共财政投入力度，按照事权与财力相匹配的原则，科学界定中央政府与地方政府在农村公共服务供给方面的职责；提高财政一般性转移支付的比重，增强地方政府公共产品供给能力。三是建立以政府为主、民间资本和社会力量广泛参与的多元主体投入机制。对于一些具有准公共产品特征的公共服务，如农村基础设施、农业信息等服务，可以采取政府购买服务、谁投资谁受益等方式，依托行业协会、农民专业合作社等农村组织来提供，调动民间组织和社会力量参与农村公共产品供给的积极性。

推进基本公共服务均等化。基本公共服务是政府为社会全体成员提供基本的、与经济社会发展水平相适应的、能够体现公平正义原则的大致均等的公共产品和服务，是人们生存和发展最基本的条件。当前，我国公共服务供给机制存在较为严重的城市偏向，城乡教育、医疗、社会保障等基本公共服务标准差距较大，农村基本公共服务与城市双轨运行，农村不仅水平较低，还存在一些制度覆盖盲区。应把推进城乡基本公共服务均等化作为发展农村公共服务的一项基本准则，建立城乡统一的标准，积极发挥政策的导向作用，逐步缩小城乡基本公共服务差距。

发展农村社会保障。建立健全以医疗保险和养老保险为主的农村社会保障制度，消除农民的后顾之忧，是农村公共服务发展的重点。一是逐步提高新型农村合作医疗保险和新型农村养老保险的水平和标准，并逐步与城镇基本医疗和养老保险制度相衔接。二是根据农村不同群体的实际，设定不同的保障标准，让务农农民、农民工、失地农民、城镇非正规就业群体等均可依据自身筹资能力和保障意愿选择参保档次。三是完善城乡社会保险的转移接续制度，促进劳动力自由和有序流动。

改革城乡二元户籍制度。城乡分治的户籍制度是导致城乡公共服务差距的根本原因。户籍制度改革的方向是破除城乡二元户籍制度，建立按居住地登记居民户口的制度，使农民只是一种职业，与其他社会成员不存在身份、社会福利的差别。改革户籍制度可以先从中小城市和小城镇入手，再逐步过渡到大城市。目前应将重点放在 2 亿进城农民工的公共服务上，在制度上实现城市各项公共服务对农民工的全覆盖，解决他们在城市的子女教育、医疗保险、养老保险、住房保障等问题。

健全绩效评价体系。把农村义务教育、基本医疗和公共卫生、养老保险、最低生活保障、社会救助、公共就业服务等基本公共服务项目纳入政府尤其是县级政府的绩效评价体系。坚持公开透明原则，建立群众民主评议制度和民主监督评价机制，引入多元化评估机制，完善包括目标制定、执行、评估等环节的评估程序，保证绩效评估发挥应有作用。

第四章　加快建设农业强国

【习近平总书记关于农业强国的相关论述】

农业强国是社会主义现代化强国的根基，满足人民美好生活需要、实现高质量发展、夯实国家安全基础，都离不开农业发展。建设农业强国要体现中国特色，立足我国国情，立足人多地少的资源禀赋、农耕文明的历史底蕴、人与自然和谐共生的时代要求，走自己的路，不简单照搬国外现代化农业强国模式。要依靠自己力量端牢饭碗，依托双层经营体制发展农业，发展生态低碳农业，赓续农耕文明，扎实推进共同富裕。当前，要锚定建设农业强国目标，科学谋划和推进"三农"工作，加强顶层设计，制定加快建设农业强国规划；循序渐进、稳扎稳打，多做打基础、利长远的事情；因地制宜、注重实效，立足资源禀赋和发展阶段，解决农业农村发展最迫切、农民反映最强烈的实际问题，不搞脱离实际的面子工程①。

保障粮食和重要农产品稳定安全供给始终是建设农业强国的头等大事。要实施新一轮千亿斤粮食产能提升行动，抓紧制定实施方案。要抓住耕地和种子两个要害，坚决守住 18 亿亩耕地红线，逐步把永久基本农田全部建成高标准农田，把种业振兴行动切实抓出成效，把当家品种牢牢攥在自己手里。要健全种粮农民收益保障机制，健全主产区利益补偿机制。保障粮食安全，要在增产和减损两端同时发力，持续深化食物节约各项行动。要树立大食物观，构建多元化食物供给体系，多途径开发食物来源。要严格考核，督促各地真正把保障粮食安全的责任扛起来②。

耕地是粮食生产的命根子，是中华民族永续发展的根基。农田就是农田，只能用来发展种植业特别是粮食生产，要落实最严格的耕地保护制

---

①　摘自习近平总书记在中央农村工作会议上的讲话（2022 年 12 月 23 日至 24 日）。
②　摘自习近平总书记在中央农村工作会议上的讲话（2022 年 12 月 23 日至 24 日）。

度，加强用途管制，规范占补平衡，强化土地流转用途监管，推进撂荒地利用，坚决遏制耕地"非农化"、基本农田"非粮化"。农田必须是良田，要建设国家粮食安全产业带，加强农田水利建设，实施黑土地保护工程，分类改造盐碱地，努力建成 10 亿亩高标准农田。要采取"长牙齿"的硬措施，全面压实各级地方党委和政府耕地保护责任，中央要和各地签订耕地保护"军令状"，严格考核、终身追责，确保 18 亿亩耕地实至名归①。

解决吃饭问题，根本出路在科技。种源安全关系到国家安全，必须下决心把我国种业搞上去，实现种业科技自立自强、种源自主可控。要发挥我国制度优势，科学调配优势资源，推进种业领域国家重大创新平台建设，加强基础性前沿性研究，加强种质资源收集、保护和开发利用，加快生物育种产业化步伐。要深化农业科技体制改革，强化企业创新主体地位，健全品种审定和知识产权保护制度，以创新链建设为抓手推动我国种业高质量发展②。

要树立大食物观，从更好满足人民美好生活需要出发，掌握人民群众食物结构变化趋势，在确保粮食供给的同时，保障肉类、蔬菜、水果、水产品等各类食物有效供给，缺了哪样也不行。要在保护好生态环境的前提下，从耕地资源向整个国土资源拓展，宜粮则粮、宜经则经、宜牧则牧、宜渔则渔、宜林则林，形成同市场需求相适应、同资源环境承载力相匹配的现代农业生产结构和区域布局。要向森林要食物，向江河湖海要食物，向设施农业要食物，同时要从传统农作物和畜禽资源向更丰富的生物资源拓展，发展生物科技、生物产业，向植物动物微生物要热量、要蛋白。要积极推进农业供给侧结构性改革，全方位、多途径开发食物资源，开发丰富多样的食物品种，实现各类食物供求平衡，更好满足人民群众日益多元化的食物消费需求③。

水稻良种育种周期长，需要反复试验筛选，我国广大农业科技工作者付出了艰辛努力，为保障国家粮食安全、确保老百姓丰衣足食作出了重要贡献，功不可没。推进农业现代化，既要靠农业专家，也要靠广大农民。

① 摘自习近平总书记在看望参加全国政协十三届五次会议的农业界社会福利和社会保障界委员时的讲话（2022 年 3 月 6 日）。

② 摘自习近平总书记在看望参加全国政协十三届五次会议的农业界社会福利和社会保障界委员时的讲话（2022 年 3 月 6 日）。

③ 摘自习近平总书记在看望参加全国政协十三届五次会议的农业界社会福利和社会保障界委员时的讲话（2022 年 3 月 6 日）。

要加强现代农业科技推广应用和技术培训，把种粮大户组织起来，积极发展绿色农业、生态农业、高效农业。我们有信心、有底气把中国人的饭碗牢牢端在自己手中①。

第一节　躬耕田园为稻香

【典型案例】

"为了大地的丰收，坚持把论文写在大地上，才能培育优秀的专业人才。"这是四川农业大学水稻所博士生导师、四川省学术和技术带头人、享受国务院政府特殊津贴专家马均教授一直秉承的理念。

20世纪90年代，科研经费短缺，作物栽培专业人才流失严重，但他毫不动摇地坚守自己的专业，成为水稻所新老交接之后作物栽培专业的留守者。

靠着这股钻劲儿，35年来，他先后获得国家科技进步二等奖3项，四川省科技进步奖一等奖3项、二等奖2项、三等奖4项，中华农业科技奖1项；主持完成的多项技术已成为四川省农业主推技术和农业农村部水稻高产创建核心技术。

热爱与担当

马均对作物栽培学的喜欢萌发于初中时期。当时教生物的老师提倡"从做中学"，教他们授粉，讲述神奇的杂交技术。少年好奇心一发不可收拾，促使他后来考入四川农业大学攻读农学。

学校浓郁的学术之风、老师们对科学的热情深深感染了马均。读本科时，他就对栽培产生了兴趣，因为觉得栽培和其他学科交叉较多、灵活性强，考研究生时就选择了水稻栽培研究，师从水稻栽培专家孙晓辉教授。当时农学两个班60个人，只考上了3个研究生。从那一刻起，马均已经为自己的人生定下了方向。余下的，对他来说，只是朝着这个方向努力再努力罢了。

---

① 摘自习近平总书记在四川考察时的讲话（2022年6月8日）。

在读博的时候，他让人羡慕地成为作物遗传育种专家周开达院士的弟子，却依然把研究的重点放在了作物栽培学上。"虽然周开达院士是从事水稻育种研究，但正是在他的影响下，我选择进行水稻栽培研究。"马均回忆，"那时候受杂交水稻发展影响，育种是更热门的方向，但周开达院士和孙晓辉老师告诉我，良种良法，我们不能光搞育种，还要搞栽培。一方面，水稻所不能缺栽培，另一方面，搞水稻育种也不能缺栽培，现在我们育种已经发展到较高水平，而要挖掘高产优良品种的潜力，还必须要靠栽培。"

从 1987 年开始，他毕业后工作这些年来，巴蜀大地的大部分粮食主产区的田间地头、农家小院都留下了马均的足迹，尤其是从水稻准备播种到收割的季节，他大部分时间都奔忙在各地的水稻生产第一线。

"这是栽培专业的特性决定的。"马均说，作物栽培技术是直接面向生产的，农民、基层农技人员非常需要。好的品种依托好的技术更能体现其优越性。因此，只有把办公室建在农村，把课堂搬到田间地头，才能真正体现其作用。

有一年 8 月，马均患了突发性耳聋，医生要求住院半个月。可恰逢水稻生产正忙的季节，他根本放不下田间的活，于是，每天赶到医院输四五个小时的液，拔掉针头又赶到周边地段的示范田里去了。

20 世纪 90 年代是作物栽培学发展中的艰难时期，大量人才流失。马均一度成为水稻所作物栽培方向研究的"独苗"。"从大概 1995 年开始，我的老师们都退休了，整个团队就剩我一个人。"就这样马均独自奋战了近 15 年，直到 2010 年之后，团队才逐渐壮大。

"和老一辈时相比，现在科研条件更好了。"马均说，更充足的研究经费、更完善的研究条件都为团队进一步用科技保卫国家粮食安全提供了有力保障。

榜样与传承

"马老师是学生的知心朋友，同学们有什么困难都会找他。"无论是学习、工作还是生活上的困难，他都热心帮忙。博士王贺正对马老师很感激，他来学校读博时，老婆没工作，没有当地户口，孩子读书也很困难，正一筹莫展时，马老师出现了，他四处张罗帮忙联系工作，联系学校，为他解决了后顾之忧。

虽然科研、社会服务等工作十分繁忙，但马均对待教学却从不懈怠。他尽心尽责，除一直承担本科、研究生的作物栽培、生理教学外，还培养博士研究生 16 名、硕士研究生 46 名。他的学生走出校门后多数成为用人单位的骨干。"感觉不好好干就对不起马老师。"已成长为河南科大农学院（牡丹学院）副院长的王贺正说。受马老师潜移默化的影响，学生也总是会冲到服务"三农"的第一线。

"'把论文写在大地上'是我的老师们对我的谆谆教诲，不仅我自己身体力行，而且也是我对学生们的一贯要求"，马均总是勉励学生，写在大地上的论文也许没有被 SCI 收录、也许没有那么值得夸耀，但它是实实在在的，是广大农民朋友们所亟须的，是能解决我们吃饭问题的。"悠悠万事，吃饭为大""五谷者，万民之命，国之重宝。"一个有着 14 亿人口的泱泱大国，"解决好吃饭问题始终是我国治国理政的头等大事"，这是我们广大农业科技工作者最大的骄傲。

当有同学对专业感到困惑时，他就循循善诱，以作物栽培学的大家——杨开渠教授、余松烈院士为榜样勉励学生热爱自己的专业。他自己更是以实际行动展示了这种热爱，在经费极其紧张的情况下默默地坚持研究。"播种、量田、布置田块等基础工作马老师也要亲自干。"他的博士张荣萍对此很是佩服。

"他好像是较劲儿一样，做一件事就一定要把它做好做完。"王贺正说。看上去非常温和的马均在面对自己喜欢的事业时总是很执拗。他的这种不服输的精神，让人不由自主地想起周开达院士那句"即使 10 年都搞不出成果，也要把教训留给别人"的名言，这或许就是精神传承吧。

"我是地地道道的川农大人，"马均说，"我的硕士导师是孙晓辉教授，他是水稻所创始人杨开渠教授的弟子和助手，我的博士导师是周开达院士，这两位德高望重前辈都是水稻所的奠基人和开拓者，我得到了他们的言传身教，他们身上那种'爱国敬业、艰苦奋斗、团结拼搏、求实创新'的精神深深地感染了我，成了我一辈子学习的楷模，他们缔造的'川农大精神'也烙印在每个水稻所人的心里，得到了原汁原味的传承，推动了川农大水稻所事业的发展。"

鼓舞与奋进

"你们从事这项工作很辛苦，出成绩也是长周期的，日晒雨淋，淡泊名利，贡献非常大。咱们国家能够丰衣足食，农业专家功不可没。"习近平总书记的肯定让马均备受感动、备受鼓舞。这里也是他和团队坚守了20年的地方。

平田如棋局，白鹭忽飞来，大大小小的机械忙碌穿梭田间。如今永丰片区高标准农田面积达 3 100 亩、连片规模种植达 1 500 亩，已在省内率先实现水稻"耕、种、播、收、烘"全程机械化生产，是四川标准化程度最高的高标准农田示范样板之一。

20 年前，马均刚来到这里时，就发现这里田地平且连片，非常适合开展水稻新品种新技术中试及全程机械化技术示范推广。针对四川盆地弱光寡照、水稻产量受限的情况，他和团队通过技术攻关，研发出了稀植壮苗、水肥耦合等关键技术，充分利用有限的光热资源，提高水肥利用效率，能大幅提高水稻单产。然而一到村子，他们面对的却是农民的怀疑和不信任。

"才施这么点肥，得不得影响产量哟？"

"这些机器那么贵，到底有好大作用呢？"

……农民们的疑惑不少。马均决定，开展面对面、手把手知识传授。每到农事各个关键时间节点，团队都在田间地头手把手指导，确保农民有问题能得到及时解决。特别是水稻关键生育期，他们每天要在田里待十多个小时。村民们都笑言："走到街上根本看不出是个教授、研究生，完全就是个地地道道的农民。"

外表越来越像农民，内心也与农民越来越贴近。种粮大户王元威与马均教授合作了 20 年，从 300 亩种到 3 000 多亩。尽管前些年粮价比较低迷，他仍然坚持种粮。"我们很信任马教授，他给了我们很大的技术支持，加上全程机械化，产量和效益都得到了很好的保障。"

为了提高种粮大户的积极性，马均教授团队还与当地政府合作，每年举办水稻"一优两高"（优质、高产、高效）生产竞赛活动，从品质、产量、效益、过程管理等方面进行评比，最高能获得上万元的奖金。从第一届只有 24 户参加，到今年第七届有超过 200 户参加。

"我凭单产 790 公斤的成绩，拿到了 2021 年的最高单产奖。"种粮业主赵友勇说，"但是，高产不是我的最终目标，通过'一优两高'竞赛，现在我更注重质量了。我现在种的鸭稻米，就采用了生态的方法，食品安全更有保障。"在马均教授团队影响下，农户们的观念也在发生变化，安全高效生产成为大家的一致目标。

在大家的共同努力下，2017 年核心示范区超高产攻关田水稻最高亩产达到 969 公斤，创造四川盆地水稻超高产纪录。在这个全省最大的水稻新品种新技术中试基地，马均教授团队累计引进试种越光、稻花香等国内外优质品种 340 个，筛选出宜香优 2 115、晶优 534、F 优 498、荃优 822 等适合眉山种植的优质高产新品种 26 个。示范推广机插秧优质超高产栽培、水稻机直播、化肥农药减量增效等技术近 20 项，集成推广杂交稻机械化生产"缓基速追"减氮增效施肥技术等绿色安全生产新技术 3 项，园区机械化率达到 100%，带动眉山市 150 万亩水稻实现优质化生产。许多技术达到国际先进水平，部分达国际领先水平，先后获得国家和省部级科技奖 12 项。尤其是水稻全程机械化生产技术、杂交中稻丰产高效水肥耦合技术、稻田固碳减排等成果受到了社会广泛赞誉。

向总书记报告

2022 年 6 月 8 日上午，马均早早就来到眉山市东坡区太和镇永丰村，翘首以待习近平总书记的到来。当看到总书记的车开进村子，他既激动又紧张。但与总书记交谈之后，他一下子就放松了。

"总书记好！我叫马均，是四川农业大学教授。"

"马教授，你是搞什么（研究）的？"

"水稻栽培的。"

"一激动把自己的研究领域忘说了，没想到总书记主动问起来。他是那么平易近人，一点架子都没有，向他汇报就像聊天一样。"马均紧张的心终于放松了下来。

总书记十分关注农业科技支撑保障国家粮食安全的情况，问做研究有没有项目支持，经费有没有保障。马均立马回答："我们依托国家粮食丰产科技工程、国家重点研发计划粮食丰产增效科技专项、四川省科技支撑计划、四川省重大科技专项等国家级、省级项目，还有一些地方项目，经费有保障。"

总书记仔细询问当地粮食生产情况，了解当地主要用的是什么品种，产量如何，并与北方粳稻以及袁隆平先生研究的品种进行比较。

"这里主要是三系杂交水稻，亩产当地能达到 680 公斤，全省平均能达到 533 公斤，全国平均能达到 470 公斤。四川 95% 种的都是杂交水稻。

北方粳稻是常规稻，我们的杂交水稻杂交优势更强，产量优势可能更好一些。"没想到总书记对水稻品种这么了解，马均有点意外。

"袁隆平先生达到的最高亩产是 1 280 多公斤，是在云南特殊生态区创造的。我们在这里核心示范区最高亩产达到 969 公斤，创造成都平原水稻超高产纪录。我们在汉源还达到过 1 150 公斤的纪录。我在内蒙古考察过海水稻，亩产可以达到 400 多公斤。"马均对答如流。

一边漫步田间，一边详细询问。总书记还饶有兴致地蹲下来，查看秧苗生长情况，问是什么品种。"这是芯禾丰优 26，是籼型三系杂交稻，它的特点是高产、优质、抗病、抗倒伏。现在全田平均单株分蘖是 31 个，已表现出高产的长势长相。"马均说，"我们还依托基地，连续举办了 7 届水稻'一优两高'（优质、高产、高效）生产竞赛活动。"

总书记追问，活动有哪些人参与。马均回答："主要把当地的种粮大户组织起来，已累计培训农民 5 000 多人，培育种粮大户 200 多人，培养了不少'土专家''田秀才'。"总书记强调，推进农业现代化，既要靠农业专家，也要靠广大农民。要加强现代农业科技推广应用和技术培训，把种粮大户组织起来，积极发展绿色农业、生态农业、高效农业。

总书记指出，水稻良种育种周期长，需要反复试验筛选，我国广大农业科技工作者付出了艰辛努力，为保障国家粮食安全、确保老百姓丰衣足食作出了重要贡献，功不可没。"谢谢总书记的肯定。"马均备受感动、备受鼓舞。

来到稻米品种展示区，四川农业大学培育的超级杂交稻品种宜香优 2115 摆在显眼位置。总书记抓起一把大米，仔细观察并询问米的价格。

总书记强调，成都平原自古有"天府之国"的美称，要严守耕地红线，保护好这片产粮宝地，把粮食生产抓紧抓牢，在新时代打造更高水平的"天府粮仓"。

"请总书记放心，实现藏粮于技、中国碗装中国粮，我们有信心、有底气！"马均誓言铿锵。

【案例解析】

粮食安全是"国之大者"，一粒米，不仅凝聚农民半生心血，更承载了中华五千年的农耕文明和饮食文化。在经历杨开渠教授、李实蕡教授和周开达院士三代前辈筚路蓝缕奋斗之后，如今，守护四川水稻田的重任落在了马均这一代人肩上。他坚守的动力源正是经过数代"川农人"薪火传承和不懈努力形成的"爱国敬业、艰苦奋斗、团结拼搏、求实创新"的"川农大精神",也是"中国人的饭碗任何时候都要牢牢端在自己手中,饭碗主要装中国粮"的初心和使命。

1936年,四川大学农学院稻作室成立,这是四川农业大学水稻研究所的前身。创始人是杨开渠教授,也是后来四川农学院(四川农业大学的前身)的首任院长。1935年,杨开渠来川任教,看见四川大量冬水田没有得到有效利用,便将开发成千上万亩冬水田、提高稻谷产量作为首要研究课题,提出通过种植双季稻、采取干田直播法、选育旱稻品种等系统举措,全面促进四川粮食增产。

1965年,李实蕡教授从非洲马里共和国援外结束回国后,担任了四川农学院稻作室的主任,他从西非带回水稻品种(冈比亚卡等),将研究方向以水稻栽培为主转向以育种为主。李实蕡从国外回来后,让周开达参加水稻育种工作。与袁隆平通过野生稻败育的"野败"同籼稻进行杂交不同,周开达是通过地理远缘籼亚种内品种间的水稻进行杂交。

通过努力,川农大水稻研究所与中国水稻研究所、袁隆平领衔的湖南杂交水稻研究中心共同成为全国最重要的三大水稻研究所。在当时的条件下,育种是更热门的方向,但周开达认为,良种良法,不能光搞育种,还要搞栽培。一方面,水稻所不能缺栽培,另一方面,搞水稻育种也不能缺栽培,要挖掘高产优良品种的潜力,必须靠栽培。

这种理念在周开达院士的学生马均教授这里得到了传承。马均认为:"总书记常说,'悠悠万事,吃饭为大',人首先是要吃饭的。以前吃不饱饭,粮食生产以高产为目标,吃饱饭以后,又想要吃好,就要做到既高产又优质,吃饱吃好以后,我们就要考虑效益和环境问题。从高产,到优产,再到高效、绿色、生态,实现'绿水青山就是金山银山',我们要做到多目标平衡。"这也是马均认为目前农业生产的难点。"同时实现多个目标难度比较大,这方面,我们还得继续努力,总书记嘱托我们要在新时代打造更高水平的天府粮仓,我们不仅要让天府粮仓装满粮,而且要装优质放心粮,保障国家粮食安全和生产安全。"

【案例启示】

根植于农业科学探索的沃土,一代又一代川农师生苦干实干,既厚积薄发，又敢为天下先，不断开辟科研新领域、挑战科研新难题，攻坚克难取得科研一个又一个硕果。时人曾评价：川农大取得的众多成果是从田地里踩出来的，从畜舍圈里蹲出来的，从山林里钻出来的，全是靠实干拼出来的。

杨开渠院长在迁雅独立建院大会上的发言言犹在耳："自然，我们新搬到这里来，在精神生活和物质条件上，短时期内会有一定的困难，但是我们想一想修筑宝成铁路的人们，他们是'山岳低头，江河改道'的气魄和精神，是何等的伟大，我们年轻的学农的小伙子，连我半老的人也在内，应该学习他们，使高山上的野生动植物变成驯化的作物和家畜，丰富我们祖国的自然资源。我们是自然的斗争者而不是向自然乞恩的可怜虫！不是环境的奴隶而是环境的主人！我们要有远大的抱负，但不是空想者，而是实事求是的创造者！努力学习吧，同学们，预祝你们四年之后成为优秀的农学、林学、畜牧、兽医的专家，到各处的高山、丘陵和平原上，在我国的农、林、牧业的建设绽放出灿烂的光辉。"

当初周开达院士开展籼亚种内品种间杂交技术研究，国际国内水稻界持普遍怀疑和否定态度："走籼亚种内品种间杂交的道路，只有失败的先例，没有成功的先例。"周开达坚定科研信念："即使10年都搞不出成果，也要把教训留给别人。"他在异常艰苦的条件下开展科学研究，终于创造了不同凡响的创新成果。

周小秋教授将老一辈川农人缔造的"川农大精神"融入自己的血液，他和他的团队科研攻关15年，从零开始，点滴积累，用求实创新的科研精神和坚持到底的勤奋工作，开拓了一个新学科，把淡水鱼类研究带到了国际先进水平。

2016年川农大110周年校庆时，时任校长郑有良豪迈地讲："我们清醒地自知，川农大绝对不可能成为世界一流大学，但是我们也坚定地自信，川农大绝对是一所具有一流学科的大学，应该建设成为世界一流农业大学！"

任何崇高的事业都需要一代又一代人的接续努力，每一次创新的背后无一不是经年累月的知识积淀。由于农业科研具有长周期的特点，因而每项科研成果的取得往往都是几代人团结协作、刻苦攻关、共同研究的结果。新时代，"川农大精神"新传人把办公室建在农村，把课堂搬到田间地头，把论文写在大地上，为守好"中国人的饭碗"无惧风雨，日夜兼程。

【思考讨论】

1. 新时代农业学者的初心和使命是什么？
2. 谈谈你对守好"中国人的饭碗"的理解。
3. 解决吃饭问题的根本出路是什么？为什么？
4. 谈谈你对"兴农报国"的理解。

第二节 非粮产业"特"之道

【典型案例】

长期以来，中国老百姓的食物80%来自主粮，但如今，这一现象正发生根本性转变。国家统计局数据显示，我国居民人均粮食、蔬菌、肉禽类、水产品、蛋奶类消费量分别由2013年的148.7千克、97.5千克、32.8千克、10.4千克、19.9千克调整至2020年的141.2千克、103.7千克、37.5千克、13.9千克、25.8千克。现在，主食越来越不"主"、副食越来越不"副"，老百姓食物消费结构由"吃饱"转向"吃好""吃得健康"，顺应人民群众食物结构变化趋势，正是树立大食物观的出发点和落脚点。

特色农产品正是满足人民群众提档升级的食物消费需要的"必争之地"，经济效益高，市场竞争力强，对大幅增加农民收入具有非常突出的作用，发展壮大特色农产品，是缩小城乡居民收入差距、加快建设农业强国应当坚持的一项重要举措。

四川是天府之国，地理环境多样，农业资源丰富，是全国重要的优势农产品生产基地，具有发展特色农产品的坚实基础和比较优势。习近平总书记要求"把四川农业大省这块金字招牌擦亮"，因此在加快推进由农业大省向农业强省跨越的进程中，充分发挥农业大省的比较优势、发展壮大"川字号"特色农产品，让非粮产业"特"行其道是其中一项十分重要而紧迫的工作任务。

川菜

四川是全国重要的蔬菜产区及"南菜北运"和冬春商品蔬菜生产基

地，蔬菜上市期早，品种丰富、品质较好。蔬菜及食用菌年产值超过千亿。每年外销近 700 万吨到全国 30 余省市，年加工鲜菜 1 000 万吨。四川蔬菜已经培育出一批有特色的代表性品种，已创建"三品一标"产品 2 161 个，质量安全监测合格率在全国前列，形成了盆地加工外销蔬菜优势区、攀西冬春喜温蔬菜优势区、川南早春蔬菜优势区以及盆周山区高山蔬菜产业带等"三区一带"产业优势区，"四川蔬菜天然生态"已在国内市场得到一定程度的认可。

川果

四川是全国重要的水果生产区，水果种植资源丰富，从热带、亚热带到温带水果均有分布，21 个市州、100 余县均有水果种植，已建成全国内陆最大晚熟柑橘产区。"亦早亦晚"是四川水果独有的特色，并由此形成了错季销售的市场优势。甜樱桃、早熟梨、苹果、石榴、葡萄、桃等落叶水果较北方大产区提前 10~20 天上市，攀西早春枇杷较大产区提前 2~4 个月上市；晚熟柑橘、阿坝夏秋枇杷、龙眼、荔枝、攀西芒果成熟期较大产区则延后 3~5 个月。川西晚熟柑橘、安岳柠檬、龙门山红心猕猴桃、大凉山石榴、攀西晚熟芒果五大水果产业，其品种、规模、品质及供应时间在国际国内市场都具有较强竞争力。

川茶

四川是全国茶叶主产区，是全国规划的名优绿茶和出口茶优势生产区。四川茶区植被丰富、空气清新、水源清洁，产出的茶叶内含物丰富、茶多酚含量高，品质优良，是生产有机、绿色、生态茶叶的最适生态区。已建成川西名优绿茶产业带、川东北富硒茶产业带及川南功夫红茶、川中茉莉花茶集中发展区，宜宾、乐山、雅安等 11 个茶叶主产市茶园面积占全省茶园总面积的 98%。茶产业综合产值达 630 亿元，综合实力居全国前列。竹叶青、川茶集团、米仓山集团、川红集团等茶叶加工企业在市场有一定知名度。"天府龙芽"省级茶叶区域公共品牌及"宜宾早茶""峨眉山茶""蒙顶山茶""米仓山茶"等地方区域品牌的影响力和产品市场占有率有一定提升。

川猪

四川是国家唯一批准的优质商品猪战略保障基地，生猪养殖在全国占有重要地位，素有"川猪安天下"之说。生猪出栏量和猪肉产量高居全国第 1 位，占全国产量的 1/10 左右。特色品种有内江猪、成华猪、青峪猪、乌金猪、藏猪等 7 个独特地方猪种和川藏黑猪、天府肉猪 2 个培育品种，猪种资源优势明显、潜力巨大。新希望、金忠、通威、佳享等本土生猪加工企业快速扩张。风味猪肉产业快速发展，已培育出巴山土猪、乌金、原味天香、庄园黑猪等高端优质风味猪肉品牌。

川畜禽

四川是全国畜牧业大省和五大牧区之一，国家认定的畜禽品种 59 个，畜牧业区域分布明显，盆地以牛羊、小家畜家禽为主，高原高山以牦牛、绵羊为主。牛羊品种资源丰富，特色养殖前景向好。南江黄羊是国内第一个得到认定的地方优良肉羊品种，省内还有建昌黑山羊、简阳大耳羊、蜀宣花牛、德昌水牛、九龙牦牛等地方优良品种。牦牛占全世界总量的三分之一左右。牛肉加工品牌"老川东""棒棒娃""阆中牛肉"等上市多年，有较好的市场基础。家禽养殖量大，优势明显。家禽养殖规模及禽肉产量居全国前列，在种鸭繁育、尚品鸭饲养、产品加工与消费等领域都处于全国领先水平；旧院黑鸡、兴文乌骨鸡、建晶鸭、四川白鹅、天府肉鹅等特色品种品质优良、独具优势。四川是全国养兔第一大省和消费大省，家兔行业年产值在 200 亿以上，四川白兔是全国重点保护品种，川白獭兔是首个且唯一的国审獭兔新品种，獭兔裘皮产品直接出口欧美市场。

川水产

四川省水面可养殖面积 360 万亩，暖、冷、热水性资源皆备，渔业资源丰富。全省名优水产品种达到 20 多种，以产业规模排名全国第一的鳠鱼、斑点叉尾鮰、长吻鮠为主，另有甲壳类、贝类、观赏鱼等品种。四川水产科研支撑强，健康养殖技术全国领先。养殖技术成熟，苗种繁育体系健全，良种覆盖率超过 75%；产业链条成熟，年销量万吨以上的流通企业有 6 家，一批鱼饲料鱼药企业集团在全国处于领先地位。雅鱼、润兆鱼子酱等特色水产品已有一定知名度。

川药

四川是我国中药材资源最丰富、蕴藏量最大、栽培品种最多的省份，川药品种多、分布广、量大、质优，是全国重要的中药材原料基地。全省仅道地中药材就有 49 种，其中 30 多种药材为四川特有，主要有川贝母、川芎、川麦冬、川附子等。全省已建设现代中药材重点县 7 个，认定药材万亩示范区 30 个，通过国家 GAP 认证基地 22 个，已成为全国中药材产销信息发布中心。川药品牌优势正在显现，认定了 1 个国家级和 30 个省级地理标志产品，培育了雅安三九、四川新荷花、四川好医生药业等中药材加工企业。

川林竹

四川是全国五大林区之一。特色经济林产品丰富，经济林产业以食用油料、调料、药材、森林蔬菜、果品为主，重点特色产品有核桃、花椒、板栗、油橄榄、银杏等。朝天核桃为全省最优，汉源花椒在唐代即为"贡椒"。苗木花卉种植业也发展较快，主要分布在成都和乐山、宜宾等地。竹是四川省重要的乡土种植，分布遍及全省大部分地区。竹林面积（不含大熊猫食用的天然箭竹），居全国第 1 位。竹种资源丰富，有 18 属 160 余种。竹制家具、竹浆造纸产量均居全国第 1 位。竹笋、竹荪、竹沥等竹类特色产品逐年有所发展。

大而不够优，特而待更强

一是农业标准化生产程度仍然较低，特色农产品集聚规模不大。全省农业基础设施薄弱、农业物质装备水平较低的状况没有根本改变，农田有效灌溉率、主要农作物机械化水平和高标准农田比重都不高。"靠天吃饭、靠人种地"的粗放经营模式在全省农业生产中仍占较大比重，种植业和养殖业标准化生产水平远低于全国平均水平。脆弱的基础条件致使名优特农产品难以成批量生产，也无法大规模聚集发展。即使一些特色农产品扩大了生产规模，也因生产条件的制约而影响了品质的保证和提升。

二是特色农产品总体水平不高，创出的名优品牌不多。近年来，四川省粮食、油料、生猪等大宗农产品产量连年增加。但是，主要农产品中特色产品比重不高，发展不快，品质不优。绿色、有机、无公害以及特色专用农产品更是产量低、总量少。一些经多年发展已有较大规模的特色农产品，则存在量大质低、有品无牌的突出问题，全省农产品商品化率尚不足60%，柑橘等水果的优果率不足 35%，蔬菜、畜禽、中药材、水产等大类中很多特色农产品尚未形成自己的品牌。即使质量很高的茶叶类特色农产品，也没创出国内外享有盛誉的名优品牌。

三是"川字号"名优特农产品品牌不响，市场竞争力不强。四川农产品在创建"三品一标"方面取得了一定的成效，但"川字号"特色农产品获得国家级名优品牌的不多，区域品牌不响，在全国范围内有影响力的知名品牌不多，国内外市场占有率不高。全省地理标志认证产品数量全国第一，但普遍品牌不响、价值偏低，与农业大省的地位极不相称。

【案例解析】

近年来，四川省在稳定发展粮油等大宗农产品的基础上，充分利用丰富的农业资源优势，大力发展案例中呈现的八大类"川字号"特色农产品，在脱贫攻坚、全面建成小康社会中发挥了重要作用，但与农业强省"优大强"的目标要求仍有一定差距，共性问题产生的原因主要集中在以下方面：

一是推进特色农产品发展的工作力度不大，政策支持力度远远不够。在特色农产品发展过程中，一些地方的党委政府多点开花，推进力量分散，重点不突出，部门也尚未形成工作合力；资金使用分散，重点支持不力，省级层面缺乏针对特色农产品发展给予的专项支持；农村新型经营主体发展缓慢，农业自身动力不强；农业产业化经营推进力度不大，利益联结机制不健全，农民发展特色农产品的积极性不高。同时，农产品质量安全监管体系建设滞后、农村金融服务不给力等问题也制约了特色农产品发展。

二是对市场营销重视不够，营销手段不多、方式不新。多年来，在拓宽农产品销售渠道、加大市场开拓力度方面进展有限。农产品市场信息共享滞后，农产品供求周期性矛盾频繁出现。一些地方政府、企业、业主、农民依然沿用过去"上规模、扩总量"的传统工业发展思路，较少从供给端和市场需求的关系去考虑发展，一窝蜂、同质化现象突出。只追求规模总量，不重视营销和市场开拓，导致果贱伤农、猪贱伤农、菜贱伤农时有发生。同时，农产品营销方式落后，营销手段创新不够，营销专业人才缺乏，在品牌塑造、品牌维护上没有抓住各类消费人群心理，跟不上市场发展的新变化，都影响了特色农产品的稳定发展。

三是特色农产品加工严重不足，精深加工能力不强。目前，四川省农产品加工业规模仅占全国的5%，中小型加工企业占比大，拥有省级以上技术中心的农产品加工企业仅占6.3%，大型农业产业化龙头企业数量不足。全省农产品加工率为40%左右，低于全国7个百分点，仅为发达国家一半；而且，农产品加工品八成为初加工，产品精深加工率低于20%，精深加工能力十分薄弱。享有知名度的大型龙头企业基本集中在白酒行业，其他产业的加工率和加工档次都较低，与发达国家和国内发达地区相比，在生物燃料、生物材料和生物质萃取方面的高尖端精深加工则基本为零。多数特色农产品产业链条短，增值幅度不大，因而在精深加工后能打入省外、国际市场的川字号高端农产品少见。

【案例启示】

四川由农业大省向农业强省跨越的号角已经吹响，应坚持市场导向，转变发展方式，在重构现代农业产业体系、实施产业振兴战略中，着力调整优化结构，突出发展八大类"川字号"特色农产品中的优质、高效、安全的中高端农产品，主攻特色农产品优势区建设，提升特色农产品精深加工水平，创新市场营销方式，培育一批国内外知名的"川字号"特色农产品品牌。

一是推进农业规模化和标准化生产，优化特色农产品品质。加快特色农产品优势区高标准农田、农田水利工程和产业基地路网、水网、电网等基础设施配套建设，大力提升特色农产品基地的标准化生产能力。建立和完善涵盖农业生产、管理、服务的规范标准体系、质量保证体系和检验检测体系，整体提升农产品品质。支持特色农产品优势发展区创建一批农业标准化生产示范园（区）、示范场（企业、合作社）、示范乡（镇），带动农户推行标准化生产。

二是强化农产品质量监管体系建设，加速发展绿色安全无公害农产品。加快制定保障农产品质量安全的生产规范和标准，健全集农产品产地环境、生产过程、收储运为一体的全程标准体系和组织实施的工作机制。建立健全农产品质量安全监管、检测、执法三大体系，深化省级农产品质量安全监管示范市、示范县和国家农产品质量安全市、安全县创建。健全农产品质量安全可追溯体系。完善农产品质量安全法规体系，落实农产品质量和食品安全属地管理责任。

三是大力开发特色农产品精深加工。应率先在生猪、茶叶、中药材三大产业中开发精深加工，延长产业链条。在全省规划的农产品加工园区建设中，重点建设一批以特色农产品加工和精深加工为重点的加工示范园区和加工集中区。同时，大力发展农产品原产地初加工和商品化处理，推动农产品及加工副产品综合利用。

四是争创国家级名优特品牌，提升特色农产品市场竞争力。实施"区域品牌+企业品牌"战略和大企业支撑大品牌策略，扶持省内区域公共品牌和企业品牌、产品品牌发展，创建一批中国驰名商标、中国名牌、中华老字号和四川省著名商标。完善"三品一标"认证登记保护、产品防伪标识使用和证后监管。创建农产品地理标志核心保护区，强化农产品绿色产品认证和绿色原料生产基地认证与保护。建设省级层面农产品品牌宣传，推介、展示、交流、交易互联网平台。利用抖音、快手、小红书、电视、展会等平台或形式，积极推介一批"川字号"特色农产品品牌。打好农产品"绿色牌""生态牌""错季牌"，提高四川品牌的市场占有率。实施品牌国际化战略，支持四川农产品以自有品牌出口，打造一批在国际市场具有竞争力的出口品牌。

五是创新产品和品牌营销方式，强化市场流通体系建设。建设省级层面特色农产品及品牌宣传、推介、展示、交流、交易互联网平台，注册维护好政务抖音号、政务快手号，利用线上带货、电视、展会等开展多形式的展示展销和推介活动。推进"文化创意+四川农产品"，将文创运用到特色农产品包装设计、宣传文案、新媒体营销上，全面提升"川字号"特色农产品品牌形象。着力培育农产品电子商务企业，深入推进农产品电子商务示范行动，通过以奖代补、引进和培养人才等措施，重点培育一批特色农产品电子商务示范县、电子商务示范企业和电子商务品牌。建立和完善县乡村三级电子商务运营服务网络。推广"产地直播带货""产地集配+销地分拨""电商+冷链快递+智能菜柜"特色农产品直销模式。重点推进特色农产品批发市场、集配中心和终端销售网络建设。支持大型农产品批发市场改造升级，布局和建设一批重要农产品集散地、特色农产品产地市场、特色农产品集配中心。研究细分市场并分类对接国际国内、省外省内特色农产品市场，大力培育特色农产品外贸企业。加快构建农产品现代物流体系，加强冷链物流运输能力、冷链物流配送体系和产地运输通道建设，推动冷链物流信息化、标准化建设。

六是推进农业科技创新，加快培育新型职业农民。强化农业科技创新，加大力度培育、改良、提纯、优化果蔬、畜禽、经济林木、中药材、水产等产业中的特色优质新品种。围绕特色农产品特性研创、推广高尖端农业新技术，培育农业高新技术企业。推行科技特派员创业制度，继续实施"三区"科技人员专项计划，率先在特色农产品优势区推进农业社会化科技服务体系建设。加大对特色农产品优势区新型职业农民培训力度，依托农业院校、中等职业院校，针对生产经营型、专业技能型和专业服务型三类职业农民的特点和需求，进行差别化的职业技能培训。完善新型职业农民资格认定制度，对已被认定的新型职业农民，颁发新型职业农民证书，给予一定的政策扶持。鼓励引导大农科大学毕业生、返乡农民工、农民企业家、退役军人、科技人员、留学回国人员等到特色农产品优势区发展特色产业。

七是强化政策支持力度，加速特色农产品优势区发展。从财政、金融、农业保险等方面在政策上对特色农产品优势区建设给予大力支持。加大财政支持力度，加大对特色农产品优势区的引导性财政资金支持，扩大财政资金增量，调整支农资金存量结构，重点分批支持特色农产品优势区（县）发展优质特色农产品，提升品质、培育品牌、开拓市场。加大金融创新支持，引导金融机构支持特色农产品优势区建设，综合运用支农、支小、扶贫再贷款，支持构建覆盖全省的农业担保体系，为新型经营主体、特色优势产业发展和特色农产品精深加工提供融资支持。加大农业保险支持，支持发展特色农产品保险、设施农业保险，对全省确定的重点特色农产品，争取全部纳入农业政策性保险支持范围。完善保费补贴政策，积极拓展由财政支持的农产品目标价格保险试点。落实用地支持政策，对特色农产品良种园建设、养殖场园建设、初加工和精深加工、烘干仓储包装场地建设、冷链物流建设等方面的用地，要重点给予支持，落实现有鼓励政策。

【思考讨论】

1. 特色农产品应"特"在何处，谈谈你的看法。

2. 结合具体特色农业产业谈谈"同质化"的危害。

3. 如果由你为家乡特色农产品进行直播带货，你将从哪些方面进行产品介绍？

4. 查询资料后谈谈针对特色农产品的农业政策性保险面临的困难并提出解决办法。

第三节 让"良田"回归"粮田"

【典型案例】

民为国基，谷为民命；悠悠万事，吃饭为大。中国是人口大国，粮食缺口既不能指望进口解决，还容易引发国际粮市巨大动荡，粮食生产一旦出现较大减产，没人养得起中国！四川是粮食生产和消费大省，人增地减凸显，自然灾害频发，靠天吃饭，生产消费对粮食数量和质量的要求越来越高，四川粮食自求平衡的实现越来越难，没人驮得动四川！维护"天府之国"美誉，既要遵循"政策好，人努力，天帮忙"的普遍规律，更需要制度创新，从"吃得饱"进阶到"吃得好、吃得健康"，从"西部粮仓"升级为"绿色粮仓、绿色厨房"，如重视保护大熊猫一样重视保护耕地，遏制耕地"非粮化"和"非农化"，让"良田"回归"粮田"。

耕地不种粮，跑偏不心慌

现代粮油生产园区凤毛麟角。现代农业建设强调产业发展的重要作用，粮食安全的有效供给是农业供给侧结构性改革和农业强国建设必须坚守的底线，然而各地对调整农业产业结构存在认识上的偏差，主要表现在一提到发展产业就是发展经济作物、效益高的产业，对粮食生产重视不够，全国全省建设的现代农业园区中现代粮油生产园区凤毛麟角。各级各部门工作重心偏离粮食生产的主战场。

耕地变性麻木不仁。各类现场会以及参观点、核心区、示范区、辐射区偏离以粮为中心，特色农业、观光农业、休闲农业以及农业综合体替代粮食生产。四川有的地方将茶叶、水果、花椒、花卉、苗木种到水田，"耕地变茶园""耕地变果园""耕地变花园""耕地变林园"的现象较为普遍，"玉米上山，林子下田"违背自然资源配置法则，甚至成都平原个别地方 18 万亩耕地中有 16 万亩用于种植花卉苗木，都江堰灌区的成都平原沃土的"稻—菜轮作模式"正在被大面积种植柑橘所替代。

"鱼米之乡"醉翁之意不在米。"稻鱼、稻虾、稻蟹、稻蛙共生"等模式蓬勃兴起，政策本意是探索实现"钱粮双增"的新路径，许多丘区种粮大县大力推广，工商资本积极响应，逐渐演变为养鱼、养虾、养泥鳅并获取项目资助，实现经济利益最大化，而非为了粮食种植。调研发现，真正的种粮大户通常不养鱼，因为"稻鱼共生"模式要求开挖水稻田10%的面积用于鱼坑和鱼沟，不但会减少水稻种植面积，而且也不利于实现全程机械化，农业机具下田上坎难，只能是小规模试点。田中搞养殖还可能影响水稻生长、破坏水稻营养体，水稻亩产仅相当于通常产量的六成，甚至可能毁坏田基，威胁粮食安全的资源本底。"鱼米之乡"发展模式，实际效果不尽如人意。

"米袋子行政首长负责制"成不作为的借口。市、县（区）领导和农业农村相关部门对抓粮食生产责任意识不够，因为抓粮食抓不出亮点、抓不出效益、抓不出政绩，认为既然"米袋子"是省长负责制，就不关市、县（区）领导的事。因此，基层领导对发展粮食的重要性认识不够，在农村许多地方刻意占用农田建设生态湿地，国家项目资金的使用出现本末倒置现象，使用项目资金在茶园建喷淋设施、在雷竹园建喷雾设施，却从未在玉米地里建喷灌设施，玉米受连续干旱，叶子甚至干枯到可以被点燃的程度。绩效考核主抓非农产业，缺乏完善的目标层层分解考核机制，市、县（区）基层未层层压实。经济大县评比中，考核指标以非农产业为主，粮食考核权重太小，加之市、县（区）的农业分管领导大多出身于非农专业，对粮食产业重要性的认识更加缺乏。

稻、麦、玉米优品缺乏，生产技术广泛应用滞后

在育种和生产方面，粮食安全需要强有力的科技支撑。目前，四川水稻、小麦、玉米优质品种缺乏，配套生产技术滞后。

在水稻育种上，四川国标二级优质稻面积为950万亩，占比仍不到33.9%，由于优质米产量低、栽培技术要求高，加工、烘干技术要求高，现有生产与加工设施与需求之间出现缺口。在水稻育苗上，水稻育秧新技术——"水漂育秧法"供给不足、推广乏力、应用不广、配套不够。在水稻种植上，水稻病虫害发生频繁。据调研，四川稻田普遍受到福寿螺侵害，由于对其发生规律及防控技术等研究不够，尚缺乏有效防治方法，往往造成产量损失。此外，据成都平原种植大户反映，国家安全标准要求水稻镉含量低于0.2 mg/kg，但由于区域土壤镉含量较高，现有水稻品种镉含量基本上高于0.3 mg/kg，在实际生产中难以避免镉超标问题，影响稻米质量安全，也直接影响经济效益。

在小麦育种方面，扩大弱筋小麦的种植规模是四川打造白酒金三角、白酒大省的基础支撑。但长期以来，四川育种以发展中筋小麦为主，未突出弱筋小麦的优势地位，造成弱筋小麦品种供给不足，这或许是小麦播种面积持续下降的重要因素之一。

从玉米生产来看，四川省自20世纪60年代推广的麦玉豆、麦玉苕的玉米间作生产模式，育种攻关重心放在春玉米上，但这种粮食生产模式需要大量的劳动力，且不适宜机械化的耕播收。如果要实现小麦收获后再播种净作玉米，那么就必须在品种上培育夏玉米，有利于全程机械化、农业现代化。目前科技储备还不够，科技供给与需求存在缺口。

高标准农田不达标，县（市、区）经费配套不齐

高标准农田建设不到位。部分高标准农田的建设经费被挪用到高标准果园、茶园、花园、菜园等，用于粮油生产园区农田建设的经费反而没有保障；土地整理后，高标准农田并未全部用于粮食生产，而是用于发展其他产业。调研发现，在个别丘区种粮大县，高标准农田中用于种粮的比重不足70%。

机耕道过窄、作业道缺失。部分作业道设计存在疏漏，不适应现代粮食生产的需求，设计单位对项目单位实际情况缺乏深入了解，对实际需求缺乏足够研究和论证，导致土地整理以后"大地变小地""小田变深坑"，机械下得去、上不来，过剩的水泥涌入田间地头，经营者不得不打破水泥田坎。农机具作业转移时形如走钢丝，高标准农田成了绣花枕头，中看不中用。

水利设施建设不足。粮食生产的漫灌现象在都江堰灌区普遍存在，导致土壤的肥力下降、地下水污染、小溪小沟的富营养化。此外，与普遍配备滴灌喷淋设施的茶园、果园相比，多数农田却依然采取漫灌方式，一些丘区农田甚至处于靠天吃饭的状态，有效灌溉率相对较低，灌溉设施建设严重滞后。据调研，个别地区出现水管人员有水不放、有田无水、延误农时的现象，种粮大户望库兴叹。

生产智能化进程缓慢。四川粮食生产智能化技术尚处于起步阶段，缺乏粮食生产大数据智能管控平台。在丘陵山区粮食生产中，工厂化育秧、智能遥感诊断等技术的推广力度不够，植保无人机、水肥一体灌溉设施等智能装备应用较为滞后。

流转费用虚高，撂荒现象普遍

规模经营与土地流转息息相关，租赁土地是家庭农场等新型农业经营主体扩大规模的主要途径。相对于种粮收益而言，当前土地流转租金普遍较高，有的甚至高达每亩一千多元，这倒逼转入土地的农业经营主体种植收益较高的经济作物。据调研，除了流转土地租金之外，个别地区的村集体每年还对流转土地收取 20 元/亩的管理费用作为本村集体经济来源，严重伤害种粮大户的积极性。粮食生产的人工成本、土地租金等各项成本不断上升，但同时面临优质不优价的局面，适度规模经营程度极低。一方面，租金太高、租金太乱严重影响农地的流转和种粮的规模经营；另一方面，耕地的全年撂荒、季节性撂荒、"跑路"撂荒现象在丘陵山区普遍存在，特别是"跑路"撂荒所占用的耕地全都是"良田"。

种粮补贴力度不足，种植意愿低迷

粮食产量目标任务层层分解，省级财政按目标划拨固定的粮食补贴总量给各县，而各县实际种植面积有所区别，单位面积补贴随粮食种植面积的波动而变化，导致各地粮食生产补贴不一，如大邑县粮食补贴为 69 元/亩，富顺县粮食补贴为 63 元/亩，而犍为县仅有 59 元/亩，个别地区甚至出现粮食补贴逐年下降的现象。粮食实际种植面积越大，产粮越多，补贴反而越少，这种"风向标"的误导导致种粮主体对政府的担忧和对政策可持续性的质疑，增加粮食播种面积和粮食产量的能力不足、意愿不强、积极性不高。

支农项目资金、种粮奖励非粮化，安全隐患凸显

从县级层面来说，由于粮食生产比较效益低、财政贡献小，一定程度上影响了种粮区地方政府抓粮食生产的积极性，导致财政支粮占比小、粮食补贴少。个别地区甚至出现产粮大县奖励非粮化的现象，产粮大县奖励资金几乎未用于种粮。省、市、县（区）财政每年农业切块资金呈下降趋势，用于粮食生产的资金年年下降，导致了粮食生产的安全隐患。

【案例解析】

耕地"非粮化""非农化"是我国农业农村发展中的一个"顽疾"。

由于种粮比较效益偏低，特别是此前脱贫攻坚时间紧、任务重，耕地不同类型的"非粮化"发展较快，与粮争地矛盾凸显，加大了四川粮食安全保障压力。从案例中反映出的问题来看，导致四川耕地"非粮化"的原因主要包括以下方面：

一、土地利用"规划了+种不了"，导致不能种

一些领导干部思想认识不到位，耕地保护、节约集约用地和依法依规管地用地意识不强；个别地方未将耕地保护党政同责落到实处，日常监管体系不够健全，部门监管合力不强。有关法律条款不衔接、相关政策模糊不清，特别是对土地流转的"用途界定"不够明确，为耕地"非粮化"流转、擅自更改耕地用途提供了可乘之机。

二、粮食生产"补贴少+收益少"，农户不愿种粮

粮食生产补贴"明增暗减"，农资综合补贴减少20%。四川实施农业"三项补贴"改革，农资综合补贴按原标准的80%发放，即82.8元/亩，20%部分用于支持粮食适度规模经营。各县（市、区）对具体作物的补贴标准不同，主要粮食作物面积需达到的"门槛"较高。

谷物最低收购价格波动，加剧耕地"非粮化"。2015年、2018年，稻谷、小麦最低收购价格分别开始下跌，尽管跌幅不大，但对于农户种粮积极性不高的状况而言，更是雪上加霜，对种粮大户和业主在一定程度上造成恐慌局面。粮食作物的收益远远低于同等单位经济作物的收益。

三、边远山区"村民跑+资本跑"，导致无人种

种粮农户转移就业撂荒耕地。在生产条件差、种粮比较效益低、生活环境不好等因素影响下，农民只要有机会就"投亲靠友""进城务工""弃耕撂荒"。个别地方成片耕地无人种植，过去是良田，现在杂草丛生。

工商资本"圈而不种"。有的工商资本以发展特色小镇、乡村旅游等名义，"圈地""圈田""圈而不种"，一旦经营不善就"跑路"，给农村留下诸多后遗症。开发区多个项目或停工停建、长期烂尾，或围多建少、用而未尽，或停产停业，经营不善。

流转耕地使用不规范不合法。越来越多的农户在没有种植意愿或不具备种植能力的情况下，更愿意通过耕地流转获取收益。在农业新型经营主

体中，农业企业种植粮食的耕地面积仅占实际经营耕地面积的 33%，是所有主体中占比最低的，这与流转耕地不规范、后期监管匮乏相关。

四、粮食生产保险"保不了+兜不好"，导致不敢种

农业保险"保不了"耕地"非粮化"。一方面天气预报"不准"已是老生常谈，另一方面农户对灾害预警普遍缺乏警惕性，粮食种植"靠天吃饭"的局面没有根本改变。尤其进入 21 世纪以来，全球气温变暖，极端天气频繁发生，2020 年四川洪灾发生后，保险公司只对完全倒伏的水稻田给予赔付，受灾面积 16.5 万公顷，保险公司只赔付绝收面积 2.1 万公顷，赔付率 12.7%。

粮食收储伤害业主种粮积极性。丘陵山区粮食生产大县地方粮仓、加工企业、种粮大户现用储粮技术大多较为落后，低温储粮、生态储粮等先进技术应用较少，存储环境温度及湿度不符合粮食质量要求，导致存储过程中粮食霉变，严重影响粮食品质。在粮食收购价格、谷物等级方面，国家粮库基本上未按国家当年最低收购价格收储，农业科技人员培育的优质杂交稻在粮食收购时体现不出优质优价。

【案例启示】

四川作为西部粮仓，农业现代化程度不高，总体上看供给仍然处于脆弱平衡、强制平衡和紧张平衡状态：粮食总产增长与进口品种和数量的不均衡长期并存，粮食生产规模小，小农户生产占 80% 以上，比较效益低，土地规模经营与农地非农化、非粮化并存，粮食安全形势不容乐观，四川省人均粮食生产 418 公斤，低于全国人均粮食生产 474 公斤。因此，四川个别地方出现新区建设占用耕地的现象必须及时纠正、遏制，不能以牺牲第一产业为代价一味追求第三产业的繁荣发展，必须像重视保护大熊猫一样重视保护耕地，增加绿色优质产品供给，推动西部粮仓向绿色粮仓、绿色厨房转型升级，为经济高质量发展提供更有力的支撑。主要应从以下方面发力：

一、耕地保护工作重点"保平原、抓大县"

千方百计保护好都江堰核心灌区耕地。都江堰核心灌区是建设"天府粮仓"的核心地，是四川率先实现农业现代化的整块区域。省、市、县

（区）应持续抓好土地专项整治工作，不能只管拆掉"棚子""房子"了事，要落实到"大棚房"成果后的复垦复耕种上粮油的工作上，要以"田长制"的办法，块块耕地有人负责。成都平原所有城市规划、交通道路规划和绿化建设上绝不可再倡导"大手笔"的形象工程，对已经规划的应尽可能整改，并落实复垦复耕工作，同时纳入基本农田管理。

千方百计保护好丘陵产粮大县耕地。四川丘陵60多个县（市、区）是区域性"最大粮仓"，抓住了丘陵大县，就抓住了四川粮食安全的基本盘。省农业农村厅应加大在产粮大县建设国家级、省级现代农业园区建设力度，加快四川粮食生产水肥一体化工程建设。在"星级园区"评定中粮食生产应占60%以上。年终乡村振兴综合考核评估中，应提高粮食生产的权重。

千方百计保护好四川各类"坝子"上的耕地。"坝子"是四川局部平原的地方名称，是四川耕地中的精华之地，几乎都是粮食生产的良田沃土。坚决遏制"坝子"上的耕地"非粮化"，切忌"粮食上山""林果下田"。只要坚守了"抓大县、保平原"的工作思路，四川就能守住肥沃的耕地，使四川人的饭碗里面主要装上四川的大米。

二、认真落实盘活存量、提升质量和发挥效量的工作部署

千方百计"盘活存量"耕地复种套作。一是废弃果园、水田果园、残次果园可有序恢复耕地。二是果园可加大套种力度，既可套种玉米、大豆，也可套种喜阴作物或蔬菜。农业农村部门应对盐源县苹果园套种魔芋、苍溪县梨园猕猴桃园试种"大豆压草"等方便实用的套作模式认真总结，在全省适宜区进行推广。

千方百计提升四川耕地质量。土地综合整治应本着"宜田则田""宜坡则坡""打破田坎""小田变大田""大坡变缓地"的原则，不能再搞"梯田运动"，一味追求"坡地变梯田""大地变小地"传统土地整治模式；不能在农田中大搞"三面光""水能进""雨不能排"的非生态沟渠；不能再造拖拉机"能下不能上"的"水泥"田（地）坎，尤其是加大对丘陵山区土地整治费用补贴标准。

千方百计发挥耕地效量助推"人休闲，农机忙，粮满仓"。一是加大良种力度和选择适宜四川粮食种植的方法，培育和推广能适应当地气候环境的粮食作物新品种。二是根据地区特点选择适合的节水灌溉技术，提高农田灌溉水有效利用系数。三是积极开展粮食生产薄弱环节机械化技术试验示范，着力解决水稻机插、玉米籽粒机收等瓶颈问题。大力推进新时代打破田（地）坎，建设高标准农田，提高丘陵山区农业机械化率，推广资中水稻无人机直播技术，建议省农业农村厅总结其经验。在小春季节适当应提高弱筋小麦（酿酒小麦）种植面积，因四川是弱筋小麦优势生产区域，以此提高耕地效率。

三、加快建立健全四川耕地撂荒复垦种粮机制

切实加快健全承包地"退出"机制。开展村级集体组织收回 5 年或 10 年以上的农户承包撂荒地试点工作，并将收回的撂荒地作为"村集体资产"进行出租或有偿转包，也可由村企经营生产粮食，保留户籍在本村的农户享有集体经济年终分红。对于农户撂荒承包地一律不搞"有偿退出"，否则"租地种粮心发慌"。

加快建立耕地复垦种粮整治基金。尽可能争取国家相关复耕经费，结合省级财力建立相应的耕地复垦种粮基金。2022 年成都财政出资 5 000 万元支持发展村集体经济，应率先资助粮食种植的村集体企业，对"非粮化"项目尽量少资助。省直部门相关资金可作为基础资金，鼓励村企对闲置耕地复垦种粮，也可动员村民、社会资本加入耕地复垦种粮整治队伍中，为耕地复垦种粮整治基金添砖加瓦。

四、建立精准制导的种粮激励政策

建立健全四川种粮奖补政策确保耕地粮用。省财政应完善"产粮大县"奖励机制，对全年粮食播种面积超过 200 万亩、150 万亩、100 万亩、80 万亩等的大县分别给予不同等效奖励，在项目资金上全额优先补助，在高标准农田建设上优先安排，在现代农业园区建设项目上优先部署。

建立健全严格考核制度，耕地保护党政同责。一是增强依法管地用地意识。组织市（州）政府分管负责同志、县（市、区）政府主要负责同志参加学习耕地保护"专题培训"，切实提高各地依法管地用地水平。二是健全完善耕地保护政策法规。扎实推进《四川省〈中华人民共和国土地管理法〉实施办法》修订工作，为依法依规做好耕地保护建设工作提供了制度支撑。三是积极构建耕地保护共同责任机制。逐级分解下达耕地保护目标任务并严格考核，出台耕地保护党政同责考评细则，将耕地保护纳入对

市（州）党委政府和省直有关部门（单位）综合目标绩效考核。严格实行建设用地多部门联合审批制度，实现耕地保护网格化监管，开展多形式耕地保护政策法规宣传，推动建立耕地保护基金制度。通过以上措施来形成党政同责、上下联动、部门协作、公众参与、社会监督的耕地保护新格局。

【思考讨论】

1. 为什么必须遏制耕地"非粮化""非农化"？
2. 针对农民种粮积极性不高问题，谈谈你的看法。
3. 如何在日常生活中"节约粮食，从我做起"？
4. 自选地点组队调研耕地"非粮化""非农化"现象。

【拓展阅读】

乡村振兴战略下农业供给侧结改性改革实现路径研究
——基于要素供给的视角

乡村振兴是我国农业农村发展的主旋律，是乡村全局的战略规划，乡村振兴首先要考虑农业发展，在解决"三农"问题的过程中，农业供给侧结构性改革侧重于农业生产结构的变革与农业产出质量的提升①，是乡村振兴战略的重要抓手，是我国农业现代化的现实需要，是解决 14 亿人民群众从"吃得饱"向"吃得好"转变的重要举措，两者相辅相成、相互统一。在中国特色社会主义事业迈进新时代这一关键节点，"三农"发展在取得诸多成就的同时，也面临更多深层次的问题和挑战，要坚持农业农村优先发展，真正实现农业强、农村美、农民富的目标，就必须加快推进农业供给侧结构性改革，提高全要素生产率和提质增效，以适应农业农村现代化的新需求，满足亿万农民的新期待，推动乡村振兴战略的实施。

---

① 朱信凯. 深化农业供给侧结构性改革助力乡村振兴［J］. 农业经济与管理，2017，46（6）：12-14.

一、乡村振兴战略对农业供给侧结构性改革提出新要求

（一）农业供给侧结构性改革与乡村振兴的逻辑关系

深入推进农业供给侧结构性改革，是整个供给侧结构性改革的重要一环，也是我国农业农村自身发展思路的一个重大转变。2015 年 12 月召开的中央农村工作会议首次提出农业供给侧结构性改革。2016 年"中央一号文件"明确提出推进农业供给侧结构性改革，2016 年 3 月习近平总书记在参加十二届人民代表大会四次会议湖南代表团审议时强调：新形势下我国农业发展的主要矛盾已经由总量不足转变为结构性矛盾，推进农业供给侧结构性改革是当前和今后一个时期我国农业政策改革和完善的主要方向。2016 年 12 月召开的中央农村工作会议提出要深入推进农业供给侧结构性改革。2017 年"中央一号文件"以深入推进农业供给侧结构性改革、加快培育农业农村发展新动能为主题，对推进农业供给侧结构性改革进行了全面的部署和安排。2017 年 3 月习近平总书记在参加十二届人民代表大会五次会议四川代表团审议时再次强调：我国农业农村发展已进入新的历史阶段，农业的主要矛盾由总量不足转变为结构性矛盾、矛盾的主要方面在供给侧。

党中央国务院根据我国经济社会发展和农业农村发展形势变化，于党的十九大提出新时代的主要矛盾已经转化为人民日益增长的美好生活需要和不平衡不充分的发展之间的矛盾。这个矛盾转化，对我国的农业、农村、农民发展提出了新的要求。于是，乡村振兴战略诞生。

2018 年"中央一号文件"将农业供给侧结构性改革与乡村振兴战略规划结合起来，指出农业供给侧结构性改革是乡村振兴的重要一环，要求以农业供给侧结构性改革为主线，加快构建现代农业产业、生产和经营体系，提高农业创新力、竞争力和全要素生产率，由农业大国不断向农业强国转变。2018 年 9 月 26 日，中共中央、国务院印发了《乡村振兴战略规划（2018—2022 年）》，对实施乡村振兴战略第一个五年工作做出具体部署。2019 年 2 月 19 日，《中共中央 国务院关于坚持农业农村优先发展做好"三农"工作的若干意见》正式发布，文件提出以土地制度改革为牵引推进农村改革，明确了深化农村土地制度改革要坚守的底线：农村土地不搞私有化，土地出让收入"取之于农，主要用之于农"；提出夯实农业基础，保障重要农产品有效供给。2019 年"中央一号文件"进一步明确了解决新

时代人民日益增长的美好生活需要和不平衡不充分的发展之间的矛盾的主要政策措施，为确保经济持续健康发展和社会大局稳定、如期实现第一个百年奋斗目标奠定坚实基础。

实施乡村振兴战略，产业振兴是基础，农业始终是重头。推进农业供给侧结构性改革，夯实和提升乡村发展经济基础，提高农业综合效益和竞争力，是实施乡村振兴战略的重要途径。通过农业供给侧结构性改革，在技术应用（全要素增长率）、土地供给能力、制度引导与资金支持等方面推动农村相关产业的发展，形成以特色产业为主、其他产业为辅的产业聚集，进而通过产业的带动作用推动乡村整体发展水平的提升，实现产业兴旺的基本要求。同时，发挥产业间的聚合，完成区域协同生产，提升整体产出能力，形成良性循环，实现乡村振兴。

（二）乡村振兴要求农业供给侧结构性改革从要素供给端发力

持续推进农业供给侧结构性改革是实现农业现代化的动力之源，更是实现农村农业"高质量、有效率、可持续"的发展之本。实施乡村振兴战略，正是要以推进农业供给侧结构性改革为路径，从提高供给质量出发，用改革的办法推进结构调整，矫正要素配置扭曲，扩大有效供给，提高供给结构对需求变化的适应性和灵活性，提高全要素生产率，着力解决广大农民对美好生活的需求同农业农村不充分不平衡发展之间的矛盾，促进农业农村现代化发展。具体来讲就是要抓住关键五个字——技、地、人、资、业，对应到农业供给侧结构性改革的要素供给端，即技术、土地、劳动力、资本、产业融合五大要素。

从技——技术要素——科技来看，实施乡村振兴战略，推进农业供给侧结构性改革就是要加大农业科技投入、支持农业创新、提高科技成果转化率，从技术层面上降低高质量农产品成产成本，逐渐让价格实惠、质量又好的农产品进入百姓生活。同时在确保质量的前提下提升我国农产品的科技含量，从保障"粮食安全"晋升为保障"食物安全"，增强农产品的世界竞争力。

从地——土地要素——农地来看，实施乡村振兴战略，推进农业供给侧结构性改革就是要紧紧抓住第二轮土地承包到期后再延长三十年的契机，充分调动农民积极性，不断巩固和完善农村基本经营制度，深化农村土地制度改革，完善三权分置制度。根据未来乡村振兴的需要，稳步推进土地流转，同时逐步盘活宅基地经营性和公益性的集体建设用地，用出效益来。

从人——劳动力要素——经营主体来看，实施乡村振兴战略，推进农业供给侧结构性改革就是要直面农村人口和农业劳动力老龄化的困境，不回避，以农村一、二、三产业融合发展为契机，高起点发展现代农业、乡村休闲旅游养老等产业，持续引导部分农民工返乡，吸引来自农村的大学生回乡创业。同时应通过多种渠道激活常住农民的致富热情，帮助其积极从事生产，做乡村振兴的推动者而不是旁观者。

从资——资本要素——金融来看，实施乡村振兴战略，推进农业供给侧结构性改革就是要将"坚持农业、农村优先发展的理念"落到实处，加大对"三农"的投入，配置公共资源优先向"三农"倾斜。要把发展普惠金融的重点放到农村，加强对乡村振兴的金融支持，广辟来源，引导社会资本共同参与乡村的振兴，加大对新型经营主体的资金扶持力度，使之与农业农村现代化的需求相适应。同时多措并举，培养农民的诚信意识，有效减少信贷风险，稳步降低资金使用成本。

从业——产业融合——聚合动力来看，实施乡村振兴战略，推进农业供给侧结构性改革就是要坚持质量第一、效益优先，推进农村一、二、三产业融合发展。不断延长产业链条，完善产业布局，加强科技创新，加快品牌培育，建立利益联结机制，推动产业竞争从产品竞争向产业链条竞争转变，不断打造和重构产业价值链，扩大品牌溢价空间，形成产业优势、价值优势、生态环保优势、农民持续增收的经济优势。

二、乡村振兴战略下我国农业供给侧结构性改革要素供给面临的主要问题

乡村振兴战略下农业供给侧结构性改革旨在提高全要素生产率和提质增效，就是要改变单纯强调要素量的增加、生产性要素的投入、要素的组合投放的现状，进而更加注重要素质的提升、服务性要素的升级、要素的优化配置。具体就是要破解要素层面的供给约束及供给抑制难题，从技术、土地、经营主体、金融、产业融合五大方面入手，找准制约全要素生产率提高的因素，精准突破。

（一）技术要素：创新疲软，力度不够

当前我国农业技术创新并没有为农业生产提供强力支撑，究其原因，主要表现在科研体制机制僵化、技术供需双重不足两个方面。

从体制机制看，技术供给的外围环境有待优化。一是高校及科研单位

"去行政化"执行不力。许多机构彼此不仅分割且存在多头管理,政研不分,项目管理和资金管理制度多僵化死板,不符合科研规律,从而影响院校和科研单位的自主权和主动权的发挥①。二是对农业科研人员的激励机制效果不显。农业科研人员需要花费大量的时间和精力用于职称评审、应付检查、去无关会议刷"脸卡"和科研报账等方面,而报酬与实际贡献往往不成正比,特别是没有正高职称或专家头衔的科研人员在创造科技成果和成果转化方面缺乏公平的渠道,积极性受到打击,创造力无法发挥。

从技术供需看,有效供给和有效需求双重不足。一是科技创新的重点和方向面向产业和消费需求的靶向不准。在注重规模生产品种的开发与改良的同时,对区域适宜的地方特色品种较为忽视,且在特色品种的引种、生产中同质化严重,缺乏竞争力。二是产学研合作链接不同经营主体的精准度低。农业科研经费投入政府包揽严重,只注重产业集聚度高的大型龙头企业,主推基础项目攻关,对储存、加工、产品检测等方面的配套技术较为忽视。而亟待加强的挂职干部、科技特派员、农技员流动速度快、服务周期短、专业局限性较大,且对当地各项条件并不一定能全面掌握,其技术指导及服务往往是形式大过于内容,实难满足农民中小型企业及合作社、家庭农场对技术的迫切需求。与之相比,社会投资因受实力弱小、收效周期长、科技成果推广转化成本高等因素制约,也难以吸引科研机构、专家团队的参与,无法跨越技术推广的"最后一公里",推广效率较之发达国家差距明显。

从人力资源配置上看,农业技术创新人力资源总量不足且结构不合理,农业科研、科技人员占总人数的比例过小,而关键领域缺乏复合、高精尖型人才。薄弱领域缺乏技术攻坚团队。与农业相关的新兴产业缺乏国际领域领军人才。人才的缺乏和人才结构的矛盾共同成为当前制约农业科技发展的主要瓶颈。

(二)土地要素:生产能力弱,流转效率低

当前我国农村土地制度供给已经明显滞后于潜在的土地制度需求,在现时生产力水平下,家庭联产承包责任制和土地流转的弊端交织呈现,严重制约土地要素供给质量和效率提高。

一方面,曾经激发了数亿农民生产积极性的家庭联产承包责任制日渐

---

① 习近平. 在学校思想政治理论课教师座谈会上的讲话 [N]. 人民日报,2019-03-19.

暴露出农地细碎、分散严重、经营规模低下的问题，加之农业经营主体中"小农"作用发挥不力，在新型工业化、信息化、城镇化、农业现代化的背景下面临巨大的挑战，土地生产能力弱，难以承担保障国家粮食安全、农户生计安全的两个重任。在庞大的人口数量面前，人均占有量更在世界竞争中明显处于劣势，严重制约了我国农业竞争力水平的提高。我国和世界各类土地人均占有量比较见表4-1：

表4-1 全国、世界各类土地人均占有量　　　　　　单位：hm²

地区	人均土地	人均耕地	人均林地	人均草地
中国	0.858	0.101	0.230	0.120
世界	2.967	0.360	0.900	0.760

注：数据来源参见《国家统计年鉴2017》。

另一方面，尽管全国层面上已经在推进确权颁证和"三权"分置工作，但农村土地流转增长速度明显回落的深层次因素也日趋凸显。第一，政策性土地流转的可接受性较差，一部分离农户、兼业户，特别是大部分纯农户多具"恋土"情结，将土地流转等同于被剥夺生活来源，惜转和对抗情绪严重。第二，与自发性土地流转不同，即便政策性土地流转签订了较完整的书面合约，但部分地方政府尚未建立健全土地流转服务体系，欠缺处理纠纷的能力并缺乏有效监督，出现承包户与经营户利益难处理、经营权抵押难处置以及寻租现象，影响农业可持续发展目标的实现。第三，土地流转中介发育不健全，供需双方信息不对称，特别是土地流转受让方信誉、资质等具体情况不够透明，流转价格被人为推高，农户自身利益受损，加剧双方矛盾，土地流转效率低下。

（三）劳动力要素：数量衰减，素质偏低

农民是我国农业劳动的主体，小农生产在我国占有重要地位，这个现实国情是由我国农业自身的特征所决定的。但近年来，农业劳动力出现数量和素质双重下降的现象制约了农业劳动力要素供给效率的提升，劳动力产出低下。

一方面，随着农业劳动力快速向城镇和二、三产业转移，农业兼业化、副业化比重不断上升。大部分农村青壮年劳动力逐步脱离农业，务农劳动力老龄化倾向突出，农村人口出村的代际分别明显。基本上是"农一代"回村返农却力不从心，"农二代"出村不回村无心务农，谁来种地、如何种地问题变得棘手。近年来虽然也有农村"城归"现象出现，为农业注入了新鲜血液，但不可否认，农业发展所需的高层次人才与关键领域领军人物稀缺形势依然严峻，"农二代"以后乡村破败颓势亟待扭转。

另一方面，包含但不限于小农模式的农业新型经营主体培育正在抓紧实施，但目前我国农业劳动者整体素质偏低是一个不争的事实，远远不能适应农业生产快速发展的步伐。我国农村劳动力的主力军仍是传统经验型和体力型农民，真正系统地接受过初级和中级职业技术教育或培训的严重偏少，接受过高等教育的更是鲜有。显然，低素质劳动人群对现代农业技术、经营方式、"互联网+"时代新型产销模式吸收转化能力差，甚至产生抵触情绪，与现代农业发展的需要脱钩。尽管全国各地都在实施农民培训工程，但参加培训的人员主要还是大中型农业企业负责人、农村合作社社长，以及家庭农场主等新型农业经营主体，而最应接受培训和技术指导的小农却鲜少有机会接触到先进的理念和技术创新，即便有农技员进行一对一的指导，小农却因理解能力有限难以实现知识的转化和有效利用，让非系统培训、讲解流于形式，难收实效。

（四）资本要素：融资难、融资贵

对农业供给侧资本要素而言，金融无疑是其中最重要的一环。长期以来，我国农业金融在金融体系中始终处于劣势地位，融资难、融资贵成为农业发展的新短板。

一是农业经营风险大影响商业银行等正规金融体系对农业贷款的供给意愿。农业基础设施建设、农产品仓储建设、农产品物流建设等农业结构性改革的关键要点往往存在投入资金多、产出回报少、回收期长的特点，金融机构在没有合法担保和缺乏有效分散贷款风险的情况下，明显缺乏放贷的积极性，且一笔信贷业务存在多次审查、重复审查的情况，流程长、环节多、效率不高。同时，农村银行网点的数量与规模建设，与实际需求之间差距较大，尤其对于经济相对落后、交通不十分便利的地区，出于成本与风险的考虑，银行设立的网点数量相对更少。

二是社会资本、工商资本难以满足新型经营主体旺盛的融资需求。伴随集约化和规模化发展，除了长期以来对生产材料和农机具等设备的必要资金需求外，新型农业经营主体迫切需要大量而稳定的基础设施建设资金投入用以满足产地、设备、运输和仓储设施的建设需要。民间金融供给多以盈利、占有土地为目标，秉持追逐利益的前提，持续推高融通成本，而实际上叠加的高成本已很难实现高回报。与此同时，近年来以工商资本为纽带建立在血缘、地缘和部分业缘关系上的农民资金互助社、小额贷款公司等新型农村金融组织开始兴起，虽然发挥了一定的补充作用，仍面临发展初期的一系列问题，尤其因其较高的资金使用成本，让一部分规模尚小、力量稍弱的新型经营主体，以及散户望而却步，难收实效。

（五）产业融合：聚合度低，产业链条短

源自日本的"第六产业"概念现多用以指代农村一、二、三产业融合，反映出随着新型城乡关系变化、消费需求变化，农户搞多种经营，除发展种植业、养殖业外，也发展农产品加工业与销售、农资生产制造、休闲观光康养农业等调整农村产业结构，转变农业发展方式的现实需要。当前，虽然有部分地区的农村三产融合呈现出蓬勃发展的态势，但从总体上看，产业融合层次不均、整合后经营主体竞争能力不强、整合成果不明显的现状较为普遍地存在。

首先，是经营项目聚合度较低。有些农村在推行产业融合的过程中，并没有改变原有的生产方式，而是采取传统农事服务队的形式，例如稻麦收播服务队、猕猴桃采摘服务队、农药喷洒服务队等，规模不稳定，技术含量低，人员流动性大，账务结算不清，仅在形式上实现资源集中配置，却并未达到传统农业与服务业的真正融合，与跨产业资源流动、拓宽农村市场需求、切实增加农民收入、改变乡村面貌等标准脱轨。

其次，农村产业链延伸潜力不够。地区间不充分不平衡的发展较为明显地体现在农村产业链延伸的问题上。现代农业发展基础较好的地区，能够在短时间内以合作社、产学研基地等为主体，进而向农产品加工销售、康养观光农业等新产业新业态发展，获取相对较高的收益，进而形成具有高附加值的一体化产业。但是，迫切需要实现发展的大部分农村地处山区或偏远牧区，难以在短时间内破解交通不够便利的难题，大型机具设备难以进入，加之多年积累而成的农业基础较差，加工业和农业产业化企业发展程度不高，产业融合仍旧是以传统种植业为中心，融合技术及科技创新水平较低的初次加工工业模式，缺乏竞争力的产品在市场中始终处于劣势地位。

最后，农业产业与其他产业的融合度较低，尤其是与第三产业的融合还处于层次较浅的阶段。农产品加工环节与种养环节结合的力度还不够，在易损耗农产品的加工方面，难以实现就地加工。同时较为普遍地存在缺乏精深加工，难以形成具有品牌效应、高附加值的产品。加之农业产业化龙头企业带动能力不足，在产、供、销环节没有实现一体化经营。近年来，农业产业与第三产业的结合程度层次较浅的问题暴露明显，一是与农业相关的服务型产业发展相对滞后；二是各地以农旅结合的休闲农业模式过于单一，主要以田园模式和农家乐模式为主，过于同质化，没有很好地结合各区域自身资源禀赋，发展以地区特色为主导的优势产业，例如湖滨休闲开发力度尚且不足；三是休闲农业的品牌建设力度较差，知名度较弱，整体水平偏低。

三、乡村振兴战略下推进我国农业供给侧结构性改革要素供给的路径

为深入贯彻实施乡村振兴战略，农业供给侧结构性改革必须实现"三大调整"及"三大激活"（调优产品结构，突出优字；调好生产方式，突出绿字；调顺产业体系，突出新字。激活市场、激活要素、激活主体）。因此从要素端发力，改革不合理的约束，促进各种生产要素自由流动和优化配置，以扩大流量、盘活存量、做优增量、提升质量、发挥效量为目标，构建技术动力为引擎，传统动力为支撑，聚合动力为驱动的要素供给体系，突破改革瓶颈，提高全要素生产率。

（一）扩大流量，以提高科技服务质量和效率为核心完善技术要素供给

农业农村现代化，离不开科技支撑，这是农业供给侧结构性改革的动力所在。增强我国农业的国际竞争力，必须要提升农产品的科技含量。从供给端来讲，就是要优化调整农业技术的研发方向，并有效对接生产经营主体，切实提高科技服务质量和效率。

首先，要深化农业科研体制机制改革，优化农业技术供给的外部环境。通过改革科技人员职称评定办法、绩效考评办法、优化科技奖励制度，保证科研人员科研工作时间，让其从无关事务中解放出来，增强其工作自主性，同时注重农业科研人才的梯度培养，实用新型科研立项向45岁以下的科研骨干倾斜，最大限度发挥科技人员潜能。

其次，有效调整科技创新的重点及方向，精准满足产业和消费需求。立足于信息化和网络时代的有利条件，从农业种子种苗的改良、引种，到种养殖生产过程科技全覆盖，再到精深加工和储运物流，特别是农产品质量安全和可追溯体系上都要充分应用新科技成果和新科技手段，使科技成

为降低农业生产成本，提升劳动生产率，提高农业产量，提升产品品质的最有力抓手[①]。同时要注重信息技术、互联网、物联网在农业中的应用，降低技术信息获取的障碍和成本，大力发展智慧农业和农产品电子商务，为农产品打开网络销售渠道，探索"互联网＋"农业的多种应用方式，使农业发展搭上信息化和互联网时代的高速列车。

最后，要针对不同层次的经营主体，改变农业科研成果推广路径。高校与科研院所可与实力雄厚、产业集聚度高的农业大型龙头企业联合组建产业技术研究院、农业技术发展研究中心等机构，攻克基础领域及产业发展的关键技术，成果多用于规模化生产及流通。对于中小型企业，应以中青年技术专家团队或者农业科技骨干服务小组的形式，以科研项目或挂职锻炼为载体及途径，在服务期限内确保解决企业面临的技术难题。而面向资金实力相对较弱的将农民专业合作社、家庭农场等新型农业经营主体，可通过承建教学实践基地、"双创"示范基地、承担科技项目等办法参与到产学研联盟中，侧重新技术、新品种的试种推广，加快推广速度，提高推广效率。

（二）盘活存量，以提高土地利用效率为核心完善土地要素供给

土地是农业生产中最重要的生产资料，农地供给数量充足是确保粮食安全和农业生产的前提，也是推进农业供给侧改革的底线。在家庭承包责任制基本国策不变的前提下，改革应着力于将农业用地盘活，加快农村土地要素流动，使土地作为农业生产的基本要素的价值能够充分体现出来，提高农地供给的质量和效率，增加农民的财产性收益。

第一，地方政府完要善土地承包经营权确权登记技术标准，规范制定严格的土地流转规章制度，加快推进确权颁证工作，全面建成（区）县、乡、村三级土地流转服务体系、市场体系、监管体系和纠纷调解仲裁体系，妥善解决农户承包确权不到位、承包地块面积不准、四至不清等问题。同时必须做好风险防范，规范流转程序，确保流转后农地农用，坚决杜绝圈地等"非农化"行为，维护流转双方合法权益。

第二，地方政府要通过榜样现身说法、标语全覆盖、典型案例公众号推送、电视互动采访、专家现场讲座等农民乐于接受的方式加大政策宣传力度，疏导农民因政策不清或道听途说产生的抵触情绪，扩大政策知晓

---

① 原载于：杨海：《放弃高薪回乡创业 用科技带动水产养殖》，动科学院，https://news.sicau.edu.cn/info/1127/41208.htm，编者进行了改写。

面，让农民亲身体验、亲眼所见土地流转的好处。同时要特别注重对农民宣讲针对土地流转风险政府已采取的措施及效果，消除农民的思想顾虑，逐步营造土地流转氛围，增强农民的土地流转积极性。

第三，从政策方面提高农地配置标准，从技术层面降低农地耕作成本。以大型机械能够通过为底线重点强化机耕道路、农田水利等基础设施建设，以科技动能拉动平地、治污、地力提升等土壤环境改善，减少农田撂荒和过度耕种等问题，从而提高农地综合利用效率。

第四，抓住延长土地承包期的发展契机，增进农民生产积极性。党的十九大做出保持土地承包关系稳定并长久不变，第二轮土地承包到期后再延长三十年的决策，农民的权益得到保障，对未来的信心不断增强，生产积极性明显提高，为引导农民在较长时期内合理规划农业经营，合理投入资金创造了有利条件。同时，延长土地承包期，还可以实现种地与养地的有效结合，促进农民采用更为合理、有效、安全的耕种方式，实现土地资源最优利用。

（三）做优增量，以培育新型农业经营主体为核心完善劳动力要素供给

培育新型农业经营主体的目的在于解决新形势下谁来种地、如何种地的问题。近年来，随着机械化生产的普及，专业大户、家庭农场、农业合作社、龙头企业、社会化服务组织业已成为新型农业经营体系的五大主力军，需要大力扶持，但与此同时决不能忽视传统小农户的利益。纵观人类社会发展，尤其是我国农业农村实际，家庭经营才是农业生产经营最符合规律的一种经营方式。小农无疑是家庭经营的有效载体，在农业经营主体更新换代的发展过程中，只要方法得当，小农也可实现"旧瓶装新酒"，真正成为新型经营主体的有效组成部分。

一是要着力培育本土"三农"精英。懂农业、爱农村、爱农民是"三农"人才培育的一条底线标准，在实际工作中要以农村常住人口中的村干部、种养大户、技术能手、回村创业骨干、合作社负责人等为对象建立"三农"精英培育机制，坚定信念，更新观念，提升技术，持续培育，使他们成为乡村振兴的领军人物。同时注重从小农中着力挖掘培育农业产业发展的专业人才。如广泛开展各种农业技能大赛，让隐于田野乡间的专业人才脱颖而出，在耕种、打药、施肥、嫁接等技术环节、茶叶采制等特色产业方面挖掘、培育一批专业农民，强化资格认定和劳务用工信息对接，

促进技术型农民应季、有效流动，增加其收入，从而更好地发挥在广大农民中的示范引领作用。

二是要适度规模发展家庭农场和农业合作社。在新型农业经营主体中，朝着逐步走向规范的法人实体的方向，专业大户最终将分化为家庭农场和龙头企业。在遵循和坚守保障国家粮食安全这一改革的基本前提和改革底线的前提下，家庭农场无疑是粮食规模化生产的适宜模式。应顺应农业多功能的趋势，以有知识、懂技术、重情怀的新农民取代老农民，按照机械化、电子化、信息化的现代农业模式来经营家庭农场，把推进产业特色明显，多类型适度规模经营的家庭农场培育成为现代庄园经济。同时，农民专业合作社应充分发挥在组织产品销售并带动生产方面的优势，更加侧重于经济作物等多种经营，引入互联网、物联网、信息化等新技术手段，提升产品品质，拓宽产品销路，创新合作方式，抱团发声。

（四）提升质量，以构建合理完善的金融支持体系为核心完善资本要素供给

建立健全农村信贷瞄准机制，引导各涉农金融机构找准在农业供给侧结构性改革中的角色定位，建立多层次、广覆盖、可持续的，以政策性金融为主体、以非政策性金融为补充的农业金融供给体系，提高金融服务水平，降低融资门槛和成本。同时注重建立并完善信贷风险控制体系，增强金融机构资金供给意愿。

一是政策性金融应发挥自身优势，积极发挥资源配置作用，根据生产经营主体特征，对金融资源进行选择性的投放收缩，有针对性地评估和开发金融助农产品，为农业供给侧结构性改革中迫切需要资金的领域和行业提供资金。例如，政策性金融中的农业发展银行、农业银行应主要定位于农业龙头企业与种养大户、家庭农场等新型农业经营主体，为其发展壮大提供必要的金融支持。农村商业银行、农村合作银行、村镇银行等农村中小金融机构是县域金融发展的主力军，应加大县域信贷投放力度，增加县域网点，确保"三农"贷款投放持续增长。

二是将非政策性金融作为有力有益补充。注重发挥协同合作的作用，支持社会资本以特许经营、参股控股等方式参与农林水利、农垦等项目建设运营，激发其进入商业化育种、农业新装备研发，特别是在农村一、二、三产业融合下产生的新产业新业态等农业急需投入的领域，切实提升农村金融服务的覆盖面和可得性。此外，还要发挥农村互助资金的有益补

充。支持农村资金互助社以服务社员为宗旨，在成员内部开展资金互助，解决应急、小额资金需求问题，推进农民合作社内部信用合作试点。

三是通过加强金融机构信贷资金管理，降低农业产业信贷风险。在金融服务符合农村小微企业和农户生产、消费信贷需求的前提下，支持金融机构开展订单融资和应收账款融资业务、开展"两权"抵押贷款试点以及大型农机具、农业生产设施抵押贷款业务，降低贷款风险。同时，扩大信息采集宽度和力度，完善征信评价体系，以此增强农民的诚信意识，健全农村信用体系。

（五）发挥效量，以聚合动力驱动农村一、二、三产快速深度融合

产业快速深度融合正是保障有效供给的关键手段。推进农村一、二、三产业融合发展，是拓宽农民增收渠道、探索中国特色农业农村现代化道路的必然要求。现代农村产业融合发展，不仅基于"农业"，还基于"农村"这一特定区域的发展，不是一般意义的农村一、二、三产业简单相加，而是在农产品生产即农村第一产业发展基础上，进一步发展以农产品加工为主的第二产业和以农产品及其加工品销售为主的第三产业，使农村一、二、三产业在同一农业经营主体下交叉融合，实现"1+2+3＝6""1×2×3＝6"的融合效应，以高效量彰显一、二、三产业间的关联与相互"增值"，延长产业链、完善供应链、提升价值链，抓住"种养加销游"五大骨干环节，打造农业产业的命运共同体，最终让农民更多地分享二、三产业创造的价值增值和收益分配。

一是从产业组织的视角，注重农产品的流通、加工、包装的聚合。以传统农业生产为圆心，以产地农产品初加工补助政策的完善、产地农产品营销体系的健全等政策为轴线，向农产品深加工制造的第二产业、相关产品服务营销的第三产业顺向辐射融合，有效拓宽农业产业的边界，形成从种子种苗到种养殖生产，再到农产品深度加工再到新型营销方式、储运方式的完整的高价值、高品位全产业链①。

二是从产业技术层次的视角，注重农业领域的技术聚合。全面贯彻

① 原载于：大凉山：脱贫攻坚从"彝"字说起 http://www.lsz.gov.cn/ztzl/rdzt/tpgjzt/mtgz/202010/t20201021_1741634.html；昭觉县三岔河镇三河村——感党恩跟党走心气足 http://www.lsz.gov.cn/ztzl/rdzt/tpgjzt/xsgz/zjx/202102/t20210226_1833761.html；布拖：大山开新路 群众挪"穷窝" http://www.lsz.gov.cn/ztzl/rdzt/tpgjzt/btx/202006/t20200627_1635341.html，编者进行了改写。

"双创"精神，加大生物技术、农业工程技术等在农业生产中的应用广度和深度，依托现代物质装备进一步武装农业。同时要着力通过互联网平台实现农村一、二、三产业的互补与融合，减少流通环节，降低生产成本，提高农产品的附加值，实现惠及"三农"的发展目的。

三是从产业功能的视角，注重农业的多功能聚合。不仅要发挥农业的传统功能，更要着力开发农事体验、乡村旅游、休闲康养等非传统功能，培育壮大农村新产业新业态，从而进一步挖掘农业创造价值的潜力，使多功能农业、多业态农业成为美丽经济的支柱产业，带动农民的经营动力，完善农民利益联结机制，使产业融合带来的红利真正为农民所享。如大力发展城市周边观光旅游（短期）和山水田园康养产业（中长期）相协调的乡村旅游体系，着重打造河谷流域的候鸟式康养产业、以红色文化为核心的乡村旅游增长极等，抓好湖滨（河流、湖泊、水库）经济。同时，须培育从业人员的创新性思维，打造全国性品牌，改造提升传统名优品牌，尽力规避同质化现象。

第五章 扎实推进农民农村共同富裕

【习近平总书记关于共同富裕的相关论述】

教育、文化、医疗卫生、社会保障、社会治安、人居环境等，是广大农民最关心最直接最现实的利益问题，要把这些民生事情办好。新增教育、文化、医疗卫生等社会事业经费要向农村倾斜，社会建设公共资源要向农村投放，基本公共服务要向农村延伸，城市社会服务力量要下乡支援农村，形成农村社会事业发展合力，努力让广大农民学有所教、病有所医、老有所养、住有所居[1]。

要优先发展农村教育事业，加快建立以城带乡、整体推进、城乡一体、均衡发展的义务教育发展机制，努力让每一个农村孩子都能享受公平而有质量的教育。要统筹配置城乡教师资源，通过稳步提高待遇等措施，增强乡村教师岗位的吸引力和自豪感。要用好网络信息技术，发展远程教育，推动优质教育资源城乡共享。要健全农村基层医疗卫生服务体系，开展全民健身，倡导科学生活方式，推进健康乡村建设。要完善统一的城乡居民基本医疗保险制度和大病保险制度，完善城乡居民基本养老保险制度，完善农村最低生活保障制度，统筹城乡救助体系，织密兜牢困难群众基本生活的安全网。要健全农村留守儿童和妇女、老年人关爱服务体系。要把那些农民最关心最直接最现实的利益问题，一件一件找出来、解决好，不开空头支票，让农民的获得感、幸福感、安全感更加充实、更有保障、更可持续[2]。

这些年，我国农业劳动力老龄化很快。我到农村调研，在很多村子看

---

① 摘自习近平总书记《在农村改革座谈会上的讲话》（2016 年 4 月 25 日），《论坚持全面深化改革》，中央文献出版社，2018，第 263—264 页。

② 摘自习近平总书记《走中国特色社会主义乡村振兴道路》（2017 年 12 月 28 日），《论坚持全面深化改革》，中央文献出版社，2018，第 396—397 页。

新时代农业院校思想政治理论课社会实践教学研究

到的多是老年人和小孩，年轻人不多，青壮年男性寥寥无几，留在农村的是"三八六一九九"部队。出去的不愿回乡干农活，留下的不安心搞农业，再过十年、二十年，谁来种地？这的确不是杞人忧天！要把加快培育新型农业经营主体作为一项重大战略，以吸引年轻人务农、培育职业农民为重点，加快构建职业农民队伍，形成一支高素质农业生产经营者队伍，为农业现代化建设提供坚实人力基础和保障。要加大对农业的支持力度，通过富裕农民、提高农民、扶持农民，让农业经营有效益，让农业成为有奔头的产业，让农民成为体面的职业①。

壮大农村集体经济，是引领农民实现共同富裕的重要途径。要在搞好统一经营服务上、在盘活用好集体资源资产上、在发展多种形式的股份合作上多想办法。过去，一些农村集体资产产权虚置、经营收益不清、分配不公开，农民群众意见很大，也滋生了一些"微腐败"。要稳步推进农村集体产权制度改革，全面开展清产核资，进行身份确认、股份量化，推动资源变资产、资金变股金、农民变股东，建立符合市场经济要求的集体经济运行新机制，确保集体资产保值增值，确保农民受益，增强集体经济发展活力，增强农村基层党组织的凝聚力和战斗力②。

促进农民农村共同富裕。促进共同富裕，最艰巨最繁重的任务仍然在农村。农村共同富裕工作要抓紧，但不宜像脱贫攻坚那样提出统一的量化指标。要巩固拓展脱贫攻坚成果，对易返贫致贫人口要加强监测、及早干预，对脱贫县要扶上马送一程，确保不发生规模性返贫和新的致贫。要全面推进乡村振兴，加快农业产业化，盘活农村资产，增加农民财产性收入，使更多农村居民勤劳致富。要加强农村基础设施和公共服务体系建设，改善农村人居环境③。

---

① 摘自习近平总书记《在农村改革座谈会上的讲话》（2016 年 4 月 25 日），《论坚持全面深化改革》，中央文献出版社，2018，第 262 页。

② 摘自习近平总书记《走中国特色社会主义乡村振兴道路》（2017 年 12 月 28 日），《论坚持全面深化改革》，中央文献出版社，2018，第 399 页。

③ 摘自习近平总书记《在中央财经委员会第十次会议上的讲话》（2021 年 8 月 17 日）。

第一节　战旗飘飘

【典型案例】

"战旗飘飘，名副其实。"这是 2018 年 2 月 12 日，习近平总书记来川视察时对成都市郫都区战旗村的评价。战旗村有何魅力获此殊荣？

名副其实

1965 年，在兴修水利、改土改田活动中，集凤大队表现突出，成为"农业学大寨"的一面旗帜，得名"战旗大队"，也就是今天的战旗村。2000 年以来，"进城"成了村里青壮年人的首选，战旗村逐渐没了往日的光彩。不甘落后的战旗人干起了一桩桩"第一个吃螃蟹"的事情。2003 年，战旗村在郫县（现为郫都区）率先搞起土地集中经营，但并未唤起村民的热情；2006 年，县里把土地增减挂钩试点项目给了战旗村；2010 年，引入市场主体合作开发的旅游项目"妈妈农庄"落户战旗村，几百亩薰衣草成了村民们的"致富"利器，战旗村成了成都的"小普罗旺斯"；2015 年，郫县被确定为集体经营性建设用地入市改革试点县，战旗村将 13.4 亩集体用地以 700 多万元价格成交，这是集体经营性建设用地入市的四川首例；2017 年集体经济资产达 4 600 万元，村集体收入超过 460 万元，村民人均可支配收入超过 2.6 万元。

布鞋卖给了总书记

2018 年 2 月，离开映秀镇后，习近平总书记又来到率先推行农村集体产权制度改革的成都市郫都区战旗村考察。他进入"精彩战旗"特色产业在线服务大厅，查看特色农副产品和蜀绣等手工艺品展示，观摩人人耘"互联网+共享农业"互动种养平台操作。又来到"唐昌布鞋"展位，非物质文化遗产"唐昌布鞋"的传承人战旗村民赖淑芳想送总书记一双自己做的布鞋。"当时看到我的布鞋，总书记就说他在陕北插队的时候穿过老乡做的布鞋，很舒服透气。我鼓足勇气对总书记说，您走基层好辛苦哦，老百姓很感谢您，我送您一双布鞋。"赖淑芳对当时的情景记忆犹新，"总书记说不能送，要拿钱买。"虽几经推辞，总书记还是塞给了赖淑芳 200元，"当时总书记让我一定拿着（钱），我要找钱他也不要。总书记买唐昌布鞋是对我们传统手工艺人的尊重和爱护，彰显的是共产党干部不拿人民一针一线的廉洁品德，这也是给我们的子孙后代留下一笔精神财富。托总书记的福，唐昌布鞋的名气传出去了，年销量从 2017 年的 1 000 多双增长到了 2020 年最高时的 7 000 多双。"一双布鞋见证了总书记和人民群众的鱼水深情，赖淑芳很是感慨。

走在前列，起好示范

"战旗飘飘，名副其实。"听说战旗村 2017 年集体经济资产已经有4 600万元，村集体收入 400 多万元，而且村民人人都是股东，人人都有分红的时候，总书记用这 8 个字表达了充分肯定，并寄语战旗村在实施乡村振兴战略中继续"走在前列，起好示范"。

战旗人没有辜负总书记的期望。2018 年底，从构思设计到招商运营再到完工开街，全由村集体负责的文旅综合体——乡村十八坊正式开街。这里汇集了酿酒、榨油、郫县豆瓣、唐昌布鞋等战旗传统手工艺，营业后立即成为网红打卡地。2019 年 2 月 12 日，省字头的培训学院——四川战旗乡村振兴培训学院在战旗村 8 组落成揭牌，能同时容纳 2 000 人培训学习，是我国第一家面向全国培养乡村振兴专业实用人才的基地。2019 年 3 月，战旗村景区被批准为国家 4A 级景区。同年 6 月，农业农村部发布首批 20个全国乡村治理典型案例，"成都市郫都区唐昌街道战旗村党建引领社会组织协同治理"入选首批典型案例——这也是四川唯一入选的首批全国乡村治理典型案例。2020 年，战旗将村民闲置的猪圈、柴房、鸡鸭舍、烂水沟等区域利用改造，打造出"壹里小吃街"，吸引四川各地美食汇聚入驻。2021 年战旗村集体资产破亿，年收入达到 655 万元。2022 年战旗村主动出击，引入业主，将原本闲置的资源打造成一个集露营、机车租赁、花卉展销等多重元素于一体的休闲场所，能够同时容纳几百游客露营。一条红色旅游、生态旅游、乡村旅游相互融合的发展之路在战旗村越走越宽敞。

火车跑得快，全靠车头带

战旗村党建宣传栏上，醒目地展示着"三问三亮"几个大字，被村民成为初心之问和使命之问。"三问"，即问"自己入党为了什么？自己作为党员做了什么？自己作为合格党员示范带动了什么？""三亮"即"亮身份、亮承诺、亮业绩"。这个抓党建的工作法源于多年前的"无奈"。

2011 年某个晚上，有个党员没来参加村里的党员大会，因此不能领取 20 元的误工补助。后来，村里召开党支部会议，这个党员又没来，理由是上次的补助没拿到，这回就不来了。对于"为了 20 块补助才参加党的会议"的现象，村里的老党员坚决要求纠正，经过充分讨论，一致决定以后凡是党员开会，一律取消发补助，并开始酝酿党员"三问三亮"。

习近平总书记来视察后，战旗村在"三问三亮"的基础上，又新增加了"六带头"，即"带头做好自家环境卫生、带头遵守公序良俗、带头学习宣传党的政策、带头顾大局谋长远、带头树立契约精神、带头解放思想创业致富"。自此，战旗村"三问三亮六带头"的基层党建工作法更加完善。

壮大集体经济

1994 年，战旗村在全县首批股份制试点中，将本村经济效益较好的 5 个企业——"先锋一砖厂""先锋酿造厂""会富豆瓣厂""先锋面粉加工厂""郫县复合肥厂"改制为股份合作制企业，成立组建了成都市集凤实业总公司。公司成立董事会，负责企业的经营管理工作。在发展过程中，因经营管理方面出现问题，企业经济效益逐年下降，企业资产不断流失。为了改变这一状况，让企业能顺利生存发展下去，集体资产不再流失，2003 年，战旗村两委及时采取措施，与股东们签订股份转让合同，由村集体将个人股全部收购，率先搞起土地集中经营，村集体开始统一管理、统一经营村里越来越多的土地。外来企业租用土地的时候，与村集体沟通，而不是与村民个人沟通，为企业节省了很多成本，免去了许多担忧。企业办起来以后，村民可以在厂里面工作。村集体出资 50 万，农户以土地承包经营权入股（按每亩土地 720 元折价入股），组建战旗村农业股份合作社，由合作社将土地集中经营，发展农业产业化，入股农户按每亩 720 元保底收益，经营利润按村集体和农户入股比例进行分红。村组集体资产进行清产核资，新组建战旗村股份合作经济组织，在股东资格认定、股份量化原则、章程制定、年终收益分配等关键环节，严格按规定程序进行规范操作，开辟集体资产保值增值途径，增加农民分红收入。至此，企业再次成为村集体的独资企业，村集体收回资金 420 余万元。改制后每年村集体收入比过去增加 10 万余元，达到 40 万元，为战旗村的发展奠定了基础。

集体富裕了，村民们也得到了实惠。从 2005 年起，村集体每年发放人均 40 元的以工补农款，大力支持农业发展。村组集体资产保值增值后，全村村民的农村新型合作医疗保险也由村集体承担，60 岁以上的老人每年发给 160 元的养老补助，给入托儿童人均补助 60 元，逐步提高了村民的福利待遇。

如今，战旗村已经形成了农用地、建设用地等资源"集体持有、集中经营、按股分红"模式。80% 的村民实现了本村就业，还吸纳了周边村子 200 人就业。2022 年，战旗村又调整出以前种植水果等经济作物的土地 180 余亩种植水稻，能解决约 600 人的口粮问题。2022 年，村集体经济年收入 600 多万元，村民年人均可支配收入达到约 3.5 万元。

"战旗飘飘，名副其实"。这 8 个字是习近平总书记给予战旗村的高度肯定。如今，村里的产业形态越来越多，村民收入越来越高，村容村貌更加美丽……战旗村已经成为乡村振兴的一面鲜明旗帜。

【案例解析】

党的十九大提出实施乡村振兴战略，这是加快农村发展、改善农民生活、推动城乡一体化的重大战略。习近平总书记强调，要把发展现代农业作为实施乡村振兴战略的重中之重，把生活富裕作为实施乡村振兴战略的中心任务，扎扎实实把乡村振兴战略实施好。案例中的战旗村则是新时代乡村振兴的一面"战旗"。

四川省成都市郫都区唐昌镇战旗村地处横山脚下，柏条河畔。位于郫都区、都江堰市、彭州市三市区交界处。全村现有耕地 2 158.5 亩，辖区面积 2 853.8 亩。9 个农业合作社，506 户农户，1 682 人。村党支部下设 9 个党小组，有党员 67 人。全村有 8 个集体企业（全部实行租赁经营），5 个私人企业。地区生产总值 1.347 亿元。村集体自有资金 1 280 万元（固定资产 820 万元，货币资金 460 万元）。2018 年 2 月 12 日，习近平总书记来到战旗村，调研基层组织建设和振兴乡村产业发展。总书记对乡亲们说，在实现了温饱、实现了全面小康以后，我们还要继续振兴乡村。中国有 13 亿多人口，吃饭问题始终要靠自己解决，无论城镇化怎么发展都会有几亿农村人口，我们不能一面有繁荣的城市，一面却是落后甚至衰落的乡村。农村的发展不单是产业发展，不单是物质文明，精神文明、文化生活也要搞好。循着总书记的重要指示，此后5年时间里，战旗村加快发展集体经济，推动农业、农产品加工业及旅游业融合发展，走在乡村振兴前列。2018年10月8日，经地方推荐和专家审核，农业农村部将战旗村推介为2018年中国美丽休闲乡村。2019年3月，战旗村景区被评定为国家4A级旅游景区。2019年7月28日，入选首批全国乡村旅游重点村名单。2018年至今，战旗村的集体经济翻了接近一番，集体资产迈进亿元村行列。

20世纪60年代，战旗村还只是成都平原一个普通小村落，只有三间猪棚，一个木制文件柜，3把圈椅和700元债务。村民分散在60多个院落居住，茅草屋没有墙壁，晚上躺在床上就能数星星。改革开放之初，村里开始考虑集中居住。十几年前，战旗村通过以党建为引领，落实国家的土地整理政策，实现了整个农民的集中，盘活了土地资源。

2007年，战旗村开始进行土地综合整治，建设新型社区。通过拆院并院整理节约出280亩建设用地，实现土地收益。当时村委就提出建筑设计要30年不过时，所以把猪圈都取消了，2年后全村搬迁入住战旗新型社区，联排别墅、党群服务中心、卫生服务站、电商服务站、农村产权交易服务站、农村金融服务站、居民活动中心等样样俱全。

2011年，为推进村集体经济股份制量化改革，对土地进行了确权颁证，让农民吃了"定心丸"。同时，积极探索农村土地承包经营权、股份经济合作社股权、农民住房财产权等抵质押贷款新模式，农村"沉睡"资产被唤醒，农民获得了创业"第一桶金"，农民创业迎来了"及时雨"。

2015年，战旗村开展集体经营性建设用地入市改革试点，组建郫县唐昌战旗资产管理有限公司，实施村集体经济股份制量化改革，敲响了四川省农村集体经营建设性用地入市的"第一槌"，实现资源变资产、资金变股金、农民变股东。优化生产体系，按照建基地、创品牌、搞加工的思路，做强做优绿色产品品牌，建成绿色有机蔬菜种植基地800余亩。

党的十八大以来，战旗村以推进农业供给侧结构性改革为主线，深化农村产权制度、耕地保护补偿制度、农地流转履约保证保险制度、集体资产股份制、农村产权交易五大改革取得显著成效。

从战斗旗帜成为乡村振兴的旗帜，党建引领起到了至关重要的作用。战旗党员率先作为，带领全村深化改革、发展产业、整治环境、淳化乡风，带领村民住上好房子、过上好日子、养成好习惯、形成好风气，村党组织成为群众信赖的主心骨，以实际行动践行了习近平总书记"火车跑得快，全靠车头带"的嘱托。

【启示】

战旗村的生动实践，是党组织领导村级各类组织协同参与乡村治理的丰硕成果。多年来，战旗村充分发挥支部"火车头"作用，明确党建引领农村社区治理，从群众服务入手，围绕"自治、法治、德治"推进乡村治理取得明显成效。其经验主要体现在以下五个方面：

一是坚持党建引领，突出党组织核心地位。理清党建引领农村社区发展治理思路，细化治理措施。规范党组织领导下的村民议事协商机制，党组织定期听取村民委员会、议事会、村务监督委员会等组织报告。建立"两委"联系党员、党员联系集中安置区群众的联系机制。严格落实"三问三亮""三固化、四包干"工作制度，及时协调回应群众诉求。选聘退休老支书作为专职党建指导员，开展党建指导工作。组建以退休党务干部、党员和"新村民"为成员的"红色调解队"，开展矛盾纠纷排查，化解村民矛盾纠纷。广泛联接区内各单位党组织资源，开展结对帮扶活动，推动战旗村社区治理工作。

二是引入专业社工机构，围绕村民需求开展服务。村党总支通过走访调查，了解村民的现实问题和需求，引入成都同行社会服务中心，整合社区资源，采用专业化手段和方法，有计划、有步骤地为村民提供个性化、专业化、规范化服务。根据青少年学生多、老年人多的现状，实施"促国学经典 颂扬家风家训""老年人健康工程"两个社会工作项目，整合林盛小学和成都纺织高等专科学校志愿者资源，开设国学课堂、绘画、手工等培训课程，开展"创美家园"环保公益活动等。目前已开展老年人兴趣工坊10场，全村60岁以上老人生日会2场，举办母亲节、端午节等节日大型活动3场，服务村民超过1 500人次。

三是培育社区社会组织，助力社区发展治理。以党组织为领导，充分发挥村委会自治功能和社会力量协同作用，强化多元共治协同管理机制，动员村民和辖区单位依法理性有序参与社区治理和公共服务，实现"资源共享 社区共建"。在党组织领导下，正在逐步建立社区社会组织孵化扶持、备案管理、组织运行等相关工作机制，支持社区社会组织参与社区公共事务和公益事业，注重将自娱自乐型的社区自治组织转化为服务型、公益型、互助型的社区社会组织和志愿服务组织，为村民提供维护院落卫生秩序、扶老助困、儿童关爱、残疾人康复等志愿公益服务。目前已培育孵化"耆英汇社区舞蹈队""社区妈妈服务队"两支社区社会组织，挖掘村民骨干20余人。

四是开办农民夜校，培育新时代新农民。以农民夜校、乡村振兴讲习所为平台，通过"1248"教育模式，开展"实训+网络""课堂+现场""集中+流动"等多种形式的教育活动，宣传党的政策、普及致富技能、传播文明新风、促进社会和谐，培育有文化素养、有健康情操、有实用技能、善经营管理的新时代新农民。自农民夜校开办以来，村民积极响应，广泛参与，农民夜校已经深入到战旗村的村民心中，并且辐射到战旗片区其他村。这对促进党员作用发挥、深化基层治理、改善乡村民风民俗、促进群众增收致富、服务乡村振兴、增强农村基层党组织凝聚力战斗力，起到了至关重要的推动作用。2018年以来，战旗农民夜校开设了美食技能培训班、布鞋制作班、蜀绣班、古筝班等，已开课60次，1 280人次参与培训。

五是发挥党员带动作用，提高村民责任意识。村党总支在各院落建立院落公示栏，公示院落党员及管理服务队伍成员名单、联系方式、对口联系村民名单等，增强院落党员及管理服务队伍成员的责任意识。建立院落客厅，为党小组会议，村民议事、学习、休闲提供场所。在村民房屋门口制作安装自治管理积分卡，管理服务队成员每日对房前屋后环境卫生开展检查。充分发挥党员示范带头作用，带领村民签订环境卫生承诺，提升村民的环境卫生意识，带动村民积极参与环境卫生治理。通过党小组提名，村党员大会评定的形式，评选战旗村党员示范户，并予以表彰公示。以党员干部带头，辖区内企业、单位、社会组织和村民积极参与的方式，进行"村花"捐赠、种植，激发战旗村村民爱战旗和建设生态绿色家园的热情。在全面分析战旗村内外资源、社区治理存在问题及村民需求的基础上，村党总支从基层党建和回应群众多样化服务需求入手，综合利用社工专业服务优势，孵化社区社会组织，依托农民夜校等平台培育造就新时代新农民，有效推动了战旗村社区治理工作。

【思考讨论】

1. 战旗村为什么能成为新时代乡村振兴的一面"旗帜"？

2. 习近平总书记在战旗村考察时为什么说"火车跑得快，全靠车头带"？

3. 谈谈你对习近平总书记在战旗村考察时所说"我是人民的勤务员"的理解。

4. 请总结归纳战旗村壮大集体经济的经验及典型做法。

第二节　老有所养

【典型案例】

老龄化是当前世界人口结构变化的主要趋势之一，是各国发展面临的重大经济社会问题。相比发达国家，发展中国家的老龄化进程起步较晚，在应对人口老龄化上的实践与经验不足。我国作为最大的发展中国家，人口老龄化呈现出速度快、规模大和"未富先老"的突出特点。为及时适应与积极应对快速的人口老龄化，"十四五"规划和 2035 年远景目标纲要首次将应对人口老龄化问题上升为国家战略。2021 年，中共中央、国务院印发的《关于加强新时代老龄工作的意见》，再次强调应对人口老龄化的紧迫性与重要性。

早在 1997 年，四川就先于全国两年进入老龄化社会。截至 2018 年年底，全省常住人口 8 341 万人，其中 60 周岁及以上常住人口数为 1 762.5 万人，占常住人口总数的 21.13%；65 周岁及以上常住人口 1 181.9 万人，占常住人口总数的 14.17%；同时 80 周岁及以上高龄老年人口在 200 万人以上，约占老年人口总数的 12%。因此，四川省已进入深度老龄化社会，老年人口基数大，老龄化程度深，未来应对老龄社会的挑战正在持续加深。

城乡差异较大

对于仍然存在城乡二元经济社会结构的发展中国家而言，特别是在人口密度更大的东亚、东南亚等发展中国家，农村人口老龄化的问题更为突出。第七次全国人口普查的结果显示，2020 年我国乡村 60 岁、65 岁及以上的人口占农村总人口的比重分别为 23.8%、17.7%，比城镇分别高出 8.0 个百分点、6.6 个百分点。

四川农村地区的人口老龄化水平明显高于城镇地区。截至 2018 年年底，农村地区 60 岁及以上老年人口占农村总人口的比重为 27.5%，比城市地区高出 12.2 个百分点。

此外，四川农村地区的老年人口不仅所占比重比城镇高，而且增速也更快。2010 年至 2018 年间，农村地区 60 岁及以上老年人口所占比重升高了 9.31 个百分点，提高速度比城镇地区快 7.51 个百分点。

同时，农村老人的失能化水平也高于城市地区。据华西医院老年医学中心抽样调查，75 周岁及以上老年人口中，农村的失能和半失能率为 81.4%，而城市为 53.8%，反映出农村人口老龄化比城市更为严峻的形势。

人口老龄化对经济社会发展的影响

四川老年人口规模大、老龄化速度快、发展不平衡等问题突出，人口老龄化形势明显严峻于全国绝大多数省市，将对四川经济发展、民生保障、社会治理和家庭发展带来巨大挑战和机遇。

一、对经济发展的影响

人口老龄化会对经济发展带来消极影响，但同时对产业结构、消费结构、社会经济效益等也具有一定的刺激与促进作用。

从消极方面看，一是减少劳动年龄人口比重，导致劳动力供给和劳动参与率下降，社会生产能力不足；二是降低劳动生产率。由于劳动力出现老龄化发展，年长劳动者的身体机能、创新能力等将难以满足新兴产业的发展和产业结构调整的需要，导致劳动生产率下降，阻碍经济增长；三是减少社会储蓄。老年人属于"消费型"人口，随着老龄化的加剧，社会资源中用于消费的比重将不断增加，并对资本积累产生"挤出效应"，从而削弱经济的增长动力；四是增加财政压力。在收入方面，老龄化环境下经济增速放缓，税基和财政收入会相应减少。在支出方面，老年人口的增长又会扩大社会对医疗、卫生、养老等社会服务支出的需求，从而减少经济建设方面的投入，进一步阻碍了扩大再生产和经济的稳步发展。

从积极方面看，一是促进老年产业的发展。随着国家在老年人社会保障和相关消费方面投入的不断增加，"银发经济"的潜力逐渐凸显。老龄化的加剧将拉动老年用品、家政服务、医疗卫生、食品药品等方面的消费，推动老年产业的蓬勃发展。二是促使产业结构转型升级。劳动力资源的减少有利于资源、资本和技术密集型产业的发展，老年人消费市场的扩大促进了老年产品智能化发展、服务模式升级创新和老年市场的持续扩大，从而形成新经济状态下的全新服务业。三是促进养老金融和理财市场的发展。老年人对金融产品需求旺盛，以储蓄、私人养老保险、信托、养老基金等形式为老年人提供金融规划咨询和服务的金融机构，将面临前所未有的机遇。

二、对民生保障的影响

四川省的人口老龄化伴随老年人口高龄化、失能化，家庭养老功能弱化和"未富先老"等问题，其持续发展将给社会民生建设带来巨大压力。一是养老保障压力日益加大。一方面，支撑现收现付制养老保险体系需要相对年轻的人口结构，而老年人口抚养比的不断上升使领取养老保险的人口规模不断增加，而缴费人口不断减少，导致养老保险基金收支失衡，加大其可持续发展压力。另一方面，企业年金和职业年金等补充性养老保险发展滞后，以个人年金为代表的商业养老保险发展不充分，同时社会互助养老保障和养老慈善事业也刚刚起步，难以发挥其应有的补充性作用。二是社会养老服务需求不断增大。当前四川省老年人口总量大、增速快，老龄化与高龄化、空巢化、家庭小型化等现象叠加，对社会养老服务的供给提出了更高的要求。社会养老除了保障老年人的基本生活之外，还需要老年人心理、文娱、医学等诸多方面的专业护理服务。由于养老服务队伍整体素质不高，从业人员的职业化建设滞后，中国现有养老服务队伍远远不能适应养老事业发展的客观需求。养老机构、床位和专业人员的匮乏，已经成为四川解决养老服务问题的瓶颈。

三、对社会治理的影响

由于老年人的日常生活空间主要在社区，老年人口规模的持续扩大，将推动社会治理体系重心向基层转移，为人口管理和公共服务带来更大压力。在城镇地区，一方面，越来越多的老年人成为长期脱离单位、脱离家庭和子女的自由人群体；另一方面，伴随城镇化的快速发展，随子女迁移城镇的老年流动人口数量也呈增加态势。逐步壮大的老年群体已转变为重要的社会利益群体，他们对社会保障、社会服务、公共安全、权益维护、平等参与、文化娱乐等方面的诉求越来越强烈，社会利益诉求格局将发生深刻变化。在社会参与不足的情况下，由于老年人的主动性和能动性得不到充分发挥，部分老年人可能会出现思想消极、信仰迷失等心理问题，对家庭和社会的稳定发展造成阻碍。

在农村地区，青壮年人外出务工是四川农村快速老龄化的最大原因，大量留守老年人在家，呈现出城市过密化与乡村过疏化的区域空间结构失衡问题，使农村人口老龄化呈现出老年人口规模大、老龄化程度深、高龄化严重、留守化和空心化显著等特征。普查数据显示，四川省农村外出人口占户籍人口比例超过60%的村就有501个，个别村外出人口比例甚至高达90%，"空心村"现象严重，直接导致了农业生产、公共设施建设、公共文化活动等无法有效进行。同时四川省城乡发展不平衡问题又使农村老龄社会治理所面临的基本态势更加严峻。

四、对家庭发展的影响

人口老龄化的加速使老年人口负担系数明显加大。2010年至2018年间，四川省老年人口抚养比从15.19%上升到20.44%，高于全国16.8%的抚养水平3.64个百分点，相当于从平均6.58个劳动年龄人口抚养1个老年人变成平均4.89个劳动年龄人口抚养1个老年人，家庭压力日益沉重。

一是对家庭赡养能力造成巨大冲击。由于目前社会养老体系发展尚不完善，四川省的养老模式仍然以子女赡养的居家养老为主。在家庭结构小型化的背景下，一对夫妇一般需要赡养4个老人并抚养1至2名孩子，使传统的家庭养老模式难以应对逐渐增加的养老压力。老龄化趋势的不断上升和老年人口的高龄化发展直接增加了家庭的养老负担，在家庭收入维持不变的情况下，大部分家庭难以有效满足老年人的养老需求，导致家庭生活水平下降，家庭代际矛盾加剧。

二是对家庭消费支出产生较大影响。当前我国社会保障制度尚不完善，乡村医疗保障体系还存在一定缺口，老龄化会对我国居民家庭消费支出产生一定的抑制作用，主要表现在住房、教育、文娱、衣着等支出的下降和家庭医疗支出的大幅提升。且由于农村地区养老保障和设施条件均不如城市，因此相较于城镇家庭，农村家庭受到的冲击会更加严重。这种家庭消费的冲击不仅不利于人力资本积累和家庭发展，也对我国经济消费驱动的现实需要构成了挑战。

【案例解析】

民生是人民幸福之基、社会和谐之本，聚焦民生痛点、难点、堵点，体现了以人民为中心的发展思想。典型事例反映出四川省已是深度老龄化社会。老年人口呈现出规模大、增长快、程度深的严峻态势，并伴随着高龄化、失能化加速，城乡老化水平差距显著和地区发展不平衡的突出特征，对四川省的经济社会发展影响深远。破解人口老龄化难题，养老服务业是其中至关重要的一环，这既是涉及亿万群众福祉的民生事业，也是具有极大发展潜力的朝阳产业。目前，四川省养老服务体系建设存在以下问题：

一、社区养老服务尚未完全释能

（一）设施点位布局规划有失合理

近年来，四川省大力推进社区养老服务发展，尤其在社区养老服务设施建设方面成效显著。但是，由于建设初期未能科学规划社区养老的服务半径和服务功能，以及大多数点位为完成建设任务"重建轻用"和采取"挂牌""共享"的建设方式，导致社区养老服务资源碎片化，与社区养老服务设施建设的功能定位相差甚远，远不能满足特殊困难老人就近养老的服务需求。农村社区养老服务更是受到规划布局、经费支持、运营主体、传统观念等因素的影响，导致推进社区养老服务举步维艰。因此，不合理的建设布局和不专业的建设方式是省内社区养老服务未能发挥作用的重要原因。

（二）服务功能配置错位偏离定位

目前，四川省的大多数社区养老服务由于运营经费、服务意识、人才短缺等因素，面临服务功能过于单一、供给资源配置错位等突出问题。在服务质量方面，普遍存在服务层次低、服务时间短、服务专业性差等问题；在服务项目方面，主要是以助餐、娱乐、家政等服务为主，缺乏智慧养老、康复医疗、老年教育等服务链接，缺少心理疏导、精神慰藉等个性化的服务内容，不能满足广大社区老年人个性化、多样化、精细化的养老服务需求。另外，社区养老服务内容、服务行为和服务标准还缺乏相应的规范和统一的标准，部分社区尤其是农村社区，社区养老服务功能严重窄化，日间照料中心甚至成为"棋牌室""娱乐室"的代称，导致社区养老服务功能严重偏离定位。

（三）公共服务运行模式色彩浓厚

由于在相当长的时间里，养老服务都是由政府包办或政府绝对主导，针对特殊困难老年人，将其纳入政府供养。尽管"福利多元主义"和"混合制"的发展思路已经成为各界共识，但是养老服务属于福利产品的观念也已经深入人心，这一方面导致对于社会主体的政策优惠难以真正落实；

另一方面营利性组织在养老服务中的地位更是被淡化和模糊化,参与养老服务的程度非常有限。目前,四川省政府运营的社区养老服务机构占比达76%,公共服务运行模式色彩浓厚,运营组织普遍存在"等、靠、要"的思想。社会主体由于回报周期长、经营风险大、持续发展难等因素,一些已具有市场运作雏形的社区养老服务机构不敢走品牌化、连锁化的发展道路,影响了社会养老服务的市场化、产业化进程。

二、机构养老服务供需结构失衡

(一)公办养老机构与民办养老机构资源配置不均衡

社会发展离不开资源的基础性作用,资源是任何社会组织发展的第一要素。相对于公办养老机构而言,民办养老机构处在资源链的末端,很难获得充足的资源。市场未能形成科学的资源调节机制,是民办养老机构发展的主要瓶颈。公办养老机构所需的经费来源于国家财政补贴,因而收费水平相对偏低,凸显"物美价廉"。尤其在需求旺盛的城市主城区和老年人集聚区,"一床难求""排队入住"的现象十分普遍。而民办养老机构由于运营成本高而形成了"收费水平偏高""大量资源闲置"的艰难局面。另外,养老机构资源配置问题不仅体现在养老机构的兴办性质上,还体现在城乡养老机构的运营过程中。在农村地区,由于养老机构普遍存在规模小、点位散、管理乱、服务差的问题,加之受到传统养老观念的影响,抵偿代养社会老年人的数量十分有限,导致大量养老床位闲置,养老资源未得到充分利用。

(二)民办养老机构生存难和社会老年人支付能力低

民办养老机构的运营资金主要来源于个人或私企,其前期投入大、运营风险高和回本周期长的特点,导致其对金融资本吸引不足,金融机构对营利性养老机构的支持薄弱。因此,民办养老机构大都体量小,收费高,而无法形成规模效益,难以在养老这个长效、微利的行业中生存,更无法满足主流社会养老需求。四川省民办养老机构不足 1 000 个,且大都集中在市场需求较大的成都地区。而且,民办养老机构三成亏损,五成持平,仅两成盈利的运营现状,严重影响投资者信心和社会投资活力。与此同时,养老机构运营成本高和老年人支付能力不强并存,比如成都市民办养老机构服务失能、半失能老人的平均成本在 3 000 元/月以上,而 2019 年成都市城镇企业退休职工月平均养老金为 2 325 元,城乡居民养老保险参保老年人月平均养老金为 566 元。可见，老年人现有的收入水平难以覆盖民办机构养老成本，民办养老机构的生存极为困难。

（三）整体服务质量偏低与安全风险隐患较大

当前，四川省的养老机构普遍都存在机构人员松散、流动性差、管理理念落后的情况，未形成一套科学的运行机制和服务模式。另外，养老机构在服务体系建设方面缺乏相关理论基础，服务方案不规范，服务方式粗放简单，质量监管机制建立不足等问题，导致机构养老服务质量偏低、服务功能错位等问题。同时，四川省大多数养老服务机构建设年代久远，安全问题突出。虽然经历了多次整改，仍存在诸多隐患。特别是四川省机构养老的标准化、规范化建设还处于起步阶段，养老机构的"质量基准线""质量等级线"和"安全红线"均在推进过程中，加之老年人属于健康层面和社会适应方面的弱势群体，养老机构照护安全风险隐患比较突出。四川省每年约 15% 的养老机构都不同程度地出现了护理责任事故，极少机构还存在损害老年人权益的现象。个别地区也出现了非法集资养老项目的案件。

三、医养结合服务处于起步阶段

（一）服务部门间壁垒尚未消除

受制度分设和行业差异等因素的影响，医养结合服务部门存在"政策碎片化""管理部门化"的问题。对于老年人来说不可分割的"生活照料"和"医疗护理"，却在行政管理划分上毫不相关。医养结合涉及民政、卫生、人社和老龄办四条主线，而四条主线又分立而治，必然导致管理分割、资源分散、政策落实难的问题，造成各项服务资源融合不够、缺乏有效衔接。另外，医养结合服务部门之间存在"齐抓共管"的问题。比如医养结合服务机构的日常运行，要接受卫生、民政、人社、公安等多个部门的管理。而养老机构和医疗机构在土地规划上属于不同类别，规划建设要求也存在差别。这不仅增加了医养结合机构的构建运营难度、变相提高了准入门槛，也严重影响了养老、康复、医疗服务融合发展的整体性和连贯性。

（二）医养结合服务边界界定不清

"医养结合"就是以"医养一体化"的发展模式，集医疗、康复、养生、养老等为一体，把老年人健康医疗服务放在首要位置，将养老机构和医院的功能相结合，把生活照料和康复关怀融为一体的新型养老服务模式。医养结合养老服务发展的关键在于界定"医"与"养"的服务边界，即以老年人的需求变化为核心，厘清养老照护和医疗护理的服务项目。但是，当前四川省很多医养结合服务机构并不能做到契合本地区人口结构、结合实际养老需求推行医养结合服务。对于医养结合养老服务认识不清、边界不明，直接影响服务项目的模糊推进，片面理解"医养结合"为"养老院里办医院"或者"医院里办养老院"。二者都存在服务内容不完善的问题。前者是以生活照护为主，简单的治疗护理为辅，而鲜少为老年人提供疾病预防、治疗、康复、护理和临终关怀等专业医疗保健；后者则注重疾病的治疗性措施，而忽视健康教育、健康咨询、社会活动、社会交往等服务内容。从而造成了医养结合养老机构服务融合性不高、市场接受程度低、可持续发展能力差。

（三）"医""养"资源缺乏有效衔接

医养结合服务的内涵就是实现"医"和"养"完全融合的一体化服务。但是由于"医""养"资源的相对独立、衔接不力，而形成了医养结合流于形式或者"医不懂养、养不懂医"的难题。比如，四川省的基本公共卫生服务与居家社区养老服务的结合就有明显的脱节问题，社区医疗机构公共卫生业务形式大于内容。家庭医生签约服务普遍呈现"被签约"的假象。与此同时，在居家社区医养结合方面，社区是整合医疗资源的重要平台，但是多数社区却表现出医养结合资源衔接不足，生活照护服务和医疗护理服务条块分割、功能分散的问题凸显。此外，居家社区养老服务机构不适用于《医疗机构管理条例》和《医疗机构基本标准》的要求，无法获得医疗资质，医护人员难以实现执业注册。"医""养"资源衔接不到位，导致医养结合服务呈现形式上的"整合"、内容上的"分立"，偏离医养结合养老服务的目标定位。

四、养老服务政策制度支撑仍需加强

（一）政策制定系统性和操作性不强

养老服务管理牵涉民政、商务、发改、财政、卫健、人社等多个部门。因此，养老服务多头管理、权责不清、各自为政的问题比较突出。在政策制定层面，由多个部门集聚的政策"碎片化"问题明显，政策内容也多有重叠、交叉和冲突的现象；在政策操作层面，各个部门对政策的认识和执行难以实现政策协同，政策落实难以形成统一的标准及责任主体。

（二）优惠和支持政策落实有偏差

近年来，四川省出台有关养老服务优惠支持的政策包括土地保障政策、人才培养和就业政策、政府补贴政策、金融支持政策、税收优惠政策等20余项，但在实践过程中，有些优惠政策对于养老服务，尤其是民办养老机构支持十分有限，呈现出相关优惠和支持政策制定多、落实少且落实有偏差、不到位的问题，导致优惠政策推广不力，支持力度不足。

一是土地划拨政策落实难。土地问题一直是制约社会资本进入养老服务领域的壁垒。土地划拨政策往往形同虚设。二是信贷支持政策落实难。由于养老服务业具有投资大、收益低、见效慢的特点，对金融资本吸引力不足，金融机构对养老服务业的支持十分薄弱。民办养老机构尤其是非营利性民办养老机构的属性和产权不清晰，不符合金融机构贷款条件；营利性养老机构由于抵押权执行难，金融机构也不愿给予贷款。三是优惠政策力度不够大。四川省对于民间资本举办的各类养老机构和服务设施给予了众多优惠支持政策，但是部分政策体现出优惠力度不够大，对于养老机构的吸引力和支持力均不强。四是优惠政策落实不到位。目前，社区养老服务设施场地租金成本过高的问题已成为制约社区养老服务机构可持续发展的难题。为了支持社区养老服务健康发展，相关优惠政策要求国有资产无偿或抵偿用于社区养老，但是政策实施后却发现难以达到预期。

【案例启示】

当前，四川全面推进多层次养老服务体系建设，破解人口"老龄化"难题，面临着问企业保就业政策降低养老服务成本、深化改革举措激发养老服务市场活力、扩大内需战略赋予养老服务业发展新期待、保障和改善民生举措稳托养老服务业需求基本盘等历史机遇，可以从以下方面采取切实可行的措施：

一、促进机构养老服务提档升级

（一）转变政府职能，调整供给结构

政府应实现在养老机构发展中的角色转变，充分发挥协调者、监督者而不是竞争者的作用，这就需要减少政府主导的养老机构，促进民营养老机构的自由竞争，发挥市场的资源配置作用，使社会资源更加正规、公平地流向养老机构，以促进我国养老事业的正常、健康、有序发展。一是区分服务对象，应对多层次服务需求。一方面，公办养老机构要彰显其"福利养老"和"雪中送炭"的角色和作用，承担起托底和普遍的基本保障责任。将财政资金用在最紧要的事情上。另一方面，民办养老机构则通过评估省内各地区老年人口情况及变动趋势、消费水平等，合理布局，满足不同层次、不同需求的老年群体，提供个性化养老服务。二是要改变追求机构数量、床位指标的做法。养老机构及床位的数量仅是养老服务的载体，与养老服务供求及质量相关的是养老机构的等级和床位的功能。四川省应大力推动养老机构在城乡、社区等细分领域的战略性布局。协调基本照护床位和医疗护理床位的科学配比。切实解决机构养老的框架性问题，实现机构养老资源的利用最大化。

（二）改革公办养老机构，实行社会运营

公办养老机构的传统运营体制已不再适应当前时代的发展，为了解决老年人"豪华型"机构"住不起"，"简陋型"机构的"不想住"，"福利型"机构"挤不进"的"三难"境地，应积极促进公办养老机构的改革和转型。一是加快推进具备向社会提供养老服务条件的公办养老机构转制为企业或开展"公建民营"养老机构。鼓励社会力量通过独资、合资、合作、联营、参股、租赁等方式参与公办养老机构改革，将养老产业市场化，增强其生机和活力。政府投资建设和购置的养老设施、新建住宅小区按规定配建并移交给民政部门的养老设施、党政机关和国有企事业单位培训疗养机构等改建的养老设施，均可实施公建民营的形式运营。适当保留针对特殊困难群体提供兜底服务的公立养老院。对这类老年人实行入住评估制度。重点为失能失智老年人、计划生育特殊家庭老年人提供无偿或抵偿托养服务。二是完善公建民营养老机构管理办法。发挥政策导向作用，立足吸引先进管理理念、专业服务团队和优质服务资本，科学设置公建民营的条件和形式，调动运营方积极性和创造性。按照公开、公正、透明的原则，依照法定程序，由产权方组织或委托具备招标资质的专业机构组织招标和评标，确保公建养老机构产权清晰，保持土地、设施设备等国有资产性质。明确工作流程，建立行业规范。

（三）优化民办养老机构，发展普惠养老

为贯彻全面放开养老服务市场、提升养老服务质量的有关政策要求，打破行业界限，放宽准入条件，统筹有效资源，引导和支持社会力量兴办或运营各类养老服务设施。一是在政策扶持方面，落实好对民办养老机构的投融资、税费、人才等扶持政策，保证合理、公平、公开地分配，并在养老产业用地等方面要有适当的优先权。二是在资金保障方面，采取民办公助等形式，把发展民办养老机构列入重点民生项目，给予它们相应的建设补贴、运营补贴、贷款贴息、购买服务等，将所需经费列入财政预算。三是在供需结构方面，大力发展普惠养老机构。合理调解决老机构供给档次上的结构性问题，重点发展满足中低收入老年人的中端普惠型养老机构，严格控制新项目投资高端养老机构。对于已经建成的高端养老机构和低端养老机构，需加强管理、适度调整。

（四）加强服务质量监督，消除安全隐患

在硬件建设方面，实施养老机构等级评定和划分，完善养老机构各类场馆设施建设；食宿条件以及文化娱乐条件等符合规范，达到饮食健康营养，住宿干净舒适，文娱丰富多样；老年人防滑、防摔等基础设施齐全完善；开展安全风险隐患整治行动，确保老年人在设施齐全且安全有保障的环境下养老。在软件建设方面，规范服务标准，扩大服务范围，提高养老机构的管理水平和护理人员的专业化建设。加强从业人员职业资格考试和职称认证体系建设。服务人员要经过专业的培训并具备一定的护理技能，持证上岗，规范聘任环节，全面提升养老机构服务质量。在前景建设方面，构建跨区域联合、资源共享、异地互动养老的连锁化养老机构。把握成渝地区双城经济圈公共服务共建共享的历史机遇，共谋川渝养老服务协同发展。促进四川省机构养老的体系化、品牌化发展，使全省机构养老发展更具科学性和规模化。

二、进行养老服务工作查缺补漏

（一）政府主导实施农村养老服务改造升级

养老服务，关系民生，情牵百姓。基层政府要充分发挥战略眼光，聚焦养老难题，积极推动多方社会力量行动起来筹办农村养老服务中心。一是全面提升供养设施和服务条件，对存在重大安全隐患的敬老院予以改建或重建，对服务功能较弱、供养人数较少的敬老院进行改造提升，结合乡镇行政区划调整，打造成区域性养老服务中心，实现农村公办养老服务地区结构合理。二是实现农村养老服务"应养尽养"。在满足特困人员集中供养需求的前提下，乡镇敬老院应优先为农村低保、低收入家庭、建档立卡贫困家庭以及计划生育特殊困难家庭中的高龄、失能失智老年人提供无偿或低偿服务，仍有剩余床位的应向社会开放，并为周边农村留守老年人提供延伸服务。三是推进农村敬老院社会化改革，鼓励通过承包经营、委托运营、联合经营等方式，引入具有护理服务经验、实力较强的企业或社会服务机构参与运营管理。四是建立城乡养老服务协作与对口支援机制。鼓励城市优质养老院与乡镇敬老院、区域性养老服务中心等开展结对帮扶，提供人员培训、技术指导、设备支援等方式，帮助其提升管理服务水平。

（二）建立留守老年人关爱扶助机制

关爱留守老年人，形成关爱服务体系，是构建"养老、孝老、敬老"社会氛围的重要内容。一是全面建立农村留守老年人和分散供养特困老年人巡访制度，健全农村留守老年人关爱服务组织领导、责任分工和考核评价等工作机制。由乡镇党委统筹指导，村党组织负责实施，组织村组干部和在家农村党员，就近就便、分片包干，对农村留守老年人开展定期巡访，及时了解或评估农村留守老年人生活和家庭赡养责任落实情况，更新留守老年人信息台账，及时为留守老年人提供相应援助服务。二是有条件的地区可探索建立留守老年人风险评估制度，制定风险等级标准，对风险等级高的留守老年人及时进行干预，实施关爱扶助。结合脱贫攻坚工作，完善党员干部联系帮扶农村留守老年人和分散供养特困老年人制度，将存在安全风险和生活困难的老年人作为重点帮扶对象，实行"一人一策"，帮助解决实际问题。三是积极推动社会工作专业力量参与留守老年人关爱服务。通过设立社会工作站点、加大政府购买服务力度等方式，及时为留守老年人提供心理疏导、情绪疏解、精神慰藉、代际沟通、家庭关系调适、社会融入等服务。

（三）大力推进农村互助式养老服务模式

通过农村传统的非正式互助网络，将各类农村人力资源有序地组织动员起来，发展互助式养老服务，是破解农村养老困境的可行途径。一是支持干部领导型互助养老。村干部通过动员各种社会资源参与社会养老服务，并主导着互助养老服务的运作过程。兴办互助养老设施，建设农村幸福院、互助养老合作社、互助照顾中心等；筹集各级财政补助、村集体共有收入、社会慈善募捐等，多渠道解决日常运转经费来源，支持互助养老服务模式的建设和发展。二是发展能人带动型互助养老模式。鼓励乡村贤达能人参与农村老年慈善公益活动。大力培育农村老年协会、农村社区为老服务组织，强化农村老年人社会支持体系建设。由老年协会等组织推动互助养老模式发展，实现老年人自我服务、自我管理。三是探索搭伴结对互助养老模式。倡导积极老龄化理念，充分发挥低龄老年人的人力资源作用，通过招募农村闲置劳动力、低龄健康老人等组成老年服务志愿队，按照就近原则，将志愿者与受助老人结为"一对一"或"一对多"的邻里互助对子，根据老人需求提供服务。

三、实现养老服务功能深化拓展

（一）深化医养结合

明确监管和职能部门的范围，理顺管理体系。一是完善"医养结合"扶持政策，在"卫生准入、民政扶持、医保定点、政策优惠"等方面减少制度交叠冲突的现象；二是推进医养结合标准化建设，制定出台老年人慢性病管理、突发危急重症的识别处理、转诊等制度，实现医养结合服务的标准化、规范化；三是制定统一的"医养结合"服务机构管理办法，明确机构的服务性质、服务对象、服务主体、服务范围、准入标准、机构设置标准、从业人员上岗标准，促进医养结合有法可依。

整合资源、营造多元化的服务供给体系。实施医养结合养老模式必须整合社会资源，构建"政府—市场—社区"多元化服务供给体系。一是医养结合向居家社区延伸。统筹养老设施规划和区域卫生规划。对新建地产项目要求社区养老场地配套。推动社区养老服务设施与社区医疗设施同址临近设置。二是推动医疗联合体建设。推动二级以上医院开设老年病科，支持有条件的二级医院转型为康复照护机构。支持乡镇卫生院与养老院"两院合一"。三是落实优惠政策，推进养老社会化发展。通过降低准入门槛、放宽准入条件、提供养老用地、减免税费、财政补贴等政策手段，鼓励社会力量兴办社区养老护理机构、在养老机构设立老年病区。推进政府、企业之间的跨界合作。四是规范家庭医生签约制度。以特困老年人和特殊家庭为重点人群，切实落实家庭医生签约服务。五是以长期护理险为依托，以"互联网+"为纽带，在社区及农村地区大力发展居家和社区养老模式。

（二）发展智慧养老

随着互联网的发展，人工智能和大数据正在与养老行业深度结合，智慧养老正在成为实现老年人养老需求与养老服务之间高速、准确对接的有效路径。智慧养老起步较晚，还需进一步健全完善。一是加强顶层设计，促进智慧养老制度体系建设。政府部门首先要创造良好的智慧养老法律环境与政策环境。其次要完善信息资源共享机制的建设，卫生、人社、民政等部门要积极协调沟通，实现信息共享。最后要建立一套科学、完善、具有可操作性的智慧养老行业标准。二是做好基线调研，对接养老需求。充分了解老年人的一般需求和特殊需求，在此基础上进行政策探索与研究，促进服务商进行线上线下的服务，才能避免资源的浪费和闲置。对老年人的需求进行分类研究，运用高科技的智能产品提供多样化的服务，同时也要加大宣传的力度，让老年人深切感受到智慧产品带来的高效和便捷，刺激老年人的消费需求。三是创造示范效应，推动养老领域公共数据开放共享。在四川省内积极创建智慧健康养老示范市县，打造省级养老服务数据和实训基地物联网工程，建立完善省市县三级养老服务信息平台，打造一批"智慧养老院"和"智慧养老社区"，形成示范推广效应。

（三）提升养老服务综合监管能力

1. 加强养老服务的监督管理

建立政府、市场、社会三位一体，事前、事中、事后全覆盖的综合养老服务监管体系。

由职能部门、驻地社区、专家学者、相关领域志愿者、老年人及家属等参与的成立监督机构，各司其职、协同配合，增强机构运营透明度，形成完善的内外监管机制。在养老服务供给端，加强养老服务设施和服务运营监管，建立定期检查机制，重点加强消防安全、食品药品安全卫生、应急预案等方面监督检查；在养老服务消费端，加强老年群体消费行为引导，严厉查处侵害老年人人身财产权益的行为，切实保障老年人合法权益。

2. 推进养老服务规范化建设

一是推进养老服务标准化建设，制定出台社会福利机构管理规范、民办养老机构管理办法、城乡居家养老服务和社区日间照料中心服务规范等政策规定，推动落实全国和四川省养老服务行业标准。二是建立健全养老服务市场准入退出机制。通过破除行业垄断、地方保护，清理废除养老服务中妨碍形成全市统一市场和公平竞争的规定和做法，推动建立开放、竞争、公平、有序的养老服务市场。三是推进养老服务领域社会信用体系建设，实施养老服务组织或机构"红黑名单"管理，通过建立跨行业、跨领域、跨部门联合惩戒制度，加大对养老服务领域失信主体的惩治力度。通过信息公开、资金审计、行业自律等方式，规范养老服务机构和从业人员行为。

3. 健全养老服务的考评体系

将养老服务工作纳入四川省各级政府目标考核管理体系，按时开展相关规划执行情况的中期评估和全面评估考核，建立老龄事业统计公报定期发布制度。建立养老服务业科学评价体系，委托第三方专业机构对财政资金资助的设施项目建设、资金使用和服务质量开展综合评估，严厉整治养老服务领域非法集资乱象；建立养老服务机构的星级评定制度，利用考核评估结果合理引导个人消费选择和公共养老服务资源配置，促进养老服务业健康发展。

【思考讨论】

1. 你所了解的人口老龄化及其衍生问题有哪些？
2. 人口老龄化的城乡差异主要体现在哪些方面？
3. 民办养老机构生存难的原因及表现是什么？
4. 如何发展智慧养老？

第三节　幼有所教

【典型案例】

教育是民族振兴和社会进步的基石。在实现中国梦的伟大历史进程中，教育具有基础性、先导性、全局性的地位和作用，承担着光荣而重大的职责和使命。乡村教育是乡村振兴的基石，是中国教育的未来。

农村普遍的"趋中心化"择园现象

调研发现，目前四川农村出现十分明显的"趋中心化"现象。不同镇上的幼儿园老师都提到村上是有幼儿园的，但是附近村的孩子都来镇上读幼儿园。家长总感觉镇上幼儿园要负责一些，乡下幼儿园可能不太好，都喜欢在城里、镇上读。同时，村里虽有幼儿园，但是家长还是把孩子往外面送。"为了读书，农村的跑镇上去，镇上的跑到城里去"的趋势为当地镇上的幼儿园带来很大的接收压力。据镇上的幼儿老师反映："我们容纳不下那么多孩子，只有租房办园。""我们有 12 个班，大班都是六七十个孩子。""家长不介意的，我们就加一根凳子，让孩子坐桌角上课。"这种现象迫使村幼停办或与小学合并，"大家都不送娃娃去村幼，办不起学，已经停了好几年。""现在村上都是一年级、二年级、幼儿园凑在一个班。"大家的生活也由此发生改变。有幼儿老师提到："有的娃娃要走半个小时以上到幼儿园，有的是念小学的哥哥姐姐接，或者邻居之间互相帮忙接送。""镇上好多爷爷奶奶租房陪娃娃读幼儿园的。""还有把娃儿寄宿在老师的亲戚家。"这些改变在家长口中得到证实："镇上幼儿园离我们这里四五公里远，平时我们就一起租面包车接送。""我们家离镇上远得很，刚好他姐也在镇上念小学，两个人就一起托管在辅导站。"这种普遍的、明显的"趋中心化"增加了当地镇幼儿园的接收压力，改变了当地家长和幼儿的生活方式，出现了"举家搬迁""租房陪读""寄宿"以及"包车"等现象。

民族地区学前教育的可持续特征不明显

截止到 2019 年年底，四川省甘孜藏族自治州、阿坝藏族羌族自治州、凉山彝族自治州共有幼儿园 1 210 所。其中公办园 695 所，民办园 515 所，其中普惠性民办园 218 所，公办和普惠性资源占比 76.28%。甘阿凉三州 7 872 个行政村共设立 3 758 个村幼教点。三州幼儿园和幼教点共涉幼儿 335 910 人。三州 2019 年毛入园率达到 85.10%，与 2015 年相比，增长 22.06%。至此，四川省民族地区已初步建立起了学前教育体系，但这一体系目前还比较脆弱，不具有明显的可持续发展特征，主要表现在：

一是当前的学前教育资源还不充分。从城市普惠性资源来说，甘阿凉三州 48 个市县公办园总数为 62 所，平均每个县 1.29 所。普惠性民办园 22 所。公办和普惠性民办园占比 48.28%，普惠性资源较为缺乏。从乡镇普惠性资源来说，甘阿凉三州 940 个乡镇共有公办园 633 所，平均每个乡镇 0.67 所，乡镇公办资源紧缺。从偏远农村的学前教育资源来看，甘阿凉三州的毛入园率为 85.10%，还有 14.90%的孩子未接受学前教育。这些孩子绝大多数分布于山大沟深、交通不便的山区和地广人稀的牧区。

二是民族地区的学前教育资源结构较为脆弱。部分一类地区建立了较为完善的县—乡—村幼教点三级学前教育网络，但二类、三类、部分一类地区仅有县—村幼教点两级学前网络，学前教育资源断层。

三是民族地区学位规划不合理。这种不合理表现为城镇幼儿园学位规划与城镇化进程不匹配，"超级幼儿园"现象突出，村幼教点布局与学位规划待优化。班级数量超过 12 个的幼儿园有 67 所，班级数量最多高达 23 个。调研的 7 个县公办园中有 6 个园的班级数量在 16~21 个，远超过《托儿所、幼儿园建筑设计规范（2016 年）》中对"大型幼儿园班级数 10~12 个"的规定。此外，7 所公办园的在园人数在 510~1 100 人，平均人数在 45 人以上，最大人数达 73 人，远超《幼儿园工作规程》等相关文件中对班级人数的规定。

村幼教点的建点标准以自然村落适龄儿童人口数量为依据，实行"一村一幼、几村一幼、一村多幼"。随着"小村并大村""易地搬迁扶贫"等政策的落实，一些地方出现了"超级幼教班"与"超小幼教点"并存的局面。在调研的幼教点中班级最大规模为 109 人 1 个班，最小的幼教点仅 7 人。甘阿凉三州 10 人以下的幼教点共 520 个，占比 13.84%，20 人以下幼教点 1 287 个（含 10 人以下），占比 34.25%。如何对幼教点的布局进行科学规划有待进一步测算。

基础教育资源分布不均衡

乡镇区划调整后乡村教育资源弱化。农村普通小学学校规模不断减少，尤其是村小和教学点。根据教育统计数据，2014—2019 年，四川普通小学数从 6 959 所减少到 5 725 所，减少 1 234 所，减幅 17.73%；教学点从 8 905 个减少到 7 356 个，减少了 1 549 个，减幅为 17.39%。调查发现，一些区县行政村基本没有小学，仅有部分行政村有教学点。

随着村小的消亡和教学点的减少，学校服务半径不断扩大，学生上学距离不断变长。调查发现，部分小学生上学距离平均 5 公里左右；初中生上学距离 10~20 公里。这必然带来学生上学难的问题。为了便于孩子上学，部分家长在学校附近租房照看孩子；部分家长通过电动车、汽车方式接送孩子。

同样，乡村普通中学不断减少；乡村初级中学的班数也逐年减少；农村生源外流情况比较严重，部分地区有三分之一到三分之二的适龄学生在外地就读，直接导致了城区学生逐年增长。农村校点的撤并，导致部分学生上学难，导致"三类学校"（乡镇寄宿制学校、乡村小规模学校和九年一贯制学校）的体量大。寄宿制学校几乎每个乡镇都建有，困难是基本生活条件仍待改善；小规模学校教师配置严重失衡，优秀老师下不去、留不住问题明显，音体美设施设备和教学仪器、图书配备闲置严重（要么就是欠缺）；九年一贯制学校"两锅水"现象严重，小学部和初中部"结合容易融合难"的情况比较突出，不利于实施分层教育。

民族地区职业教育滞后

四川是全国最大的彝族聚居区、第二大藏族聚居区和唯一的羌族聚居区。近年来，随着"9+3"计划的实施，职业教育对民族地区民生改善发挥了积极作用，但整体发展仍薄弱，突出表现在：一是院校数量少、区域布点不合理。三州中、高职院校数量仅占全省总数的 5% 和 5.48%，均低于常住人口占全省常住人口总数的比例；截至目前，甘孜州还未设有高职院校，彝区、藏区 51 个县（市）中超过半数未建有职业学校。二是办学条件差。由于历史原因，加上民族地区各州县自身财力有限、配套投入不多，社会资金投入困难等因素，学校校舍、专业建设、实训条件还存在较大困难。25 所中职学校中，仅有国家中等职业教育改革发展示范学校 1 所、国家级重点中职学校 4 所。按现有学生规模计算，民族地区中职学校校舍建筑面积、实验实训设备等基本办学条件要达到国家基本设置标准，资金缺口超过 5 亿元。三是师资力量堪忧。中职学校教师编制多年未调整，随着办学规模的不断扩大，教师编制严重不足。由于学校地处边远，工作和生活艰苦，优秀教师人才难以引进。同时，中青年骨干和专业带头人流失较大，导致高学历、高职称的"双师型"教师比例仍然偏低，教师队伍总体水平堪忧。

【案例解析】

教育是乡村振兴的智力基础。典型事例反映出的问题再次表明乡村教育仍是现代化建设中的短板。随着国情、省情和发展阶段的变化，"十四五"时期，乡村教育服务体系建设面临新要求。

一是教育对象深刻变化。四川省教育规模居全国前列、西部首位，为8 000 多万人口提供教育服务。但是，教育服务的对象不是整齐划一、一成不变的，而总是多样化、动态变化的。随着进城务工人员以及随迁子女、留守儿童的增加，"流动学习者"需要获得公平有质量的教育服务。受疫情影响，在线学习者进一步扩大，越来越多的人在学校、课堂之外的网络上学习知识和技能，乡村教育也不例外。同时，相对贫困的学习者将持续存在，即使按现行扶贫标准已经全部脱贫，仍然有数以百万的相对贫困的人口需要通过接受教育提高自身发展能力。可以预见，教育对象的变化将给四川省教育体系、结构和布局都提出严峻挑战。

二是教育服务需求日益多样。"十四五"时期，四川省经济社会发展水平的持续提升将进一步增强社会需求的多样性、全面性。全社会消费增长点将加快从生存性需求向教育、卫生保健、旅游、住房改善等发展性需求转移，消费方式从模仿型排浪式向个性化和多样化、定制化转变，越来越呈现中产化社会、网络社会、汽车社会的特征，由此导致的巨大的学习教育需求，将构成教育服务体系扩张的强大动力。而且，随着四川逐步向高收入社会迈进，各类社会群体对高质量、多样化教育需求日益迫切，个性化学习越来越普遍，对学习途径和方式的自主性要求越来越高，对学校、教师、专业、课程的选择性也越来越强，教育服务的评价更趋多元、主观，评价导向从工具属性向价值属性延伸，评价的心理预期、目标参照从"水平高低"向"更加满意""获得感更强"拓展。

三是发展阶段对四川省教育供给提出新要求。教育服务供给不仅要满足"保基本民生"的需求，也要充分考虑国家整体发展的需要，增强适应性、协调性。从宏观上看，由于"人口大省"的四川面临着劳动人口进一步不可逆地减少，因此必须提供更高强度的人力资本投资，才能维持人力资源总量增长，为四川省经济持续发展提供基础条件。从微观上看，四川省面临着与经济起飞早期完全不同的约束条件，特别是随着资本边际收益逐渐降低以及不可避免的劳动力成本快速上涨，如果大量低人力资本水平的人口无法适应高工资、高效率的经济活动，特别是难以进入城市正规劳动力市场，经济增长和城市化就会停滞，加上自动化和人工智能深入发展导致的技术技能需求的变化，对百姓就业造成进一步的冲击。因此，四川省必须加快构建"一干多支、五区协同"区域发展新格局、形成"四向拓展、全域开放"立体全面开放新态势，必须以持续的教育投资提供强大的人力资本和智力资源，加快实现要素升级，并为现代社会努力培养有参与意愿、有参与能力的合格公民，顺利跨越中等收入发展阶段。

【案例启示】

农村的发展是中国发展的重要基石，乡村教育更是中国教育界为之努力的重点领域。如今，进入新时代的中国，开启了乡村振兴的时代伟业，迫切需要教育能在这个过程中发挥其培育人力资源、提升乡村生活质量的基础性作用。基于民生改善和"十四五"发展，四川乡村教育可以从以下方面发力：

一、多措并举，着力破解"就近入园难"问题

（一）系统规划，分期分片施策

区县一级政府，应在充分掌握区域内整体情况的基础上，系统规划学前教育事业的发展，分阶段、有步骤、有策略地解决"就近入园难"问题，将"就近入园"问题与区域内学前教育发展的其它问题综合分析、解决。

（二）因地制宜，加大入园创新

在幼儿园、村幼教点（一村一幼）难以覆盖的原深度贫困地区，应加大创新力度：一是加强返贫监测工作中的教育跟进。加强易地扶贫搬迁中幼儿园的规划、建设、发展工作，而不是简单地将入园问题粗暴地强加给本已不堪重负的迁入地幼儿园。二是加强"促进入园"的形式创新。比如，可以开展游戏小组、送教入户、大带小、从家长到儿童等形式。

二、加大力度，推动民族地区学前教育可持续发展

（一）优化布局、拓宽途径，扩大民族地区学前教育资源

一是加快县—乡—村三级学前教育网络的建设，优化民族地区县域学前教育布局，从行政管理和业务发展等方面联通三级网络。二是统筹规划村幼教点布局，科学规划学位数，从出生人口比率、人口政策、扶贫政策、乡村道路建设实际情况、城乡幼儿园辐射范围等多方面考虑幼教点建设，做到既不让一个孩子失学，也不浪费资源。三是多途径扩大学前教育资源，用好民办园资源，加强公办园建设和学位规划，进一步增加城镇普惠性学前教育资源。四是在偏远山区、牧区结合当地实际灵活采用季节班、流动园、帐篷园等方式，进一步完善乡村学前教育资源。

（二）大力加强学前师资队伍建设

一是严格依标配备。民族地区应逐步规划、逐年增加，采用政府购买

服务、有编进编等方式尽快补足专任幼儿教师和其他工作人员。二是依法保障待遇。公办园应认真落实各项教师工资待遇保障政策，通过专项支出、专项补助等措施保障非在编教师与在编教师同工同酬。三是完善职前培养。统筹本地及内地本专科院校资源，加大本地区学前师资培养；鼓励在职非学前教育教师和村幼辅导员进行学前教育学历提升，公招考试认可其学历和专业。四是健全职后培训。以县市为单位建立区域教师和辅导员专业发展制度，每年每学期定时定期开展专业培训；用好国家、省、县培训机会，实行园长、幼教行政人员、教师定期培训、全员轮训；整合各项帮扶资源，利用东西部教育协作提升本土师资力量。

（三）改善村幼教点办学条件，提高幼教点保教质量

一是全面改善幼教点办园条件。尽快出台合理的幼教点办学指导意见，规范办学条件。比如新建、改建要求，闲置资源准入，硬件设施、教学材料配备、报损机制及消耗品采购、投放工作制度，等等。二是规范一日活动流程，注重保教结合。幼教点应遵循幼儿发展规律，树立科学保教理念，建立良好师幼关系；利用学前学普办现有资源、在线资源等建立便于辅导员操作、模仿和创造的教学资源包，为保教质量提供基本保障。

（四）健全县域学前质量保障机制

一是健全县域学前教研机制。通过业务指导、区域教研、园本教研，县—乡—点联动教研等方式，及时发现和解决教育实践问题和教育困惑。充分发挥城镇优质园和乡镇园的辐射带动作用，加强对村幼教点的专业引领和实践指导。二是研制合理的专业评估标准，健全质量评估监管体系。制定专门针对县—乡—村幼教点质量的合理评估标准。健全一支专业化的质量评估队伍，定期对幼儿园和幼教点展开质量评估和督导，以专业标准引领、督导评估促进区域学前教育质量发展。

（五）加强组织领导

一是健全县域学前教育管理机构和体制。各县教育局应有专人专职负责学前教育相关工作，在争取各街道办、乡镇府的积极支持的同时，主动对接当前帮扶资源，并合理规划，实现帮扶力量均衡分布。二是建立督导问责机制。省级部门及市州将学前教育普及普惠目标、教育质量、相关政策落实情况等作为对下一级政府履行教育职责督导评估的重要内容。县级主管部门对下属的幼儿园、中心校同样实行督导问责机制，确保幼儿园、幼教点在科学、规范的管理中健康发展。

（六）实施五大工程

一是实施"一村一幼"保教质量工程。通过"村幼教点办园条件改善专项计划""村幼教点保教活动规范专项计划"和"村幼教点管理主体监管制度"落实"一村一幼"保教质量目标。二是进一步落实"一乡一园"工程。在三级学前教育网络尚未完善的地区加快"一乡一园"工程建设和乡镇园行政管理团队培养，逐步实现由"外行管内行"向"内行管内行"的转换。三是实施"学前师资供血工程"。省级统筹扩大民族地区学前师资的本专科培养力度，通过"本地学前人才培养专项计划""少数民族自治州县及深度贫困县本土人才'学历提升专项'计划""民族学前教师云端成长专项计划"充分利用院校、在线资源库和远程专家指导促进本土师资成长。四是实施"教研团队建设工程"。各区县尽快设立学前教研室，并按照相关要求配齐学前教育专业专职教研员，监督、组织开展相应教研活动。五是实施"家长科学育儿宣传计划"。采用双语的方式通过标语、广播、电视、微信、社区会议、家长会、家长开放日、家访等方式宣传接受学前教育的意义和价值、科学育儿的重要性。

三、优化配置，不断提高基础教育供给效率

（一）继续扩大普及

"十四五"时期，不管是"保基本民生"需求还是四川省经济社会发展需要，都要求进一步适时提高教育普及水平，持续提升全民受教育水平。一是持续巩固九年义务教育普及成果，按照守住底线原则，抓好控辍保学长效机制设计，从政府、学校到家长层层传导压力，精准控辍。二是建立常态化教育质量监测制度，让学生接受良好的基础教育。

（二）不断优化布局

把教育资源布局纳入经济社会发展总体规划和国土空间规划，根据城市、乡（镇）总体规划要求，适应新型城镇化、新型工业化发展需要，统筹考虑城乡人口流动、学龄人口变化以及当地地理环境及交通状况、教育条件保障能力、学生家庭经济负担等因素，充分考虑学生的年龄特点和成长规律，妥善处理好学生就近上学与接受良好教育的关系，统筹乡村小规模学校、乡镇寄宿制学校和乡村完全小学布局，以及寄宿制学校和非寄宿制学校的比例，保障学校布局与学龄人口居住分布相适应。

（三）振兴乡村教育

由于四川省农业人口占绝大多数，事实上农村教育一直是四川教育的主体部分。如果四川乡村教育在"十四五"时期有一个比较大的提升，那么四川教育乃至经济社会发展的基础条件也将有一个质的飞跃。"十四五"时期，四川省在坚持教育优先发展的前提下，应进一步突出乡村教育在经济社会发展全局中的战略地位。一是在四川"十四五"规划编制中专题设计"乡村教育振兴省级重大工程"，内容包括按照现代化标准加强学校建设，对乡村小规模学校和寄宿制学校进行底部攻坚。二是加强信息化建设，以特殊政策进一步大幅提高乡村教师的待遇，解决好他们的生活和职业发展空间等问题。三是加大学生资助力度并向营养、健康、交通、早期养育等领域拓展。四是改善乡村教育治理，尤其是解决好农村学校布局的动态调整、边远艰苦地区教育服务供给，探索保障流动儿童、留守儿童就学以及提高服务质量的有效实现形式等。

（四）点面结合，加强基础教育教师队伍建设

一是突出全员全方位全过程师德养成，不断拓宽教师文化视野，提高教师综合素质，推动教师成为先进思想文化的传播者、党执政的坚定支持者、学生健康成长的指导者和引路人。二是振兴教师教育，推动师范院校回归"师范性"、师范教育回归"专业性"、师范学生回归"职业性"，积极探索改进教师招聘制度，创造条件吸引热爱教育事业的各类非师范专业优秀人才和知名院校毕业生当老师，切实加强教师培养和实践锻炼。三是不断加大定向培养、对口支持力度，加强民族地区"留得住、下得去、用得上"的本土化教师培养，高度重视"双语"教师培养培训。

四、强调教育公平，推进民族地区职业教育均衡发展

（一）加强基础建设，确保民族地区职业教育发展条件

首先，加大资金投入，改善办学条件。保障全省职业教育发展的经费投入，落实中职生均拨款，平衡高职生均拨款，加大学校在实习实训基地、产教融合平台、创新创业教育等方面投入。一方面，依据职业院校国家基本设置标准，按现有学生规模计算，填补民族地区职业学校基本办学条件达标的资金缺口。另一方面，统筹考虑未来民族地区职业教育发展的需要，按照职业教育学生规模增加的新要求，对学校建设所需的长期资金投入予以保障。其次，出台政策，吸引优秀教育工作者。建议参照《国务

院办公厅关于加快西藏发展维护西藏稳定若干优惠政策的通知》（国办函〔2006〕91号）规定的"要使西藏机关、事业单位平均工资水平达到全国平均工资水平的2.5倍"的工资政策，对我省民族地区教师待遇实行差异化政策，统一提高民族地区教师的平均工资水平，并对在民族地区长期从教的教师给予特殊的奖励政策。建议加大投入，支持教师周转房建设，努力改善民族地区教师工作环境。

（二）注重统筹协作，推进民族地区职业教育均衡发展

第一，继续深入推进"9+3"免费教育计划，加强职业教育统筹发展。建议出台《四川省新时代民族地区"9+3"免费教育计划的实施意见》，加强"9+3"计划与当前正在实施的深度贫困县人才振兴工程、乡村振兴战略的统筹；加强"9+3"招生规模的统筹，根据近几年涉藏地区生源有限，而彝区教育部门和群众有扩大招生规模诉求的情况，适度扩大彝区"9+3"招生规模；加强州内州外职业教育统筹，在继续坚持"9+3"内地培养模式的同时，积极支持指导民族地区中职学校科学定位，错位发展，加大与内地中职学校培养专业的区分度。第二，发挥对口支援作用，加强省内职业教育协同发展。在协助做好职业教育东西协作工作的同时，抓住成渝地区双城经济圈建设的契机，加强我省职业教育与重庆市职业教育的联系。主动加强与广东、浙江、重庆等地的对接和协商，进一步细化落实工作举措，在互派挂职干部、帮扶专业建设、开展师资交流与培训，以及联合招生培养等方面进一步加强协作。民族地区职业教育建议参照"东西协作"模式，组织发达地区有实力的行业、企业帮扶民族地区职业院校开展产教融合、校企合作，联合培养人才，支持学生实习实训，选派优秀的企业技能技术人才到民族地区职业院校支教，提升民族地区职业院校教师队伍水平。通过内外合力，实现职业教育与社会发展的良性互动，在经济发展、民族文化传承等领域培养一批能在本地用得上、留得住的高素质应用型人才，逐步改变贫困地区人才匮乏状况，为脱贫攻坚提供智力支持。

【思考讨论】

1. 如何理解教育的基础性作用？

2. 谈谈你对教育是阻断贫困代际传递的利器的看法。

3. 乡村教师面临哪些现实难题？

4. 如何破解乡村生源外流的难题？

培育乡村能人 促进共同富裕

中国特色社会主义进入新时代，大力实施乡村振兴战略需要培养和造就爱农村、懂农业、有文化、善经营、能致富的社会主义新型农民。情系家乡的乡村能人有实力、有能力、有责任为本土本乡的经济社会发展贡献自己的力量。这些从乡村走出去的成功人士，他们中很大一部分是改革开放之后在市场经济大潮中逐渐成长起来的精英，他们有经营头脑、有经营渠道、有一定经济实力，更可贵的是有反哺桑梓的情怀，能够发挥"双带效应"——带头致富、带领乡亲致富，其独特优势能够有力助推农民农村共同富裕。

一、乡村能人是产业振兴的关键

首先，乡村能人大都是一专多能，用其丰富的科学文化知识为村民传播现代农业理念、经营方式，正是广大村民求之不得的。可以开展结对帮扶、举办村民农业科技培训班等活动，向村民传授科学种植、养殖、防虫、防害等农业技术，推广现代农业发展理念，实现由"输血型"发展模式向"造血型"功能转化，提升自我发展能力，增强发展的动力与后劲。

其次，引导乡村能人投资创业，积极组织建立农村经济合作组织实行产业化经营，通过经济实力较好、市场辐射和开拓能力较强的农副产品企业做引领，把农户、农副产品生产基地和市场有效连接起来，使原本分散的家庭经营真正做到技术有指导、生产有服务、销售有市场、价格有保障、风险有承担，大大提高了农民的组织化程度和生产的社会化水平，增强农民抵御市场风险和自然风险的能力，确保农民持续稳定增收。

再次，乡村能人主导农村经济合作组织，可以凭借自身资金、信息的优势组织社员、农户开展农业技术交流、聘请专家讲解新技术、统一引进新品种等诸多举措，促进农业科技成果的推广、转化与应用，大大提高农业生产效率。通过各合作成员之间的交流、互助，有效整合每个农户分散的土地、资金、劳动力、技术等生产要素，推动农户成为农副业专业化大生产的主体参与者，以便降低生产成本和交易成本，提高产量和效率，实现规模效益、集体受益。与此同时，大量农业合作化经济组织的建立，可以吸纳大量农业劳动力，满足农村剩余劳动力就地转移需求，为农民提供更多的就业岗位，实现稳定增收。

二、乡村能人是人才振兴的主线

乡村振兴是一场艰苦而漫长的跋涉，不仅需要资金、政策、人才，也离不开乡土文化灵魂的代代相传。乡村振兴关键在人。党的十九大报告提出，加强农村基层基础工作，要"培养造就一支懂农业、爱农村、爱农民的'三农'工作队伍"。乡村能人是乡村振兴的重要力量。近年来，乡村能人文化"新"在乡村能人的范围不断扩大。它主要包括：农村基层党组织、自治组织现任领导；原籍是本乡本土的政府官员、知识分子和工商界人士；通过招工、求学、参军或者凭借个人努力在城市站稳脚跟并事业有成的乡村精英；大学生村官；虽非本乡本土出身但愿意以自己的知识、技能、经验和财富参与新农村建设、助力农村经济社会发展的有识之士；"成长于乡土、奉献于乡里、坊间享有崇高威望以及良好口碑的道德模范、身边好人等先进模范典型"等等。他们与传统时期的乡村能人一样，参与乡村治理与建设，在经济、文化以及社会影响力上具有一般乡民所没有的优势，拥有很强的号召力。他们是乡村社会的精英，是保证乡村社会稳定和繁荣的重要力量。

随着我国城镇化进程的不断加快，乡村治理人才流失、主体弱化、对象多元化、环境复杂化等问题日益凸显，而"乡村能人"在乡村治理中的作用也越来越大。可以说，"乡村能人"发挥作用的形式由传统的维持乡村自治和实现礼俗教化，转变成为乡村振兴提供重要的精神动力、智力支持和坚实的人才支撑。在"产业兴旺、生态宜居、乡风文明、治理有效、生活富裕"的二十字总体目标指导下，"乡村能人"力量既可以为"遏制大操大办、厚葬薄养、人情攀比"等陈规陋习，打造新时代的乡风文明，发挥"凝聚人心、教化群众、淳化民风"的作用，又可以利用个人的知识、能力、经验、资源，在实现乡村的产业振兴、人才振兴、文化振兴、生态振兴、组织振兴等诸多目标中回归乡土、建言献策、出钱出力、身体力行。乡村能人不仅为乡村发展注入生机和活力，而且也为实施乡村振兴战略提供了内驱力和人才支撑。

三、乡村能人是文化振兴的灵魂

"乡村能人"在外学有所成后回乡贡献，本身的道德素养就比较高，也正是这些道德素养和甘于奉献乡里的情怀使得他们能够用自己的德行和言行在乡里立足。

一方面，"乡村能人"通过自身对乡土人情的了解，以乡愁为纽带，致力于培育和弘扬乡村能人文化，传承乡村文明，增强乡村特色。乡村的本土文化资源优势成为他们发挥作用的有利资源，有利于乡村经济发展格局的改变，他们把多姿多彩的乡土文化资源转变为文化资本，发展乡村文化产业，提高农民劳动素质，推动乡村振兴战略的全面和谐发展。

另一方面，"乡村能人"是新时代社会主义核心价值观在乡村的践行者和引领者，是社会主义新时代的乡村精英。传统文化孕育出了"乡村能人"，而"乡村能人"又返身投入弘扬中华民族传统美德的进程中，并使这些传统美德更具时代吸引力。其身上散发出来的文化道德力量，对凝聚人心、促进和谐大有裨益。因此，应当鼓励和引导有益于当代的"乡村能人"的培育和发展，发挥"乡村能人"的模范带头作用，使他们能够更好地以自己的德行带动乡民群众，让社会主义核心价值观在乡村深深扎根。

四、乡村能人是生态振兴的支撑

当前面临的日益严重的生态危机和环境污染问题，究其原因，并不在于自然生态系统和自然环境本身出了问题，而是人类的发展方式出现偏差、人们的生态意识和环保理念出现严重错位。由此可见，提升生态意识，牢固树立环保理念对于保护生态环境和社会主义新农村生态建设有着举足轻重的作用。乡村能人在参与培养、提高广大农村地区农民群众的生态意识、环保理念等方面有着明显的示范、引领作用。

一方面，"乡村能人"能够主导，引领公益组织、社团开展形式多样的生态环境教育，唤起全社会关心、支持、参与环境保护和生态文明建设的热情，让环保宣传、教育走进政府机关、企事业单位、工厂学校和一家一户。特别是"乡村能人"带头走绿色生态农业发展之路，树立绿色生产、环保消费理念，自觉处理生活、生产垃圾、减少白色垃圾、不用有害农药，节约用水、保护耕地，切实转变发展理念，牢固树立绿色循环、生态环保理念，进而把环保理念转化为实实在在的生态建设行动和实践。通过"乡村能人"在日常生产、生活过程中，有意识地示范引领农民自觉地采取绿色环保的农业生产方式，使其能够认识到绿水青山对自身及后代的价值，相信唯有生态科学知识、环境保护意识才能改善农村人居环境，才能建设美丽乡村。

另一方面，"乡村能人"可以有效帮助农民开拓乡村绿色产业，发展绿色经济，引导农旅融合发展，促进乡村休闲旅游，以此成为带动农村发展的新兴产业、农民脱贫致富和满足群众休闲需求的民生产业、科学发展和保护生态环境的绿色产业，创建休闲农业与乡村旅游示范点、乡村旅游模范村、乡村旅游金牌农家乐等品牌。同时，"乡村能人"可以结合当地现状，充分利用当地农民喜闻乐见的民间文化形式传播生态保护意识与生态科技。

五、乡村能人是组织振兴的保障

传统中国的乡村社会，费孝通先生称之为乡土中国，以礼治为主要治理方式，而"乡村能人"是礼治的主要实施者。"乡村能人"作为在当地有本事、有威望、有口碑的代表人物，具有较强的代表性和话语权。他们有善念、有行动，在化解邻里纠纷、扶危济困、养育崇德向善正气等方面发挥着不可替代的独特作用。当前，充分调动和汇集"乡村能人"力量，有助于缓解现代社会多元利益格局冲突下农村治理失序、矛盾冲突多发的状况。

一方面，《中国共产党农村基层组织工作条例》与《中华人民共和国村民委员会组织法》规定，村中国共产党员支部委员会和村民自治委员会（以下简称"村支部"和"村委会"）均在乡村治理中发挥重要作用，但两者的界定却存在权责分配不明确情况。虽然村"两委"机构设置的出发点一直都是村委会在村支部领导之下，负责村务日常管理工作。但乡村治理中，长期存在村支部和村委会两者之间相互扯皮、工作效率低下及腐败问题。随着乡村振兴战略的逐步推进，村"两委"掌握的资源日趋丰富。为规范基层治理、资源管理中起着重要作用的村委会干部用权行为，部分地区政府提出在村"两委"基础上建立村务监督委员会。"乡村能人"参与到村务监督委员会，能充分发挥"乡村能人"在村级事务中的监督作用，切实维护村集体和广大村民利益，促进村"两委"工作高效率开展。同时，部分地区尝试推动村支部书记通过选举担任村委会主任，实现"一肩挑"乡村治理模式，从制度上促进"两委"班子融合与协调。但在化解村"两委"矛盾同时，却面临其他问题的挑战。而"乡村能人"则具有"地熟、人熟、事熟"优势，能充当村"两委"的沟通者，第三方角色有助于化解村支部和村委会工作中的不和谐，强化农村基层党组织领导核心地位，增强村"两委"的工作协同性。

另一方面，随着乡村振兴战略的实施，村"两委"在面对美丽乡村建设、土地政策调整移风易俗及精准扶贫等一系列具体工作任务的同时，还要处理邻里关系、宅基地划分、老人赡养及遗产继承造成的利益冲突与纠纷。此时，仅依靠村委会和村党支部，有时可能无法解决问题。在移风易俗、冲突纠纷等方面，村民普遍从内心抵触村干部干涉自己的事务。而"乡村能人"作为熟人群体的代表，能有效处理村"两委"难以胜任的问题。部分地区由"乡村能人"负责成立红白事理事会、禁赌劝导协会和道德评议会等组织参与移风易俗工作，实际生活中"乡村能人"用实际行动履行村规民约，作为道德楷模引导村民节俭养德，不大操大办，不无事醉酒，使乡风文化焕然一新。在应对冲突纠纷方面，各地"乡村能人"组织建立调解制度，有效发挥"乡村能人"对乡村社会熟悉和了解的优势，就各类民事纠纷进行调解，在心理上易于为民众所接受，从而有效地化解矛盾与冲突，维持乡村良好的社会秩序。各地政府认识到"乡村能人"参与基层事务的积极意义，纷纷出台相关文件动员和引导街道、乡镇建立相应制度，遴选杰出"乡村能人"投身于基层事务之中，以进一步提升现代乡村外部治理能力。